复兴之路·智库建设丛书

主　　编 王 战
执行主编 段 钢

见证：从计划到市场

徐峻音 潘 圳 编

上海科学技术文献出版社
Shanghai Scientific and Technological Literature Press

图书在版编目（CIP）数据

见证：从计划到市场 / 徐峻音，潘圳编．—上海：上海科学技术文献出版社，2015.12
（复兴之路：智库建设丛书）
ISBN 978-7-5439-6901-8

Ⅰ．① 见…　Ⅱ．①徐…②潘…　Ⅲ．①经济体制改革—研究—中国　Ⅳ．① F121

中国版本图书馆 CIP 数据核字 (2015) 第 278225 号

总 策 划：梅雪林
责任编辑：王倍倍
封面设计：右序设计

丛书名：复兴之路·智库建设丛书
书　名：见证：从计划到市场
王　战　主编　段　钢　执行主编　徐峻音　潘　圳　编
出版发行：上海科学技术文献出版社
地　　址：上海市长乐路 746 号
邮政编码：200040
经　　销：全国新华书店
印　　刷：常熟市人民印刷有限公司
开　　本：650×900　1/16
印　　张：27.5
字　　数：319 000
版　　次：2016 年 2 月第 1 版　2016 年 2 月第 1 次印刷
书　　号：ISBN 978-7-5439-6901-8
定　　价：42.00 元
http://www.sstlp.com

主　　编　王　战
执行主编　段　钢

编委会

序　一

行责任之路　循精进之道

上海社会科学院党委书记　于信汇

1985 年，《社会科学报》作为一份为人文社会科学理论工作者、专业社会科学研究人员提供学术对话、思想交流、理论争鸣平台的专业性报纸，创立于上海社会科学院。

站在 2015 年回望来路，在中国改革开放逐渐进入加速模式的 1985 年，中国社会科学界的研究主题已经清晰可辨：中共中央发布了第四个一号文件，聚焦农村改革和农业发展，用十项经济政策为活跃中国农村经济注入新的动力；国家治理体系的建设，在城市和乡村两个领域、在价值引领和实务操作两个层面，取得了成效，并一直在探索新的方向；中央关于教育体制改革的决定，成为体制改革整体部署的重要一环，教育改革随着经济改革的步伐而展开；美日等国《广场协议》的签署，以及随之而来的各国经济实力的升降与国际经济境况的变化，则为中国的经济改革提供了一份活的教材。紧接着到来的 1986 年，更是在坚持、深化上述改革政策的同时，又将目光投向了民族的思想道德素质和科学文化素质建设等更多的领域。

三十年前，我们生逢其时，处于初创阶段的中国道路，产生着丰富、新鲜的实践，从理论探索到理论创新，再到理论构建，是中国社会科学界不负所托的一项重要使命。正是在这样的历史起点上，社会科学研究一步步走来，她所关注的，不仅仅是中国发展的现实需要，更是事关改革开放稳定大局的战略方向；她所提供的，不仅仅是逻辑严密、结构合理的理论框架，更是根植现实问题、着眼实际效果的解决方案；她所营造的，不仅仅是理论联系实际的浓厚氛围，更是在传承中不断突破的学术导向。

三十年来，中国一直在路上，理论研究一直在路上。

理论研究的演进，构成了一部中国特色社会科学理论体系的进化史。以天下事为己任的理论研究者，直面现实实践中传统理论的差距与不足，呼应并探索、提出并回答了一系列新问题：以发展为最终目的的经济社会建设，究竟应该如何推进？现代中国有哪些迫切需要解决的问题，应该采用什么样的思路与方法？中国特色社会主义道路所面临的风险与挑战，应当如何去应对？传统文化的精华，怎样才能与全新的发展实践相融合？……这些问题，在逐渐成熟的理论体系之中都能找到属于自己的位置，也都能找到属于自己的答案。可以说，理论研究的进化，一直在助推着改革实践的深化。但是，理论研究演进的深远意义并不止于此。建基于改革开放新实践的社会科学研究，把关注点放在对时代脉搏和中国脉动的敏锐把握与动态跟进，在不懈的探索之中，以理念碰撞、观点交锋和思想融合，实现着源于实践、本于实践、高于实践的方法论建设。唯其如此，理论才站在了正确的方向上，始终保持着努力超越自身的不竭动力，始终保持着先导性、基础性和战略性。完备的内容建设和科学的方法建设，成为驱动理论研究的“双轮”和“两翼”。

作为理论研究成果的展示平台和宣传阵地，《社会科学报》也一直在路上。三十而立。在这条经历过辉煌也经受过风雨、承载着希望也创造着价值的路上，《社会科学报》以“思想性、问题性、前沿性、信息性”为目标定位，践行学术标准和宣传原则，坚持在突出主流价值的同时提供多重视角，在贴近现实热点的同时把握长远方向，立起了“觅理论传布之道、思中国发展之道、践使命履行之道”的成熟与成就。她不仅仅是一份理论报纸，更是中国社会主义建设伟大实践的客观反映与现场报道；她不仅仅是形之于文字的学术观点，更是发自于内心的理性思考；她不仅仅是一代代社科报人的事业坚守，更是上海社会科学院作为理论研究阵地和智库建设前沿的责任担当。

三十年的文字积淀，展示出中国社会科学界对中国发展道路的深切关注和责任情怀，虽然其中的部分只是集中于一个理论断面，或者只是对实践的个案剖析，但是，从充满着理论激情与深邃的字里行间，我们仍然可以看到中国改革的历程和全景，可以看到现代东方学人这一群体自身的学术成长和思想成长。正因为如此，在一个恰当的时间点上，选择关乎全局、关乎长远的主题，汇集学有建树、论重专精的卓识雄文，析观念进步之脉络，明方法创新之进路，发学者思索之深意，识改革实践之核心，究未来发展之关键，探国家建设之方向，为智库建设出力，就是社科报人应当履行的一项重要任务。

中国社会科学界三十年的理论研究，已经实现了“探索、运用、优化、再探索、再运用、再优化”的良性循环。当中国的国家建设在“四个全面”的战略布局下走向深入之时，理论研究将承担起更加重要的作用，需要在这样一种良性循环中，面向新实践、着眼新境界，呈现出更加重视中国特色、更加关注发展质量、更加强调知行合一的“创自我完善之道”的新逻辑。这是社会科学界的历史责任，也是《社会科学报》作为一个平台和舞台，在今后的又一个十年、二十年、三十年的承诺与使命。

道者，其小无内，其大无垠，其来也渐，其入也深。唯有立下不忘初心、不弃初愿之志，方能在坚持觅道、思道、践道之时，笃行创道之要。

2015 年 11 月

序　　二

因为理想　所以坚持

《社会科学报》社长兼总编辑　段　钢

《社会科学报》正式创刊三十年了。

作为中国第一张理论学术报纸，《社会科学报》以理论文字见证了中国社会曲折辉煌的发展历程，以自己的方式，关注着社会，关注着学术本身。“思想性、问题性、前沿性、信息性”一直是这张报纸的定位。

三十年来，中国改革开放的每一步，可以在这里找寻到理论思考的足印。理论的每一步发展都和实践的探索分不开，实践的每一次探索也和理论的导引紧密联系在一起。在这里，可以看到理论文字如何反映着中国社会发展曲折向前的历史。每一次理论发展的起伏，或成为热点，或边缘化，都是时代发展的忠实记录。印证了那一句老话：理论是灰色的，而生活之树常青。生活永远是理论的源泉。

《社会科学报》作为一张理论学术性报纸，起着推动全国理论学术发展的宣传作用。追踪理论学术前沿、反映最新科研成果、构建讨论争鸣平台、提供理论决策参考……这张报纸的价值和意义，时刻激励着年轻的编辑记者们，不断前行。因为理想，所以坚持。

把这三十年的精华呈现给读者，一直是报社的期待。从宏大的社会问题、经济问题、文化问题、法律问题、农村问题到具体的医保问题、养老问题、土地问题、国企改革问题，从哲学层面的概念讨论到生活层面的意义追寻，从理论的思考到实践的操作……无不尽显这张报纸的努力。

发展中的中国在渐进地推进改革，《社会科学报》以一家专业媒体的深度和广度，反映着学界和思想界在改革洪流中的努力。在这里，读者可以从一个角度，观察到中国理论发展的历史脉络，比如，细心的读者可以看到，某个问题在不同时代理论解释的差异或发展，以及因理论关注的角度不同，或对问题关注的不同重点，所得出的不一样的结论。

不同时代具有不同的理论思考，因而，不同时代具有不同的理论气质。也许对某些问题的思考，深入层次不一样，但在理论发展的历史长河中，理论为现实服务，为现实指点方向的功能是不会改变的。同样，实践为理论发展也提供了丰富的源泉，不断在征途中修正自身的航向。正因为如此，《社会科学报》的存在体现了不可替代的价值和意义。

20 世纪 80 年代，信息远不如当今发达。人们对铅字的关注，对资讯的饥渴，使得《社会科学报》的影响曾经辉煌一时。《社会科学报》是一个包容的平台，以质取文。翻看着三十年来的文字，短小的篇幅，问题的聚焦，从几百字到几千字，浓缩了知识分子的关怀和信念，那就是：坚信理论的价值，理论终将对现实产生巨大作用。

三十年之后，这种信念也不会因网络时代有所改变。网络时代的好处，就是可以把三十年的理论精粹传播给更多的读者。三十年纸质媒体的努力，也将在新媒体技术的支撑下，通过网络让理论思考成果拥有更多的关注。我们坚信，不管技术如何改变人类，人类永远需要反省和思考。优质和深度的理论思考终将可以沉淀下来，经受住历史的检验。

三十年来，《社会科学报》收获了无数的作者和读者。他们中不乏众多的大家、名家，也有不少潜力无限的青年才俊。不少当年的青年才俊成长为今天的著名学者，不少今天的青年才俊也将成为明天的著名学者。理论人才的交替正处于历史的阶梯中。三十年前，许多年轻学者从这里起步，《社会科学报》一直相伴他们的学术生涯，如今，他们的学术已到了成熟结果时期，许多已是著名学者，成名成家。曾有一名如今已是理论研究骨干的中年学者感叹地说："正是当初《社会科学报》这个平台发表了我读研究生时的文章，才给了我一生做理论研究的信心，不然早就改行了。"这一平淡的感言，却让报社同仁深受鼓舞。正是众多名家和青年学子一如既往的支持和鼓励，《社会科学报》在时代的浪潮下才得以顽强地生存下来，一直在努力营造理论界色彩绚丽和生机勃勃的苗圃景象。

感谢三十年来历届主编和编辑们的接力。大家的努力工作，得以延续和保有这一理论平台。《社会科学报》曾经立于理论发展的高潮时代（80 年代），也经历过理论发展边缘化（90 年代）的低谷，值得庆幸的是，《社会科学报》一直坚持了下来，在时代的大风大浪中，呼吸着时代变迁的氧气，体味着社会发展的痛楚和欢乐。理论和学术并不只是表面的那个冷静理性的外貌，在理性的内心深处涌动着人类对自由全面发展、对幸福的永恒渴望。理论的背后是生命顽强的跳动。如今，《社会科学报》已成长为一个三十而立的青壮年，为中国理论学术的发展护航一直是它义不容辞的责任。

短暂的一生，能做好一件事就很好了。对理论宣传的热爱和执著，是理论工作者关怀社会的一种方式。《社会科学报》提供了这样一个可能，让这群人的职业成为志业，也是人生的一大快乐。人的一生有限，但报纸可以坚守的时间很长。我们深信，《社会科学报》对问题的专注、对理论的关怀一定会得到回报。《社会科学报》以思考反省历史，以理论见证实践，以实践拥抱未来的姿态终将被更多的知识分子熟识，吸引更多的学者参与到这一平台，展现他们的思想。尽管这只是一份薄薄报纸的使命和一群年轻编辑坚守的理想。

怀抱初心，秉持热忱。理论学术，风景这边独好。

2015 年 11 月

前　言

中国经济高速转型式增长，创造了人类发展史上的奇迹。世界银行专家组曾评论说："中国只用了一代人的时间，取得了其他国家用了几个世纪才能取得的成就。在一个人口超过非洲和拉丁美洲人口总和的国家，这些成就是我们这个时代最令人注目的发展。"

改革开放三十年，中国逐步由高度集中的计划经济体制转到充满生机和活力的社会主义市场经济体制，从僵化封闭逐步走向全方位、多层次、宽领域的对外开放，进而融入全球化浪潮，作为改革开放事业突破口的经济体制改革成效最为显著。邓小平说："计划多一点还是市场多一点，不是社会主义和资本主义的本质区别。计划经济不等于社会主义，资本主义也有计划；市场经济不等于资本主义，社会主义也有市场。计划和市场都是经济手段。"随着市场机制的不断引入，国民经济以惊人的速度发展，迅速地改变着中国的面貌。

中共十八届三中全会做出了到 2020 年全面深化改革的总体部署，《中共中央关于全面深化改革若干重大问题的决定》指出，"经济体制改革是全面深化改革的重点，核心问题是处理好政府和市场的关系，使市场在资源配置中起决定性作用和更好发挥政府作用”，“建设统一开放、竞争有序的市场体系，是使市场在资源配置中起决定性作用的基础”。几乎所有的经济体制改革项目都是围绕“市场在资源配置中起决定性作用”这个核心进行的。

三十年来，我国经济发展，社会进步，政治稳定，国际影响力不断增强。本书系统回顾和全面总结我国经济体制改革的主要历程，深刻剖析不同阶段经济领域存在的问题，展望未来经济体制改革的发展趋势，由“经济篇”与“金融篇”组成，严选自《社会科学报》1985年创刊以来各时期最具代表意义的文章。在内容的采选上，不仅着眼于突出鲜明的时代性，更努力开掘学术性与思想性。这些文章为我们提供了站在理论高度透析中国经济发展脉络的重要视角，一个个极具新颖见地的研究，对中国以及世界经济的发展前景来说，都别具实践价值。

从这些纵贯三十年的文字中，我们可以读到中国经济发展从计划到市场，由传统向现代的转轨历程。中国作为一个发展中、转型中的国家必然存在着各种体制、机制问题，其中取得的成绩与改革经验值得我们认真总结与反思。学者们力图在各时期的实践中，寻找属于中国又面向世界的经济制度与经济理论。曾经的青年经济学人，如今已成长为中国第一线的经济学家，活跃在世界的学术舞台。全面总结经济体制改革的经验，对于我们在新的历史条件下继续推进现代化事业，具有十分重要的意义。

目　录

经　济　篇

金 融 篇

经济篇

一、中国宏观经济：弹钢琴还是走钢丝

历经三十年的繁华与落寞，如同在天际孑然巡行的孤鹰，中国的改革没有经验可循。从"计划"到"市场"，大起大落间艰难地突围，倔强地舞动着中国腾飞中沉重的翅膀。中国经济改革远没有完成，在渐进改革的方式下，宏观政策环境、经济体制内部存在的各种问题，使改革与发展不断面临多重考验。"我们正处在喜忧交织的状态，喜的是经济形势到目前为止运转正常，忧的是物价的上涨、国有企业的深层次矛盾突出等因素依然存在。"经济全球化深刻影响着各国，特别是发展中国家，成为发展中国家必须高度重视的经济发展外部环境的基本格局。我们现在面临的一系列结构升级、创新发展、提升质量等新的挑战，关键在于完善社会主义市场经济制度以转变发展方式。

在经济全球化的整体发展趋势中，功能性全球化的加速发展趋势、制度性一体化的矛盾显现趋势、国际经济旧秩序的定型强化趋势、经济全球化向非经济领域的扩散辐射趋势，这四个主要特点需要我们予以密切关注。本章内容覆盖从 1988 年《胡树衡谈上海国民经济格局的十大变化》、1998 年《总量扩张还是结构调整——1998 年中国宏观经济政策分析》到 2012 年《吴敬琏、王新奎、刘守英热议　中国未来经济增长的动力之源》、2014 年《积极应对再次"唱衰中国潮"》《林毅夫：我为什么力挺"三个自信"》等重量级文章，深入探讨在改革存在复杂困难的局面下，应该如何看清问题的关键，从而逐步找到解决问题的方法。

胡树衡谈上海国民经济格局的十大变化

社会科学报

（1988年1月1日）

12月12日，上海市府副秘书长胡树衡在与企业家的一次对话活动中指出，自1978年经济体制改革后，上海国民经济格局发生了十大变化：

一、所有制结构正在发生重大变化。1978年集体所有制在全市工业总产值中所占的比重，由8.8%上升到19.4%；街道、乡镇企业个体经济也从1984年的8.8万人增加到1986年的12万人。社会商品零售总额中集体所有制从1984年占40.9%上升到50%。

二、经济运行机制发生了重大变化。拿工业生产来说，国家计委下达的指令性计划从占总产值70%下降到20%。指导性计划市场，从30%扩大到70%。计划分配物资，从256种减少到17种，分配的数量，从需要量的70%减少到40%，国家收购的商品，从188种减少到24种。

三、地方可以支配的财力结构，发生了重大变化。地方全民所有制的企业预算外，1986年比1984年增加64%。因此，地方预算外的要达到25%以上。

四、企业地位发生很大变化。厂长在企业中的地位已经确立。

从企业的经济地位来说，企业留利分成、外汇分成、企业折旧提高、减免调节税等等。就总的来说，国家与企业的分配进行了很大调整。

五、融资方式发生很大变化。1986 年上海通过市场融通的资金 30 多亿元，调剂外汇一亿多美元，发行债券 2 亿多。从总体来说，将来银行要成为独立的企业，哪里投资效益高，就投放到哪里。因此，投资结构将发生很大变化。

六、固定资产、资金来源发生重大变化。国家投资从拨款变为贷款，比重从 47.5％降为 15.7％。国内贷款从 3.4％上升到 15.4％，自筹资金、利用外资及其他投资，则从 49.1％提高到 68.9％。

七、国民收入构成发生重大变化。全民所有制和大集体职工工资占整个居民收入比重，从 61.4％下降到 57％，职工收入中基本工资从 70.9％下降为 59.1％，还有 40％左右是用各种奖励办法来进行分配的。

八、经济环境发生巨大变化，上海与世界一百六十多个国家与地区建立了友好关系，与各省市跨地区、跨部门联合的企业有六千多个。

九、中央和上海权益关系发生了重大变化。从过去的统收统支改为现在的核定收支，总额分成。

十、城市整个功能也发生很大变化。上海不仅是一个工业中心，还成为港口中心、贸易中心、科技文化中心。上海产业结构也有很大变化，第三产业大大发展。

（记者　李　岭）

要重新发挥上海经济中心的作用

本报记者　李岭

（1989 年 6 月 22 日）

沈峻坡研究员最近在回顾展望上海经济时强调指出，上海经济在增长，地位却在衰落，要重新发挥全国经济中心的作用，否则会影响四化建设的进程。

这位研究员说，上海 40 年的经济有了巨大的增长，新上海的工业总产值，相当于旧上海的 30 倍；40 年财政收入上缴 4 200 亿元人民币，以外汇结算，相当于台湾所存外币的 2 倍。但是，颇堪忧虑的是：上海的经济地位在衰落，功能在缩小。数十年来，上海从全国的经济中心下降为区域经济中心；自省市承包后，又趋向为与全国联系不那么紧密的两头在外的加工城。上海这个全国中心的地位和作用正在大大下降。旧上海是亚洲金融中心，随着亚洲四小龙的兴起，已日趋萎缩。上海这个世界港口城市的明星，也有陨落的危险。

沈峻坡说，上海经济地位的衰落，究其原因有正常因素与非正常因素。正常因素是：全国在前进，大城市在增加，上海经济所占比例必然减少。但是，更重要的是非正常因素：一、从产品经济向商品经济转轨中值得反思。转轨中上层建筑未能适应商品经济发展的需要，基本上还是按产品经济的“老框框”领导生产，加上市场机构又未能很好发育、健全，发挥经济中心的外部环境不成熟；二、发展外向型经济的总方向是正确的，实施却缺乏重点，天女散花，未把上海这个原有条件基础好的城市放在突出位置，予以重点扶持。如把对原系不毛之地的巨额投资投之于上海，对国家将提供更为巨大的效益；三、改革的思路也值得反思。实行省市财政包干后，全国出现“诸侯”型的经济，上海这个原为全国的经济中心，就只能下降为一个块、一个点了；四、上海作为一个点，又缺乏良性循环，生产建设的一条腿很长，城市建设的一条腿又很短，加上原材料价格上涨，成品不要涨价，上海成为全国经济中心的内部条件也很欠缺。

在谈到今后应该如何办时，沈峻坡认为，如果按照商品经济规律办事，则应该让上海重新发挥全国经济中心的作用。从一个国家来讲，不要把政治中心和经济中心放在一起，世界上有许多先例。如美国、加拿大等国家都是如此。上海历史上形成经济中心，40 年建设又有强大基础，现应重振“中心”威力，为振兴中华，走向世界，做出更大贡献。

沈峻坡还对今后如何发挥经济中心的作用，提出了一系列的建议。

注意当前经济回升背后的反差

社会科学报

（1991年2月21日）

董辅礽认为我国当前经济长势喜中有忧，存在经济回升与市场销售、资金投放、产业结构调整、技术更新和效益提高五个不同步，这种状况不能再继续下去，需要尽快发展和完善市场，尽早形成强有力的竞争、淘汰和高效率的宏观调控机制，希望继续加快深化改革的步伐。

经济学家董辅礽对我国经济回升势头背后令人不安的反差现象作了深刻剖析，希望加快深化改革步伐，发展和完善市场，尽早形成强有力的竞争机制、淘汰机制和高效率的宏观调控机制。

这位全国人大财经委员会副主任在“全国经济形势座谈会”上详细论述了目前国民经济存在的五个不同步。

第一个不同步是经济回升与市场销售回升不同步。1990年3月起，我国经济开始逐月回升，但全国市场销售额仍处于下降态势，直到10月才开始回升。纵观1990年全年，工业增长达到了6%左右，而市场零售额仅增长2%，两者之间反差太大。他认为，只有伴随着市场销售的增长，经济回升才有保证，才是可靠的。目前经济回升的速度越来越快，但市场启动依然步履艰难。这种状况如果继续下去，经济回升就会失去坚实的基础。

第二个不同步是经济回升与资金投放不同步。去年工业流动资金贷款增加了800亿元，比上年约增长17%，而国营预算内工业企业产值只增加了100亿元，实际只增长2%。董辅礽认为，800亿元的资金投放只带来100亿元的产值，这是不正常的。它说明我国工业企业资金使用效益很差，流动资金周转速度缓慢，同时还说明资金的投向不合理。很显然，资金应当投放到最终产品上，以便有效地启动市场。倘若资金的实际投向是中间产品，一旦最终产品销路呆滞，资金就会沉淀下来。不幸，实际情况正是如此：去年上半年新增的工业流动资金有37%沉淀为企业的产品库存。

第三个不同步是经济回升与产业结构调整不同步。据他分析，目前的经济回升主要是工业的回升，并且主要是靠制造业、加工业等部门带来的，而由于产品积压，能源和原材料的生产速度反而放慢了。这反映出产业结构没有得到大的调整。更令人担忧的是，随着经济的回升，产业结构失衡的状况又进一步恶化了。不及时调整，矛盾将会日益突出。

第四个不同步是经济回升与技术更新不同步。从去年的固定资产投资结构看，基本建设投资的增长速度大大快于技术更新改造投资的增长速度。也就是说，我国目前的经济回升主要不是因为企业技术进步而是投放资金或扩大基建规模投资推动起来的。这样一种经济回升不能促使整个国民经济在回升中步入到一个更高的技术水平上。

第五个不同步是经济回升与经济效益的提高不同步。尤其需要注意的是，非但不同步，而且还出现了逆向运动，即经济回升，经济效益下降。这个逆向运动，是前几个不同步的综合反映。

董辅礽归纳说，上述五个不同步表明我国的经济回升尚缺乏可靠的、坚实的基础，因此是不稳固的。为此，他提出，目前在促进工业生产增长的同时要着重促使市场的实现。解决市场实现一方面要增加最终需求，另一方面要疏通流通渠道；在固定资产投资中，要着重增加更新改造的投资，而不是主要增加基本建设的投资；要切实调整产业结构和企业组织结构，对不符合国家产业政策和低效益的企业，要毫不留情地淘汰、改组、兼并。

改革开放双轮并进　上海经济已呈十大趋势

李　锐

（1994 年 1 月 27 日）

上海已经进入经济持续快速增长和向社会主义市场经济全面转轨的重要时期。其突出标志是上海的经济发展和改革开放出现了以下十大趋势：

一是经济增长的良性化趋势。上海从 1992 年起，国民经济持续快速增长，并超过全国平均增长水平。GNP 的增长，1992 年是 14.8%，1993 年是 14.9%，预计今年是 15%。由于浦东开放政策的先发效应、大规模投入的产出效应以及结构调整的后发效应等因素的推动，上海经济增长的这一势头可继续保持若干年。而且上海的这种速度是有市场、有效益、有质量的，工业产品产销率、主要经济效益指标等将继续高于全国平均水平。

二是产业结构的合理化趋势。以金融、商贸、房地产为主的第三产业已成为上海经济新的增长点，第三产业占 GNP 的比重已提高到 38%；轿车、数字程控交换机等一批新的支柱产业迅速崛起，并逐步形成规模经济优势。经济增长正从主要由第二产业推动转向第二、第三产业共同推动。

三是资源配置的市场化趋势。上海的市场体系建设已迈出了历史性的一步，大市场的建立和完善已成为上海经济体制改革的突破口。到目前为止，上海已建有证券、外汇、金属、煤炭、粮油、化工、石油、建材、汽车、农资、技术等11个交易所，年交易总额突破1万亿元。其中，证券交易所的交易额近5 000亿元；金属交易所的交易额近4 000亿元，集中了全国80%的供求关系。按目前的发展速度，到90年代后期，上海各类市场交易总额将超过香港。资源配置的市场化大势已经形成。

四是经济运行的外向化趋势。作为上海发展外向型经济的前沿阵地——浦东新区，由于实施了基础开发和功能开发并举的方针及改革开放先行的策略，正在成为90年代中国投资的新热点。在浦东新区的带动下，全市利用外资势头强劲，在1992年外商来沪直接投资的项目数、金额数超过改革开放以来历年总和的基础上，1993年新批外资项目达3 650个，协议金额超过70亿美元，又分别比1992年增长80%和108%；外贸出口结束了缓慢增长的局面，出口总值达73.8亿美元，比1992年增长12.7%，20多年来首次超过全国平均增长水平；上海经济与国际市场接轨的步伐加快，证券、金属等交易所已与国际实现信息联网，并形成符合国际标准的中央登记结算系统；部分工商企业在产品质量、会计制度、经营方式、激励机制等方面开始按国际惯例运作。上海实现经济运行国际大循环的格局正在形成。

五是建设资金筹集的多元化趋势。无论是城市建设，还是经济发展都需要大量的资金投入，解决资金问题是上海振兴发展的关键问题。经过近几年的探索，上海走出了一条多渠道筹集建设资金的新路。其中包括：吸引外商直接投资、向海外金融机构贷款、土地批租、发展证券市场、用好用活各类基金、鼓励外省市来沪建设、小企业租赁拍卖、发行浦东建设债券等。随着经济和社会的发展，上海将不断探索新的筹资渠道。

六是城市道路交通的立体化趋势。上海开始结束一百多年来只有平面交通的历史。上海的第一条地铁全线贯通在即，第二条地铁已通过设计方案；市内高架道路的建设已实现零的突破，除了内环线、成都路高架道路在近一两年内竣工以外，外环线、延安路高架道路等也将陆续上马；原有的平面交通主干道也要进行拓宽、辟通等方面的大规模改造。

七是郊区农村的城市化趋势。推进郊区农村城市化是拓展城市发展空间，建设现代化国际大都市的客观需要。进入80年代以后，上海的城区面积不断扩大，原来的10个区10个县已演变为14个区6个县，市区面积已由1980年的158.6平方公里发展为现在的792.5平方公里。上海还将按照城市总体规划的要求，逐步在郊区发展二级市。

八是城市管理的分级化趋势。上海“两级政府两级管理”的城市管理格局正在形成，实践证明，这一管理体制的变革给区县经济的发展和对整个城市的管理带来了生机与活力。区县为了调动街道和乡镇管理层的积极性，也加快了简政放权的步伐。城市管理的分级化趋势已经呈现。

九是企业经营的多角化趋势。随着企业改革的深化，企业走向市场的意识和能力不断增强。企业再也不固守一个行业，生产或经营一类商品，跨行业、跨所有制、跨地区、跨国构建新的企业组织、拓展新的经营领域和实施新的经营方式已成为一种时髦。

十是市民消费的多样化趋势。在部分市民中周末一家人上馆子会餐、外出旅游已不是新鲜事，吃的、穿的、用的，追求新、奇、特成了很平常的事，私人电话也正在进入寻常百姓家。

国家统计局总经济师邱晓华先生访谈——

中国宏观经济：弹钢琴还是走钢丝

特约记者　吴海古

（1995 年 9 月 14 日）

日前，记者有幸应邀参加京沪两地专家学者在沪举行的“寻求证券市场大智慧”学术研讨会。其间，就当前宏观经济形势及宏观调控未来的走势，采访了国家统计局新闻发言人邱晓华总经济师。

宏观走势良好　微调仍需进行

邱晓华指出，今年 1—7 月的宏观经济形势基本情况是好的，经济运行的总体走势表明，年初中央制定的各项政策、措施是正确的，无须作大的调整，也无必要加大紧缩力度，宏观政策取向要坚持松紧相间的微调政策，以继续保持宏观经济趋向“软着陆”的发展势头，巩固和扩大已取得的初步成效。首先，国有企业的固定资产规模得到了有效抑制，增幅有所回落，这主要基于三方面的措施：一是从紧的货币政策；二是对重点省市进行固定资产大检查，停建缓建一批项目；三是去年同期的基数较高。其次，通货膨胀治理力度出现明显绩效。消费需求稳中见旺，名义物价上涨率为

3.6%，实际物价上涨率约10%，经济增长速度在8%至9%之间，出口需求放慢且呈回落走势，从7月开始到年底还将会继续回落，总体上是平稳的走势。靠财政补贴和行政性压价来维持物价，这种状况使物价回落的基础尚不稳固。由于国有企业的困难居高不下，企业经济效益下降，产销衔接情况不理想。1—7月，预算内国有工业企业亏损额比去年同期增长21.2%，盈利率下降为20%，实现利润下降到25.4%；企业间相互拖欠有增无减，这一现状影响了经济的良性循环。

适度从紧辅之以结构性松动

邱晓华说，中国经济时常受到高通胀的困扰，受到资源约束矛盾的拖累，其根源在于经济增长方式的落后，为此，加快经济增长方式的转化，是解决当前诸多深层次矛盾的重要举措。今年我国宏观经济的四大目标是：治理通胀；加强农业投入；企业改革深化；经济的适度增长。今后五个月如果没有重大自然灾害出现，实现控制通胀在15%左右，经济增长速度保持在10%的目标是可以达到的。今年是“八五”计划的最后一年，在宏观方面有两项工作要做，就是对“八五”计划的总结回顾，并完成“九五”计划的制定。他认为，今后一个时期的大局是适度从紧，辅之以结构性松动，全方位的银根松动是不会出现的。

他进一步指出，目前我们所期望的目标基础尚不牢固，稍一松动，就会前功尽弃。我们正处在喜忧交织的状态，喜的是经济形势到目前为止运行正常，忧的是物价的上涨、国有企业的深层次矛盾突出等因素依然存在。

速度与物价双回落格局基本明朗

在谈到1996年宏观经济的走势时，邱晓华认为，未来的趋势是：速度与物价双回落格局已基本明朗化。总体上政府的基本政策不会改变，继续顺沿1995年的适度从紧，政策性效益趋缓。从经济波动的周期来看，处在一个周期的中后期阶段，呈现出平稳收缩的特点。作为“九五”计划的第一年，上半年形势较为严峻，增长速度维持在6%上下，物价控制在10%左右。下半年经济形势受香港回归祖国的影响，经济将有升温迹象，银根也会有所松动。

最后，他谈到要改变目前经济中出现的高投入、高消耗、低效益的运行状态，应该重在优化结构中实现稳定增长。具体来说，政策取向应重点放在解决资金紧张的局面，要花大力气把资金存量盘活，采取切实措施，整顿好企业结算纪律；要更多地运用经济、法律手段，注意有保有压，限滞促畅，避免“一刀切”，集中有限资金，优先保障国家重点建设项目，及销路好、效益好的企业和出口创汇大户等的资金需求，以保持经济增长的适度拉力。从长远看，必须尽快建立资源优化组合的机制，一方面要注重结构的调整，在投资增量上切实加大农业、交通、能源等基础性产业结构的微调；另一方面，在资金存量上要深化企业改革，改变企业只生不死的状况，加大支柱产业、传统产业的规模和层次，抓好企业自身的管理质量，提高企业的经济效益。只有这样，宏观经济才具备了支撑经济保持较快增长的物质基础，宏观调控将进一步趋近“软着陆”的预定目标。

总量扩张还是结构调整

1998年中国宏观经济政策分析

赵晓雷

（1998年5月21日）

1998年1—2月，我国工业生产增长幅度同比回落2.4个百分点；国有单位固定资产投资增长幅度同比下降7.9个百分点。加之近两年来一定程度、一定范围的市场销售疲软，使得一些论者得出了“有效需求不足”的判断，并运用凯恩斯的“萧条经济学”理论为中国经济开药方。由此，刺激消费，扩大内需，保证8%的经济增长率，便成为1998年中国宏观经济政策的重要内容。

对于所谓“有效需求不足”的判断，我认为应作深入分析。

第一，从中国总需求的三大构成最终消费、资本形成及净出口看，最终消费一般占60%以上，是三大需求中份额最大的部分。1993年，最终消费对经济增长的贡献率为48.98%，1994年为55.78%，1995年为59.49%，1996年为62.05%。而资本形成（投资）对经济增长的贡献率则由1993年的62.08%下降到1996年的32.88%。可见，最终消费逐年稳步上升，并成为对经济增长影响惯性最大的因素。另据统计，1990—1996年，中国居民消费年均增长23.7%，同期名义GDP年均增长24.1%，社会消费零售总额增长22.2%，三个指标的增幅大体一致。1991—1997年，中国社会消费零售总额扣除价格因素，实际增幅达10%，其中1997年实际增长10.7%，快于GDP增幅约2个百分点。1998年1—2月，社会消费品零售总额4 856亿元，比上年同期增长9.5%。1997年全国工业销售产值（按现价计算）完成68 354亿元，比上年增长10.7%，高出同期产出0.4个百分点。工业产品销售率90.2%，比上年提高0.3个百分点。以上统计数据并不支持中国存在总量意义上的“有效需求不足”的判断。

“有效需求不足”是一个总量概念。而在中国目前的经济中，一方面是低水平供给过剩，另一方面却是适应市场需求的供给短缺。所以，与其说是有效需求不足，不如说是一部分供给不适应市场需求。严格说，市场疲软并未反映在社会消费品零售总额上，而是表现为大量低劣产品的滞销积压。这里，问题的关键是供给不能满足需求，使得一部分有效需求的实现有障碍。现在，中国经济运行的性质已开始改变，市场需求已成为制约经济增长的主要因素，经济增长将越来越依赖于消费结构高级化的带动，而不是依靠需求数量的低水平扩张来牵动。在这一宏观经济态势中，产品结构、产业结构的高级化，资源配置的优化，生产的市场化导向，经济效率、经济运行质量的提高，就成为经济增长的内在要求。

第二，判断中国目前是否存在“有效需求不足”，还必须从收入角度进行分析。

1997年中国城镇居民人均可支配收入5 160元，农村居民人均纯收入2 090元，分别比上年实际增长3.4%和4.6%。有学者按城乡人口数推算，计算出1997年城乡居民总收入为37 193亿元，占当年GDP的49.7%。以这一可支配收入总额对27 200亿元的社会消费品零售总额，平均消费倾向大约为0.8，这实在难以说是“有效需求不足”。另外，居民可支配收入只占GDP的50%不到，那么自然会有很大一部分GDP“滞销”“积压”。但这不是什么“有效需求不足”问题，而是社会再分配问题，或者是GDP是否“有效”问题。

我认为，在中国经济增长的主要制约因素已由短缺经济时代的资源供给约束转变为市场需求约束的条件下，总需求，尤其是消费需求成为影响经济增长的主要变量。但就目前情况而论，假设收入既定，要进一步扩张消费需求，唯有根据市场需求的变化来配置资源，使产出结构适应消费结构的变化。如果放松收入既定假设，收入水平低下是制约消费需求扩张的根本因素。而要提高收入，也需要使生产和投资适应市场需求，提高经济活动的效率。所以，经济政策的要点不应是企图让那些生产低劣产品的企业复活，让经济进入新一轮的低水平景气循环，而应是着力于资源配置的优化和经济效率的提高，使人民的收入水平有较快、较大幅度的增长。

“瓶颈现象”是高速发展的必然特征

罗伯特·W·弗格尔谈经济高速发展中的不平衡现象

本报记者　凌　飞

（1999 年 7 月 8 日）

“经济的高速发展必然是不平衡的发展，各部门、各地区间的经济发展不甚平衡，某些经济部门发展快于另一些部门，必然出现瓶颈现象。当前经济高速发展的东亚各国(包括中国)面临着与工业化国家 19 世纪和 20 世纪初由相对较低水平起步时某些非常相似的问题，这是不足为奇的。”这是 1993 年诺贝尔经济学奖获得者、芝加哥大学及国家经济研究所教授罗伯特·W·弗格尔 6 月 30 日在上海社科院作“中美经济发展之比较”报告时所强调的一个观点。他说，如果我们将中国经济的现状与美国 120 年来的经济发展模式作一比较，就会看出高速发展必然呈现的这一特征。

罗伯特·W·弗格尔指出，就实际人均收入而言，目前，中国正处在美国 1897 年左右的水平。而农业劳动力所占的份额表明，当前中国正处于美国 1880 年的水准。但如果我们转向教育，就小学在校学生与相关年龄组的比例而言，中国已达到美国 20 世纪 50 年代中期的水平。如果我们比较一下两国的中学教育，就会看出中国已经达到美国 1970 年的水平。而当时，美国的人均收入是中国目前水平的四倍。如以预期寿命作为衡量的标准，则中国已经达到美国1966年的水准。换言之，中国的经济发展并非处于同一水平，而是若干不同的水平并存。中国经济的某些领域发展得较快，而有些方面则相对处于经济发展的初期阶段。美国的经历表明，发展较快的部分必然对发展滞后的部分造成极大的压力。从某些方面而言，中国在经济高速发展中协调各方面之间的压力比美国进行得更加平顺。都市化进程加快就是一个很好的例证。

他指出，1980至1995年之间，中国的城市人口比例从19%升至30%。总的来说，城市人口在短短15年里大幅度增加，其进展是有益的。尽管面临住房和基础设施其他方面的种种压力，城市人口的预期寿命仍有所增长。在美国，1860至1890年间，同样规模的农村人口涌入城市。虽然美国人的迁徙费时更长，但其生活水平却大为下降，卫生状况恶化，死亡率上升。在极为拥挤的城市贫民窟，婴儿死亡率达到50%。19至20世纪，美国和大多数西欧国家城市发展的速度大大超过其提供住房、相适应的污水处理设施、洁净饮用水及安全食品的能力。对比之下，在中国和其他经济高速发展的亚洲国家，城市的高速发展是以较为先进的公共卫生技术和较好的住房条件为基础的，其中包括人们普遍使用开水。

他说，经济高速发展中遇到的另一个问题就是失业。中国的失业问题与美国和西欧诸国从以农业为主向工业化社会过渡的关键时刻所面临的失业问题相类似。1880年以后，美国和西欧各国的农业生产率迅速提高，造成农村劳动力的大量过剩，失业率居高不下。早在18世纪，英国就出现了农业人口严重过剩的问题。1880年以前，美国尚有广袤的处女地有待大量的农村劳动力去开垦。但1880年后，劳动力从农村流向城市，使城市的工资降低，失业人口骤增，这一向工业化社会过渡而引发的严重失业问题，一直延续到第二次世界大战爆发的前夕。在美国，由于对外国移民的限制，部分缓解了人口由农村向城市迁徙而引发的问题。换言之，减缓城市劳动力市场的压力是以农村移民取代外国（以欧洲为主）移民为代价的。

他强调，在物质消费基本满足后，经济发展就不再以生活必需品为主。而100多年前，生活必需品却对健康与疾病，长寿和夭折起着至关重要的作用。如今，即使经合组织成员国家的穷人的寿命，也比富国在本世纪初的预期寿命长。现在，预期寿命仍在增长。我们也不再会说，没有基因的突破，人们的寿命已达到或接近了极限。值得指出的是，目前即使在中国最贫困的省份，人们的预期寿命也要超过美国在20世纪前几十年中的最好水平。

在经合组织成员国，生活中非物质的方面已经备受重视。如今，美国和其他经合组织国家的普通人都希望利用闲暇去购买生活的乐趣，而在一个世纪之前，只有富人才享用得起这一份闲暇。休闲使人心胸开阔，足以陶冶情操，消除为生计而劳作的乏味感。休闲包括旅游、健身、欣赏表演艺术、教育及享受天伦之乐。衡量此类活动的主要成本往往不是开销，而是时间。在富裕国家，人们越来越关注生活的内涵。而在1880年，普通人关心的不是生活的意义，而是维系生命的衣食住行。经济的发展使得休闲趋于大众化。

中国经济的形势与问题

——访北京大学著名经济学家萧灼基教授

特约记者　言　实

（2002年5月23日）

扩大内需，提高消费率

记者： 加入WTO后，外需日益成为影响我国经济增长的重要因素。您如何看待当前内需与外需的关系？

萧灼基： 我国成为世贸组织成员之后，外需成为经济增长的重要因素，必须高度重视；但同时也必须看到，国内市场依然十分庞大，扩大内需仍是经济发展首先要考虑的因素，要最大限度地发挥国内市场优势。改革开放以来，我国进出口贸易的增长率已经远远超过国内生产总值增长率，提高外贸依存度的空间已经十分有限。

记者： 那么，当前扩大内需的主要问题是什么？

萧灼基： 当前扩大内需的主要问题是消费需求不足。2001年市场上供过于求的商品比例已经达到了83%，投资需求实质上只是中间需求而不是最终需求，因而必须要扩大消费率。近10年，我国平均消费率为59.5%，低于历史平均水平和国外水平，同时我国居民金融资产大幅增加，储蓄存款已达7万多亿元，提高消费需求的空间很大，虽然当前现实需求不足，但潜在需求市场广阔。

记者：请您说一说当前扩大内需的主要政策措施。

萧灼基：扩大内需除靠市场推动之外，政策措施也十分重要，一是要提高财政人员的待遇，促进分房货币化；二是要提高城镇和农村贫困人口及低收入群体的补助水平；三是要取消一些限制消费的政策措施；四是要提高农民收入；五是要扩大就业。

财政赤字要适度

记者：我们注意到，近几年中央实施积极的财政政策，财政赤字已达到一定水平。您对当前财政政策和赤字水平作何估价？

萧灼基：我国财政赤字已经到了较高的水平，积极的财政政策从1998年以来对中国的经济发展起到了很大的作用，但是也有一个度的问题，经过几年的实施，财政赤字已经比较高了。

记者：今年政府表示要把财政赤字控制在一定范围内，您认为主要是什么原因？

萧灼基：今年政府表示要把财政赤字控制在3 098亿元范围内，可能是由于以下原因：一般来说，一年财政赤字超过国内生产总值3%，就超出了警戒线，所以今年要加以控制。财政赤字最终是要偿还的，如果太高，今后会对经济发展形成压力，增加财政的负担。

记者：在投资体制方面，您认为我们应作何种改革与调整？

萧灼基：应提高国家投资项目的经济效益，在投资体制改革方面要有所突破，长期依靠国债搞建设的方式要有所变化，应该更多地启动民间投资，更多地采用市场的方式。

失业问题相当严重

记者：近年来，我国就业形势十分严峻。您如何估价当前就业形势？

萧灼基：当前中国城镇失业率大概在15%—20%，就业形势十分严峻，必须高度重视。我国登记失业率只有3%，比美国和日本都低，但是实质上我国失业情况比这些国家都严重，中国的失业问题是全世界最严重的，解决失业问题是一个长期而艰难的过程。目前，国内失业有四种形式：一是登记失业；二是下岗；三是隐性失业；四是农村潜在失业。另外，还有大量的退休工人，退休较早而待遇偏低，他们也迫切需要寻找就业机会，加剧了就业市场的竞争。当前内需增长乏力，与就业不充分有很大的关系，制定政策，不应当仅仅以登记失业为依据。

银行业要正视国际差距

记者：萧教授，加入WTO后，国外银行将陆续进入中国，请您谈一谈我国银行与国外银行存在哪些差距？

萧灼基：中国的银行业与国外相比有许多差距。一是体制不同，国外的银行主要是金融企业，而我国的银行政企不分；二是国外银行资产质量过高，而国内银行不良资产比例过高，三是国外银行劳动生产率过高，而国内有较多的冗员；四是国外银行大多是混业经营，而国内银行目前还是分业经营。在税收政策上的差别是，国外的银行业不收营业税，而且服务完善，金融产品丰富，而国内的银行主要以存贷业务为主。

记者：当然，国内银行也有自己的优势，我们能否利用这种优势，大力拓展金融服务，比如拓展个人消费信贷服务？

萧灼基：国内银行业要正视差距与自身的优势，充分发挥网点多、依赖度高的优势，大力拓展金融服务。当前个人消费信贷发展很快，总量已达到了 6 000 亿元，但还主要停留在住房消费信贷上，这一项就占了个人消费信贷总额的 4 000 多亿元。个人消费信贷虽然对扩大内需起到了很大的促进作用，但也存在三个方面的问题：贷城不贷乡、贷富不贷穷、贷大不贷小。这种情况必须要扭转过来，要扩大个人消费信贷的领域，真正启动和扩大个人消费。国内银行在这方面大有文章可做。

执行农村减税政策

记者：您如何估价当前我国实施的税收政策？

萧灼基：在市场疲软的情况下，应该通过降税来刺激消费、投资，但是这几年来税收的增长超过了国内生产总值的增长。有一些因素是合理的，如过去税收漏洞较大，但是其中也有一些不合理的因素。

记者：您刚才提到，在市场疲软的情况下，应该通过降税来刺激经济增长。那么，当前哪些产业尤其需要实行降税？

萧灼基：应该考虑通过减免税的政策来刺激一些相关产业的发展，如高新技术产业等。有政协委员提出，要减免农林特产税，这个我同意，并且减免的空间还应该更宽一些，如农业税。

记者：您如何评价当前我国农业税的水平？

萧灼基：中国农民历来都生活在比较贫困的情况下，中央政府都要“轻徭薄赋”。据统计，2001 年我国农民人均年收入不到 2 400 元。目前农业税虽然是我们的一个重要税种，但农业税一年 400 亿元，相当于财政收入的3%，在中央财政中占的比例已经很小了。现在工业已经发展起来了，应当把减税政策向农村倾斜。根据当前中国的农村形势，可以按农村经济发展情况，执行不同的减免政策，这将对中国农村经济发展、农民增收很有帮助，同时应当向农村加大财政转移支付的力度。

当前中国经济热点盘点

（2009 年 8 月 27 日）

编者按：近期，“中国经济研究热点排名与分析”报告发布。

报告以《经济研究》《中国工业经济》《世界经济》《金融研究》《中国农村经济》《经济科学》《经济学动态》《经济社会体制比较》《财贸经济》《财经研究》《改革》《南开经济研究》《经济理论与经济管理》《经济学家》《中国社会科学》《管理世界》《教学与研究》《中国人民大学学报》18 本样本期刊上发表的全部学术论文共 2 481 篇按专题分类统计，最终得出 2008 年中国经济研究的前 10 个热点问题。其排名为：（1）经济增长与发展；（2）资本市场；（3）三农；（4）产业结构与产业政策；（5）货币政策；（6）区域经济发展；（7）公共经济；（8）对外贸易与贸易政策；（9）经济体制改革；（10）收入分配与收入差距。排在第 11—20 位的热点问题是：（11）商业银行；（12）自主创新；（13）金融体制；（14）财政体制；（15）公司治理；（16）国外经济理论与流派；（17）人力资本；（18）民营经济与家族企业；（19）社会保障；（20）政府规制。其中，前 10 个热点占整个论文发表量的55.8%，前20个热点占整个论文发表量的75.7%，经济学关注的问题趋于集中。

日前，在北京市社会科学界联合会、中国人民大学中国经济改革与发展研究院、经济科学出版社、北京市经济学总会联合主办的“中国经济学前沿论坛(2009)”上，多位经济学者分别对中国经济及其世界经济发展中前沿问题进行了深层思考与政策建言。本报节选部分学者的核心观点予以刊发。

产业发展

下一阶段政策调整应偏重企业公平竞争机制

中国社会科学院工业经济研究所所长　金　碚

从发达国家来看，这次金融危机之所以爆发，其重要原因就是对于产业经济层面的“信心”难以恢复。投资人很难在实体层面找到一个既有发展前景，投资人又可盈利的产业。于是，市场的财富结构就发生了巨大的变化，人们在追求财富的过程中，越来越倾向于去追求虚拟的财富，导致实体财富在整个财富结构中间占的比重在下降。因而，很多实体经济，包括传统产业、高技术产业，它们的市场开拓越来越依托于金融。无论是发展高技术产业还是发展传统产业的企业都认为赚钱很难。特别是在发达国家，实体产业所面对的市场被认为似乎已经高度饱和了。发达国家要渡过这次金融危机，要解决的问题是很深刻的，美国因而提出发展新能源产业。

中国的产业状况与发达国家存在很大差异。中国目前处于工业化过程中，尽管金融危机对中国经济产生了很大的冲击，但相对而言对中国还是比较有利的。原因就在于：中国的产业发展空间比美国这些发达国家大很多。中国现在的产业空间仍有可能获得利润，因为成本控制的机制在中国至少比欧美等国要强。

我国政府此前以宏观经济手段为主的经济刺激政策，遏制了经济下滑的势头，但仅这样是远远不够的，问题的关键还在于实体层面。中国的企业在目前的阶段必须能够实现调整。中国的企业经过改革开放30年的市场竞争，有相当一部分企业，特别是工业性企业、制造业具有了比较强的竞争能力和适应能力。东部沿海地区尽管受冲击最大，但现在东部地区的企业表现出“企稳”的态势。特别是民营企业，有一些省份的民营企业、工业企业的增长率已经恢复到两位数以上，实现了正增长。

在此背景下，我国的政策也应该有一个及时、适时的调整。下一阶段中国经济的增长如果更大程度上要依赖于企业竞争能力的培育和提升，政策就应该更多地转向怎么样能够有利于企业竞争力的提升，而提升企业竞争力的一个最基本的条件就是给各类企业以公平竞争的环境，让各类企业都有机会参与国际竞争，在竞争中使中国的经济能够长期、较快地增长。

宏观走势

经济回升的内在动力需加强

发改委宏观经济研究院常务副院长　王一鸣

在扩张性宏观经济政策的刺激下，中国经济成功地扭转了去年三季度以来的加速下滑的趋势。需求、工业生产、市场预期和信心都有所回升。特别是在内需中发挥重要力量的房地产交易量、价格和投资都在企稳回升。

但是，这种回升还不太稳定，当前我们正处在经济回升的关键时期。

首先，我们不能自主决定的，就是外需的进一步收缩。全球经济虽然有回暖的迹象，但很可能是衰退的减弱而不是复苏的开始。最近的情况表明，我国不仅对所有发达经济体的出口的降幅还在加深，对新兴市场经济体出口的降幅也在扩大。因此，出口在今年很难扭转这种下滑的趋势，而且这不是短期的现象，会持续相当长一个时期。中国的制造业相当一部分都面对出口，现在冲击最大的是IT 行业，因为其 60%生产能力是面向出口的。

其次，经济回升的内在动力仍然不足。当前经济出现的积极变化，在很大程度上还是依靠政府扩大支出带动的，投资的增长，包括国有的投资、预算类投资等是重要因素。怎么样培育经济增长内升的动力，是我们面临的挑战。

再次，企业的利润和财政的收支状态仍然不是很乐观。尽管我们利润的降幅在收缩，但从 1—5 月来看，利润的下降幅度依然很大，超过 20%，特别是国有控股企业，下降幅度更是超过 40%。财政虽然在 5 月转为正增长，但从 1—5 月来看，财政还是比上年同期下降了 6.7%，并且还有一定的下降幅度。

从中期来看，还有两个因素值得我们特别关注：一个是通货膨胀的预期在上升；二是产能过剩的压力。现在为了保增长，特别是在地方政府层面，又在刺激某些工业领域的产能扩张，这对未来会产生巨大的产能压力，也是制约经济增长的一个非常重要的潜在的不利因素。

目前，宏观政策的重要目标就是使经济进入一个稳定回升的通道，培育经济增长的回升的动力。在刺激政策减弱的情况下，回升的力量能够逐步增强。能够在没有政府刺激的情况下，自动地保持经济的稳定增长。短期的刺激政策可以缓解经济的下滑，但是要实现根本的复苏，必须实现中国经济的战略转型。这是实现根本复苏的关键，我们在制定短期政策的时候，要与中期的调整战略有机地结合起来。在经济逐步回稳以后，中期的调整应该提到更加重要的层面，从而为我们新一轮的增长去创造条件，为我们更长期、更健康、更可持续的增长去创造条件。这是我们政策层面需要去解决的问题。

体制改革

通过宏观经济体制改革构建供给管理框架

北京大学校长助理、经济学院院长　刘　伟

世界金融危机是否意味着要重新回到理性的国家干预主义的新主流市场上去？这是西方在讨论的一个很要紧的问题。这对我国的影响，实际上是中国改革怎么处理国家和市场、政府和企业、宏观和微观之间的关系。

我们要限制甚至要反对片面鼓吹自由化（指经济上的自由化），但是我们更要旗帜鲜明地承认我们中国的体制竞争是不充分的。不能因为反对过度的自由化、过度自发的竞争，就成为限制中国开展公平竞争、提高竞争充分性的体制性的理由和障碍。中国目前的大问题，可能有自由化的问题，但最主要还是竞争不够充分，垄断或是歧视性不公平的竞争破坏了资源配置的效率。

在应对金融危机过程中，各国政府在微观政策上，把运用国有制对私营经济的接管、介入作为刺激需求、振兴经济的一个重要手段。由此我们可以对国有制抗击打能力强的作用有新的认识。有关国有化和民营经济发展的相互关系，值得再思考。

国内有观点认为，我们的体制抗击打能力之所以强，是因为我们有大量的国有制。特别是在资本投资需求不足时，国有制动员资本投入比较简单明快。这是不是我们的体制优越？我认为，应对危机的时候可能是，但不是危机的时候就未必是一个优越的条件。经过这场金融危机，我们对于经济运行改革中的微观结构改造，对国有制的地位要有一个重新的认识，同时对民营经济的发展也不能动摇。

此次金融危机发生后，在宏观调控方式上，西方占主流的需求管理，无论是凯恩斯主义、货币主义，在解释力上均受到了根本的限制。供给和需求两方面均衡、协调的宏观调控可能在宏观调控的政策体系和理论框架上要提到议事日程。西方一系列的政策在刺激需求的同时直接作用于供给，包括我们传统意义上的宏观的财政政策和货币政策，看起来是刺激需求，实际上有很多是具有供给的政策效应。我觉得这是非常重要的宏观调控方式和政策作用方式的一个变化。

因此，在中国下一步的宏观经济体制改革过程中，在强调和关注需求管理的同时，构建供给管理的新的政策和体制框架，是改革当中非常要紧的事情。中国有这个传统，中国政府的政策直接作用于供给，是体制优势。

扩大消费性投资以创造消费条件

中国社会科学院金融所副所长　王国刚

关于资本市场，大家最关心的就是股市。中国经济下滑再一次告诉我们，股市不是国民经济晴雨表，它是国民经济的体温表。晴雨表是先行指数，如果经济下滑，股市也跟着下滑，才是正常状态。但实际上国民经济与股市是平行状态，不仅中国，外国也如此。这就是为什么去年11月开始，中国股市开始走好，因为我们出台了刺激经济的政策，这一通政策下去，随着中国经济走好，股市也走好。

由于股市未来的运行取决于经济的运行状态，因此，怎么保证经济的运行则是现在众所关心的问题。我们一直希望能够扩大居民消费需求，2000年以来，我们社会零售商品总的增长率都高于GDP，但是我们消费率在GDP中所占的比重从62%一直降到2007年的48.8%。在这个过程中，我们做过村村通路、村村通电、村村通彩电、通电话工程，但消费并没有上去。为了扩大今年的消费，我们又开始家电下乡，汽车以旧换新等政策，但这种扩大能够坚持到哪一天?

我们应该认识到一个最基本的现实条件，即中国已基本实现了温饱型小康。实现温饱型小康意味着吃穿不愁。随着人们收入水平的提高，吃、穿、用在人们收入中所占的比重快速下降。但我们现在还在依赖吃、穿、用的消费，想在这方面把消费抬上去。我们的思路是否偏了？

中国今天真正的消费难点在住、行、学，而不是吃、穿、用。而住、行、学不是靠在生产线上能下来的，我们的头脑还简单停留在工业化。住、行、学必须通过消费投资或者非生产性投资才能为它创造消费条件。在这个过程中，我们应当把生产性投资和消费性投资分离，大幅度扩大消费性投资，为消费创造条件。并在扩大消费性投资的同时，加快中国城镇化进程。中国的经济需要两个发动机，一个是工业化，一个是城镇化。只有城镇化有效展开了，第三产业或服务业才能有效展开，因为城镇化是它的基本载体。只有城镇化有效展开，才能有效地解决民生问题。城镇化是中国几十个产业、几万种产品的火车头，因此中国扩大内需的重心应该是加快城镇化发展。

财政政策

财税政策有空间但要审慎使用

中国社会科学院财贸所副所长　高培勇

下一步积极财政还能够做什么？我的判断是：

第一，我们要做到把已经确定的既有的已经纳入规划的各项积极财政政策措施尽快落实。

第二，根据经济形势变化，适时调整财政减收增支的力度。

具体而言，财政的增支，面对危机，财政所能采取的在支出上的这样一种举措就是扩大政府的支出，目前扩大政府支出的主要举措都是放到了扩大公共投资方面。我们有一个四万亿元的投资规划，但能够掌握在手中的是中央财政所能拿到列入预算当中的1.18万亿。我们是寄希望于通过1.18万亿的中央预算投资来带动地方投资，带动企业投资，带动银行贷款。财政部最近发布这1.18万亿的投资规划已经落实，2008年第四季度安排了1 040亿的新增投资规模。2009年安排了4 875亿的投资规模，明年还将有5 885亿的财政投资规模，加总求和就是1.18万亿。

现在的问题是，对这1.18万亿所带动的投资效益必须做特别清晰的论证和判断。首先是资金的到位率。从去年第四季度到今年6月，来自公开媒体上所报道的数字是中央财政投资的到位率为90%，地方资金的到位率为50%，可见中央财政的到位率相对较高，而寄希望于由此拉动的地方财政的到位率不足，至于其他方面的民间投资、银行贷款则是另外的事情。能不能把资金到位率尽快提升，使它尽快发挥拉动投资的作用，这是很重要的命题。其次还要关注开工率，资金到位了并不一定就开工，需要有一个过程。

除了公共投资方面的安排之外，在当前还需要采取的举措就是要适时地从关注公共投资计划向关注民生领域的改善转移。当我们的目光投向民生领域的时候，实际上更多的是关注消费的需求，而要拉动最终的消费需求，必须要在政府的财政投入上做相当多的努力。目前，在这方面尽管已经采取了一定的措施，但相对于投资计划的安排而言，的确还有不小的空间。比如说给低收入者的保障问题，可以通过对广大低收入者保障收入的这样一种援助来提高他们的消费能力。比如全民的社会保障问题，应该通过尽快地健全社会主义社会保障制度体系来免除人们的后顾之忧，从而使人们可以全力地去安排自己的消费计划。这是支出领域。

财政政策另外一个角度就是结构性减税。关键的问题是要把减税落在具体的税种上，并且能够在税制的变动和征管的能力之间作出某种平衡。

世界经济

世界经济尚未触底反弹

中国人民大学中国经济改革与发展研究院副院长　刘元春

世界经济虽然出现了一系列回暖的迹象，但是金融危机并没有消除，实体经济依然处于下滑区间。我们认为世界经济难以在2010年第一季度之前出现触底反弹。原因在于：

前期大家所表现出的乐观主要来源于很多国家的景气指数出现了反弹。但实际上，世界各大板块所公布的景气指数对于真正宏观经济的状况反映得并不显著。此外，出现真正明显大幅反弹的是韩国，而其他国家特别是发达国家，基本上是一种低水平的反弹。比如日本，5月是86.9%，这个水平依然标志着是一种萧条的状态。即使这个指标所反映的信息比较准确，指标的滞后期到底多长，也值得我们考虑。

从实体经济的具体指标来看，第一季度包括马上要公布的第二季度的数据，我们所看到的核心区域的经济下滑是超越以前的，并且下滑的深度是非常之大。而据我们测算，2009年产能过剩将处于放量的区间而不是收缩的区间，这个区间估计在2010年下半期才会局部收窄。

失业率持续上涨，并且达到了历史高位。比如美国估计2010年达到11%，是1948年以来的最高点，欧元区也是十年来的最高点，日本也是一样。这是值得关注的。

工业生产从目前的水平来看，美国的生产指数进一步下滑，并且下滑的幅度是 1946 年以来最大的。即使从目前的实体经济的指标来看，也没有见底的迹象。

最为重要的一点是，各国的消费下滑很明显。美国的储蓄率目前大幅上涨，上升到 5.7。储蓄率的上升就意味着美国的消费模式发生了巨大的变化，这对于中国经济的潜在影响也是很大的。

固定资产投资下滑得很厉害。全世界只有中国的固定投资是猛涨，主要板块的固定投资都出现了下滑。

外贸下降非常剧烈。目前发达国家进口平均下滑 27.8%、出口下滑 24.5%，比中国下滑的幅度还要大。如果从发展中国家来讲，平均下滑了 37.2%和 31.2%。中国的外贸只是世界外贸的一个部分，并且中国外贸下滑的程度远远低于世界的平均水平。这表明世界贸易整体的这种复苏并不像想象的这么乐观。

经济“二次探底”是否可能

（2010 年 7 月 29 日）

编者按：今年上半年宏观经济数据公布前后，国内对中国经济走势判断众说纷纭。在欧债危机的复杂局势下，中国经济目前处于最微妙复杂的时期，是否会风云突变出现“二次探底”的拐点，世界经济未来是否会持续下滑，成为宏观经济领域最关注的话题。近期，在清华大学中国与世界经济论坛上，由央行货币政策委员会委员李稻葵教授主持，国内外学者对此展开讨论。（记者　王婷）

整体经济形势如何判断？宏观经济政策会否再作调整？

乔红（高盛中国亚太地区首席经济学家）：

不再关心通胀，密切注意增长政策转变

最近高盛发表了一个报告，认为后两个季度增长速度可能低于预期，到第四季度在经济政策变化情况下，增长速度可能会有所恢复。通胀比预先想的低一些。因此我们把 2010 年的 GDP 增长率从 11％以上的数字已经调到 10.1％的水平，同时我们对通胀的预期从

3.5％下降到2.4％。

到底中国现在处于经济周期的什么位置？是往上走？还是往下走？外需处在什么位置？内需处在什么位置？今天我们正好面临这么一个交叉口。从外需情况来看，我也看到国内一些媒体和声音在发问，美国是不是在二次探底？是不是要往下走？

目前，我们见不到复苏，但是外需这次复苏还是可以起来。只不过第三、第四季度欧洲和美国的需求可能会走弱，但绝不会到－1％、－2％的水平。总体的情况来看，和2004、2008年的下滑是不可同日而语的，所以今年下半年的外需仍然是在恢复复苏的过程中逐渐走软，但不是一下子就崩溃。

从内需上看，就比较微妙。我们原来对中国经济增长非常乐观，甚至担心过热，通胀压力会增加。但近期有了比较明显的变化，大家看工业增加值的月度环比，我们预计4、5、6月三个月环比数字都是个位数，这跟1月的25％、2月的15％都是有差距的。根据这个变化，我们认为，经济政策从房地产到基建、信贷，卡了这么多方向终于见到了效果，可能工业生产增加值会体现出比较强的下降，在GDP增长率上，第二季度公布的数字会在10.3％(7月15日国家统计局公布第二季度GDP同比增长10.3％——编者注)。现在看起来年同比不是太难看，毕竟是在8％以上，但是看环比的话，下降就厉害一些，这样的下滑速度我们还是比较担心的。

因此第三季度可能会进一步下滑，环比甚至会到8％以下。

由于增长速度下滑，对于需求的推动也会明显减弱，因此我们认为现在看到的通胀压力是短期的，之后并不会有持续的影响。到了第三季度的下半截，通胀就会掉头了，环比马上就会出现下降，同比也会逐渐往下走，因此我们觉得今年通胀不是最令人担心的，但是增长政策的转变，可能是下一阶段我们密切关注的事情。

吴小求（中国人民大学金融学院教授）：

中国经济二次探底可能性非常小

中国经济现在的确处在非常敏感的时期，原来以为我们可以非常好地走出这场金融危机，后来发现中国经济无论是内部还是外部的不确定性都增强了。外部主要是欧债危机引起的，欧元有多大的生命周期的确是一个问题，因为欧元赖以存在的经济基础是非常脆弱的，欧债危机是文化问题，通过技术性债务重组只会把危机推后，而不能解决危机。因为欧元区所涵盖国家的文化差异非常大，所以文化决定欧元区很难长时间存在下去。欧元的出现虽然是货币史上的革命，但是它能有多长的生命周期仍值得观察。这个外部不确定性的确使中国经济变得更加不确定。

内部主要是我国经济结构出现很大的转型。我们中国人都有一个很美好的理想。一方面要保持经济正常的增长，就是不能低于8%，这是基本要求。在外人看来是高速增长，在中国人看来是正常增长的条件下，它还要实现一个非常复杂的结构转型，就是非常复杂的整体动作，带来新的不确定性。加上2009年是一个困难之年，实行极度宽松的货币政策，为2010年和2011年带来不确定性，所以就带来一个通货膨胀的预期。

这三种因素放在一起，就使得2010年变得非常复杂。所以我就说过，我们不能实行宽松的货币政策，如果从松紧度看，比2009年松一点点儿，但是一定是紧中偏松的政策，要注意均衡，不能单纯只看到通胀，如果只看到通胀就要收紧政策，这对我们解决目前的问题会带来非常大的困难。

中国经济会不会二次探底？全球经济二次探底的可能性比中国经济探底的可能性大得多。这主要是因为欧债危机对经济的影响是存在的，这中间有很多过程，包括欧债危机到银行，到市场能不能扩张。其中最重要的是信贷市场，如果说会影响信贷市场扩张，显而易见经济就会探底。虽然希腊是比较小的经济体，但是有一种延伸性，所以世界经济二次探底的可能性是会存在的。

但是中国经济二次探底可能性就会比较小。从中国经济增长率来看，下半年应该会比上半年的增长率要低。这有多种因素，其中一个因素是统计技术上的，因为，今年第一季度是跟2009年第一季度相比较，2009年第一季度是金融危机最严重的时候，到第二季度就稍微好一点，到2009年第四季度已经基本恢复常态了，所以这种情况下，2010年第四季度的增长率显而易见会比2010年第一季度的要低。但是全年平均，一般认为会到9.5%。这是一个基本的判断。

真正探底是到2011年，可能是第二季度，我想第一季度可能会维持9%的增长的，所以从这个角度看，中国经济二次探底的可能性非常小。

“史上最严的房地产政策”是否要改变？

任志强（华远房地产集团董事长）：

“两难”是在走钢丝中两面平衡

从房地产角度看，我们投入的增速会在后几个月出现快速下滑，大部分企业现在已经开始严格控制自己的投资了，这可能就是比较危险的信号，虽然5月还保持接近36%的增长，但是这种投资增长决策是在4月17号文件下达之前做出来的。投资部分买土地占了很大的比例，这些决策也大部分是在文件下达之前做出来的。房地产投资是三到五年的投资决策，不是眼前的。所以我们觉得全年投资增速的下降幅度会比较大，这是快速下滑。

但是宏观经济可能从增长 11.9％跌到 10％多一点，下一个季度可能还要跌，去年的因素就决定今年一定是要跌的，如果目前政策不发生松动的话，有可能会“破 8”，起码房地产销售会差 2 万亿元，去年零售品消费额是 12 万亿元，我们住房去年是 7 万亿元左右，如果今年住房掉了 2 万亿元，消费是不是也要掉 2 万亿元？新的商品房小区搬家都是新家具，而廉租房百分之百都是旧家具，靠保障性住房来拉动消费几乎是不可能的。从面积上看，下滑不是太多，但是价格会下得很大，这个预期可能在未来几个月会越来越多地体现出来。

我们已经知道，时间过半，但北京市土地供应只完成 20％到 30％，少了 30％，如果按这个推算，所有城市都少 30％的供应，全年下来这一块差距是巨大的，去年三万亿元投资里面一万多亿是土地投资，如果少掉的话，可能会少掉很多，所以如果政策不动会很危险。

如果按 11.9％算，掉了房地产贡献的两个点没有什么影响，但是工业和外贸同时下降，这个叠加作用会对中国经济产生比较大的影响。所以如果其他经济不下滑，中央不会轻易放松房地产的管制政策。如果其他经济下滑数量很大，“放松”可能就是一种选择，我觉得温总理说的“两难”就是走钢丝中两面平衡，一个是经济增长，一个是民生，经济增长快的时候兼顾民生多一些，经济下滑的时候，民生问题就暴露出来了，所以这两者之间的问题是要平衡的，我们在这个转换之中是有两难的选择。

袁钢明（清华大学中国与世界经济研究中心研究员）：

经济形势取决于是否存在房地产泡沫

中国房地产存在泡沫。只要有泡沫，经济就有崩溃的可能，但是我不用“崩溃”这个词，我觉得如果中国采取正确的政策，不一定会崩溃。所以我们的经济走向面临可能存在泡沫及是否崩溃的问题。

现在中国的经济形势都是房地产带来的，这次调控房价前房价已经涨到崩溃的程度，大家希望下降的时候，调控政策只是要把过快上涨的房价遏制住，没有提到“降低”，还是想稳定房价，实际上咱们宏观政策就是想把房价稳定在高的水平上，越调越高，越调越稳，越调越坚固地往上升。这种调控方式是非常危险的，是堰塞湖，把价格像湖水一样堵在那，把它推高了。

欧洲债务危机会怎么演变？欧元会不会贬值？

Ousmene Mandeng（英国安石投资管理有限公司公共事务投资顾问主管）：

先去毒瘤，再作打算

为什么欧洲出现了债务危机？我觉得其实还是因为欧洲的经济结构不平衡，这个不平衡是多年积累下来的，积重难返，而且这种结构不平衡反映在银行的资产债务表上，也就是说这些银行的回报率是比危机之前低很多。希腊只是点出了欧洲的结构不平衡的问题，都是债台高筑，欧洲就是这样，所以我们确实面临着主权债务危机。

以往主权债务危机都是发生在新兴市场，很少发生在发达国家，美国、欧洲以前都没有碰到主权债务危机。现在大家都很关注欧洲，但世界上最发达经济体美国也是有主权债务危机的。要想一次性解决所有发达国家债台高筑的问题，这个当然是不容易的。欧洲经济能不能复苏？欧元能不能稳定下来？能不能在没有解决希腊问题的情况下就达到这些目标？我们当然是持怀疑态度，也就是说希腊能不能恢复稳定，我们都比较怀疑。

我们能不能找到欧洲解决方案，如果先不解决希腊问题，能不能解决欧洲问题？很多人都持怀疑态度，希腊债务的程度，债的价格比以前低了很多，也就意味着市场仍然认为希腊是不太可能还得清自己的债的，还不起了。所以对希腊技术性债务重组是很有可能的。但问题却是，这种迫在眉睫的问题没有解决，欧洲长远问题能不能解决？我觉得一要看时间，欧洲是不是能制定一些机制，从而解决欧元区经济结构失衡的矛盾，另一方面还是要解决迫在眉睫的问题，也就是希腊的主权债务危机，先把这个毒瘤去掉，然后我们再作打算。

所以在我看来，是先要把这一个财政危机解决了，也就是先稳下来，才能够谈得上今后经济恢复发展。但是同时要把握这一个速度，如果财政改革太大刀阔斧的话，就会伤害了经济复苏，不管怎么说，主权债务危机还没有消除，还是比较严重的，在欧洲大家都得面对。

Nina Massis（巴黎大学教授、新布雷顿森林体系委员会顾问）：

欧洲会从危机当中挺过来

希腊的问题不能跟日本比较，相对来说它还是比较小的，不是那么大的问题。而且到现在也不是最大的问题，我认为希腊的情形只是暴露了我们在欧洲货币联盟当中的一些问题，所以我认为所有的动荡，还有这些主权债务危机带来的风波，会让欧盟的一些专家、政策制定者、市场能够更看清楚他们未来的方向。但是我仍然认为欧洲绝对在这个过程当中会挺过来，当然会有一些挑战，但不会衰退。

欧债危机的根源何在?

宋鸿兵(环球财经研究院院长、《货币战争》作者):

欧美发达国家总体负债与GDP比例严重失调

目前为止，仍然没被各个国家的政治领袖，也没有被从业人员真正深刻认识到，什么是引起这场危机(指欧洲债务危机)的真正根源?去年我们看到希腊，看到葡萄牙，它们都出现了类似的问题，这些问题不是孤立的，背后有一个主要原因，就是欧美发达国家总体负债跟GDP比例严重失调。

为什么一个国家负债跟GDP的比重是判断大势的指标?其实就像经营一个公司、经营一个家庭，你的负债的增长大大快于你能力的增长速度，当快到三倍的时候，这个经济体将不堪重负，所有危机都是违约的危机，到时候该还钱你还不出来，资金链断裂。

现在各个国家，拯救金融危机的手段和措施有没有从根本上消减债务占GDP的比重呢?恰恰相反，美国是通过大量向未来借债，大发国债，滚动债务，融来了很多钱，试图短期内刺激GDP。想一下我们把未来三年工资借过来集中在今年花了，GDP能不涨吗?当然会涨，但是效率怎么样呢?以前每借一毛八可以创造一美元的增量，但是现在需要借四美元才可以创造一美元的增量。中国有句话叫出来混总是要还的，你借这么多钱，如果GDP不能产生正效应，未来麻烦更大。所以我认为美国的二次衰退不可避免。

欧洲国家情况跟美国类似，也就是高度负债经济之下，各个国家把宝贵的资源没有用在真正核心的问题上，就是创造就业，反而拿去填补银行的窟窿，导致核心问题方面没有作为，所以复苏是有限的。欧洲和美国的危机并没有真正缓解，这个债务陡坡是越来越陡，而它所产生的对经济的压力也越来越大。这就好比债务堰塞湖，这个债务越来越高，你这个堤坝最终会被冲垮。

国际货币体系会做出怎样的重整和改革?

Ousmene Mandeng：

国际货币体系要多元化

现在国际货币体系过度依赖单一货币，使得这个体系不能针对国际当中的变化进行应变。不管未来采取什么样的政策，最主要的目的就是把国际货币体系多元化、分散化，不能只靠单一的美元货币，而要有多种货币进行主导，来分散风险，因为现在所有的风险基本上就是一两个货币所主导的。所以我觉得法国担任轮值主席的时候，如果它可以创新，就必须把货币议题再拉到20国峰会的议程上面。

从70年代以来，只有十年前大家很认真地思考了货币问题，但是现在很多经济学家认为我们没有很好的货币体系，因为所有货币都是跟美元挂钩，很多人认为这个系统不能叫系统，因为这是一力独大的。

现在新兴经济体已经占了GDP的50%，在未来五年，根据IMF的预测，世界上十大经济体当中有四大都是新兴经济体，但是有一个问题，新兴经济体的货币在国际上并不是很重要。经济历史学告诉我们，一个国家经济越行，它的货币也是很强的，这两者肯定是对称的，但是现在这不管用了。我觉得这是不合理的，所以我觉得会有很多改革，国际货币体系会有改革，因为它必须要反映出更大的新兴经济体的代表性。

Nina Massis：

除了多元，还需稳定

除了分散化、多元化之外，还有一个关键词是稳定，因为分散化和多元化与稳定是相辅相成的，这可能就是我们面临的最大问题。

我们还要思考的问题就是我们如何切入这个问题？不仅仅是法国担任轮值主席的时候面对这个问题，我们应该让所有国家一起思考这个问题，所以我觉得中国在这方面也应该发挥很大的作用。其中我们必须要问的一个问题就是人民币的汇率浮动到底有多大的可能性？我觉得今年对我们来说是非常重要的一年。货币市场的开放有很多其他的要素，法国担任轮值主席期间，要把货币问题作为最重要的议题。

乔红：

健全的债券市场有助于把人民币推向世界

关于人民币在下一轮的国际化过程中会如何发展？其实一个货币作为货币本身来说有三个职能：一个是计价，一个是保值，最后是交易。在这三个功能之中，都可以从国内的角色扮演展现到国际之中，如果对国际货币的定义是对这三个职能延伸到国际视角的话，这三个里面有重有轻。我们看到国家正朝这方面发展，尤其是人民银行现在成立了货政司二司。

另外，我们要看在投资以及贸易交易之中，是不是交易媒介可以更多地使用人民币。现在这个趋势正在逐渐地扩大。以前我们看到的情况，无论是跟任何一个国家交易的时候，由于美元本位的影响，美元作为主要的计价货币和交易媒体，这个做法是非常普遍的，但是现在我们已经在周边国家发现一个非常明显的趋势，包括越南、缅甸还有西部的一些边境国家，边境贸易都出现使用人民币的情况，人民银行现在也在大力推动。

还有就是保值。交易以后，为什么大家愿意持有人民币？因为人们认为人民币是硬通货。我们看到周边国家也有一个明显的变化，比如在越南、蒙古，都大量持有人民币，甚至愿意看着人民币的改变，这是一个很大的变化。

债券市场的情况是国债为主，交易十分不活跃，这些是当务之急需要改变的。因为要放开利率，同时要建立比较健全的债券市场，实际上是为了下一步能够把人民币推向世界。有人愿意用人民币发债，有人愿意持有人民币的债券资产，我们可以利用这个收益率帮我们定价未来的汇率。

正确研判当前宏观经济形势
——北京大学副校长刘伟访谈

特约记者　刘社建

（2012年2月23日）

2012年我国经济走势如何？是否仍能保持高速发展？经济发展动力有无新的变化？如何更深入地推进经济体制改革？就这些问题我们采访了北京大学副校长刘伟教授。

记者：2011年第四季度经济增长速度回落至8.9%，全年经济增长速度为9.2%。是否可以认为当前我国经济增长已进入一个持续下降的空间，增长速度持续下降有无必然性？

刘伟：我国改革开放以来保持了近10%的年均增长速度，使我国GDP总量增长了20倍以上(按不变价)，人均GDP增长超过16倍(按不变价)，超过当代中等收入发展中国家平均水平。根据经济增长的一般规律，一方面，我国现阶段处于工业化未完成但已进入中后期，预计到2020年基本实现工业化，实现全面小康，到2030年之前全面实现工业化、城市化、信息化、国际化、市场化等目标，成为当代高收入的发展中国家。在此之前，中国完全有可能继续保持绝对较高的增长率，增长速度持续下降并保持较为平稳的水平是后工业化、后城市化时代的特征。另一方面，伴随我国经济超越“贫困陷阱”跨越初步小康，经济增长速度相对此前而言会有所下降，但就其绝对水平而言，仍会保持发展中国家高速增长的新兴经济体增长特征。从我国进入新世纪以来各阶段发展目标实现所要求的增长速度来说，可能要达到年均7.2%左右的增长率，那么，2010年比2000年会翻一番，从而从初步小康达到中等收入发展中国家水平，2020年会较2000年翻两番，进入全面小康社会，2030年会较2000年增长10倍，成为高收入发展中国家，全面实现工业化、城市化、信息化、市场化、国际化等现代化发展目标和体制目标。从第一个10年来看，增长年均达10.3%，远高于所需求的7.2%，所以在2007年即实现了原定2010年翻一番的目标，如果到2020年翻两番目标实现的时间表不变，则每年只需增长6%左右，而事实上极可能达到或超过7%的增长率，若这样的话，到2030年实现较2000年增长10倍的增长目标，最后10年平均增长只需5%左右即可实现，也就是说，实现今后的发展目标所要求的增长率本身也在下降，但增长率的绝对水平仍会保持较高。此外，我国区域经济增长的不平衡性及相应的梯度效应已开始显示，发达地区的增速已出现下降并在全面排列名次呈下降的趋势，2011年增速最慢的为北京、上海、浙江等相对发达地区，而西部如重庆、陕西、新疆、内蒙古等增速均名列前茅。这表明增长速度与经济发展的阶段是相适应的，从这个意义上说，经济增长率伴随发展水平提升达到一定阶段，开始相对下降是客观的，但只要经济还处于工业化、城市化加速期，增长率的绝对水平是能保持较高水准的。

记者：投资对2011年经济增长的贡献度达到54.2%，超过消费对经济增长的贡献度51.6%，出口对经济增长的贡献度是

-5.8%。在出口对经济增长贡献度持续下降乃至负数的情况下，投资拉动经济增长的主要作用是否可持续？主要依靠投资带动经济增长将导致哪些风险？

刘伟：一方面，投资成为拉动我国经济增长的主要动力，发挥着主要作用有其客观性，是一个客观事实。改革开放以来，我国固定资产投资年均实际增长率在14%左右，进入新世纪以来，更是达到年均25%以上，对经济增长的贡献度远超出消费，从而有别于世界一般趋势。为什么会有这种区别呢？原因之一是发展阶段的特殊性。我国处在工业化、城市化加速期，投资增长会比其他阶段快些，发达国家历史上也是如此。但为什么我们投资增长率及贡献率同时高于处于同一阶段的发展中国家呢？重要的是原因之二，即体制方面的特征。我国的经济体制具有较强的动员投资的能力，主要是由于市场化水平相对较低，特别是要素市场，包括金融市场化水平较低，政府直接投资和控制资本的能力较强，因而能够以显著高于一般市场投资水平的能力去动员投资。

另一方面，这种依靠投资扩张作为拉动增长的主要动力，虽然在一定的发展阶段，依靠一定的体制支持可能发挥作用，但难以持续。原因在于，一是会遇到资源瓶颈的硬约束，尤其是到了中等收入阶段，经济规模达到一定水平之后，资源、环境、成本等约束会更为严厉，依靠投资规模扩大和增长率提升作为拉动经济增长的主要动力越来越不可行，必须依靠转变发展方式，即依靠提高要素效率，通过创新来支持增长。但几乎所有陷入"中等收入陷阱"的国家共同的一点教训均在于创新力不足，难以实现从依靠投资规模扩大向主要依靠效率提升实现增长的发展方式转变。二是会遇到体制瓶颈的硬约束。主要依靠投资增长拉动经济增长，并不是市场经济体制的要求，必须借助强有力的政府行为，而政府作为投资拉动的主要行为者和推动者，在应对危机时或许需要，但在一般条件下在长时期里是不可行的。这是因为，政府投资行为通常是不具市场效率的，本来政府投资的目标也应主要在于追求公共福利目标，而非市场竞争性效率目标；政府投资行为的能力是受政府财政及所控资源的硬约束的，本来在市场经济条件下政府就不应当成为资源配置的主要控制者；政府投资行为的波动是强烈的且无一般规律，本来政府行为周期也不同于一般市场经济周期。

因而，主要依靠或者说长期依靠投资作为带动经济增长的主要动力，会产生较大的风险：一是高消耗，二是低效率，三是大波动，四是轻民生，五是易腐败。高消耗、低效率、大波动自不必多说，轻民生也易理解，长期依靠投资增长拉动经济增长，本身就是对消费的排斥，长期自然会形成为投资而投资，或者说投资再拉动投资的再生产模式，不仅使再生产严重失衡，而且使社会生产严重脱离人们生活和福利目标的要求。至于易产生腐败则是因为，若高投资过程中主要控制者是政府，包括中央和各级地方政府，若投资行为的实施又同时需要借助市场力量，包括国有和非国有的企业，那么，企业要从政府争取到投资或争取到项目，必然努力劝说政府，而这其中便易于产生“权钱交易”，企业获得工程、项目、投资的机会难以通过市场竞争实现，而主要依靠政府配置的时候，“寻租”行为便有了丰厚的滋生土壤，当资源不按市场竞争效率原则配置，而是按行贿力度配置的时候，就会产生低效率、高腐败。

记者：近年来国家一直强调扩大消费发挥消费拉动经济发展的作用，而事实是从2000年至2010年，消费率从62.3％持续下降至47.4％，同期年均经济增长速度高达10.3％，2003—2007年更是每年经济增长速度均超过10%。这种低消费高增长的模式是否可持续？导致消费率持续走低的关键因素有哪些？

刘伟：这种模式显然不可持续，而导致消费率持续走低的关键因素主要在于：第一，过高的投资增长会对消费形成排斥。从我国的经验来看，当投资增长达到一定临界点之后，伴随投资增长，消费的增长速度会放缓，甚至出现负增长。据我们测算，依我国现阶段的条件，投资需求增长率若超过30%，消费增长率便会出现负增长。

第二，体制上的市场化水平不充分、不完善，特别是要素市场化水平落后，使得要素配置在许多方面政府拥有主要控制权，政府行为便可能排斥、超越市场力量来主导投资，从而使投资快速增长。投资对消费的排斥，体制上是政府作用对市场作用的排斥，因为消费对增长的拉动作用是靠消费者行为，而消费者行为当然主要靠市场机制实现，政府对消费者市场选择权利的否定不是不可能，但成本会极高。

第三，国民收入分配上的扭曲。从总体上来说，国民收入在政府、企业、居民三者间分配，长期以来我国居民收入上升最慢，居民收入占国民收入之比重持续下降，自然会导致整个国民经济的消费率下降。从结构上看，产业间、部门间、地区间，尤其是城乡间居民收入差距悬殊并不断扩大，会降低消费率。以城乡差距为例，我国2011年城市化率刚刚超过50%，还有50%的居民作为农村居民，而城乡居民收入差距突出。据我们测算，大体上3个以上的农民年纯收入相当于1个城市居民的可支配收入，4个以上的农民消费力相当于1个城市居民的消费力，我国有13.4亿人口，经济增长的消费主要动力长期依靠仅有人口总数一半的城市居民，不能不说是一种严重的缺失。从居民内部看，不论是城市居民间，还是农村居民间，收入差距扩大是客观事实，中国的基尼系数较高并且上升，已是大家的共识。

记者：为促进中长期经济稳定增长，是否有必要使经济增长速度适度下降至一定的合理区间？提高经济发展的质量与效益是否一定要以降低经济发展速度为前提？

刘伟：一方面，经济增长速度的历史性变化有其经济发展的阶段性，并不以人们的主观意志为转移，尊重经济发展的客观规律来规划并实现经济增长率才是科学和可行的，并不是说人为降低速度就必然获得质量和效益的提升，如果在一定阶段上可以也应当保持的速度没能达到，不仅速度下来了，经济增长的质量也无以提升。但到了一定阶段，速度自然会降低，这也是发展的规律，在这样的阶段来临之后，仍追求高速度，不仅难以持续，而且会严重损害经济发展的质量，甚至形成泡沫。

另一方面，即使在高速增长期也不是说可以牺牲质量，任何建立在牺牲质量基础上实现的高速度，在缺乏创新力的条件下实现的高增长，在结构刚性前提下的总量扩张，都只是短期的繁荣，难以持续，在经济周期冲击下会形成泡沫，被清洗掉。

当然，当经济发展到一定阶段，速度相对进入平缓或相对放慢阶段之后，尊重发展现阶段性规律，制定可行的增长速度目标，是实现结构转型以提高增长质量的重要基础，可以为质量提升和结构升级创造重要的条件。在这种条件下，速度放慢便是一种为改善结构和质量而进入的“投入”，这种投入的收益是经济发展的质态改进，而风险在于有可能速度慢下来的同时结构并未提升。近年来，北京、上海、浙江、江苏等我国东部沿海发达省市经济增长速度放慢，2011年北京、上海均居全国增速排名末端，其固定资产投资形成的增速也开始放慢，上海已连续几年固定资本形成增长速度居全国末端。这一方面表明这些省市的工业化、城市化进程深入，已基本实现工业化、城市化，因此大规模的投资扩张和高速增长期已经发生了转变；另一方面表明提升增长质量，转变经济结构已越来越成为首要和艰巨的发展内容。

记者：相较于“摸着石头过河”，当前改革面临更严峻的挑战，更需要通过顶层设计来全面深入推进改革。当前进一步推进经济体制改革的关键突破口在哪里？如何协调政府与市场的关系，以更有效地发挥市场的作用？

刘伟：三十多年的改革，给我国社会经济发展带来了极为深刻的变化，同时改革本身也发生着深刻的历史变化。这种变化主要体现在：第一，改革的中心环节从以企业改革为核心，特别是以国有企业改革为核心，逐渐转变为以政府职能转变和机制改革为核心；第二，改革的主要任务从推动商品市场化，包括消费品和投资品市场化，逐渐转变为推动要素市场化，包括土地、劳动力、资本等；第三，改革的真正难点从构建市场体系以市场替代计划，逐渐转变为提升市场质量，完善市场秩序；第四，改革的绩效标准从主要提高生产力水平以改善人们的物质生活逐渐转变为多元标准，以丰富人们的广泛的社会要求。

在新的历史条件下，改革突破口的选择，应当顺应社会发展的要求，从改革本身的上述历史变化中去探究。政府与市场的相互关系是一个不断探讨的命题，不仅我们需要不断探讨、实践，西方社会也在不断调整。但有一个基本前提，无论是在当代西方社会，还是在中国特色的社会主义市场经济中，市场机制应当成为微观意义上配置资源的基础，政府的宏观调控只能建立在市场机制作为配置资源的基础性力量的前提之上。市场和政府相互间如何协调，在不同社会、不同生产力发展阶段、不同经济基本制度下都会有所不同，并且不同的历史和文化传承也会在其中发生重要的作用，因此不能将这一命题范式化、绝对化、教条化。今年春天是邓小平同志南方谈话二十周年，二十年前邓小平同志南方谈话的重要思想便是努力开创具有中国特色的社会主义市场经济体制。建立和完善社会主义市场经济体制是贯彻科学发展观实现经济发展方式转变的关键，我们应当毫不动摇地坚持这一点。改革开放三十多年来，我国经济保持持续高速增长，年均增长率达到9%以上，GDP总量已超过47万亿元，成为总量居世界第二、占全球GDP总量近8%的经济体，人均GDP已超过32 000元人民币，按汇率折算已近5 000美元，从一个穷国成长为中等收入发展中国家。尽管这其中存在许多深刻的问题，但在中国历史上还找不到另外一个在三十多年中有如此深刻和显著的文明进展，根本原因在于坚持以社会主义市场经济为目标导向的改革开放。我们现在面临的一系列结构升级、创新发展、提升质量等新的历史要求，关键也在于完善社会主义市场经济制度以转变发展方式。

“中国经济的增速超乎想象”
——彼得森国际经济研究所研究员阿文德·萨勃拉曼尼亚访谈

社会科学报

（2012年4月12日）

阿文德·萨勃拉曼尼亚（Arvind Subramania）：全球知名经济学家，彼得森国际经济研究所和全球发展中心资深研究员，曾担任国际货币基金组织研究部副主管，参与世界贸易组织乌拉圭回合多边贸易谈判，任教于哈佛大学肯尼迪政府学院和约翰·霍普金斯大学高级国际研究学院，有多部著作问世。

记者：您于去年9月出版了《黯然失色：在中国经济主导地位的阴影下生活》（*Eclipse: Living in the Shadow of China's Economic Dominance*），这本书的中文版本也将于近期出版。在这本书中，您要传达的主要信息是什么？

阿文德·萨勃拉曼尼亚：我的这本书传达的主要信息是：中国经济的主导地位在辐射范围上将会更加明显，并且这种地位将更快形成。事实上，在很多方面，这种主导已经形成，但其影响力将变得更强，而且范围也会更广泛。邓小平曾经说过，中国要发展50

年才有可能对美国构成挑战。我认为，中国用了远少于 50 年的时间就开始挑战美国的经济主导地位。这是我的第一个主要论点。我认为人民币将在 10 到 15 年之内取代美元，成为世界主要储备货币。

记者：二战之后，美国为世界构建了一个开放的经济贸易体系。而面对三十几年来中国的改革和发展，美国以及欧洲国家的这套开放系统是否还能适应中国崛起后的当代经济环境？中国是否会维持这种经济体系？

阿文德·萨勃拉曼尼亚：我们必须试着寻找和采取新的方式来维护这个体系的健康稳定。在经济层面，其他国家应当赋予中国更强大的发展动力。我的这种论点难以被美国的保守派认同，但我始终认为这是对美国乃至世界其他国家而言最好的策略。另外，我想说，美国其实是相当脆弱的。我的书就以这样一个幻想的方式开篇：2021 年，美国财政状况非常混乱，政府面临破产危机，急需资金，欧洲对此无能为力，因为欧洲国家也自身难保。美国唯一的出路就是向国际货币基金组织（IMF）求助。当时 IMF 的首脑是一位中国绅士，他说，我们可以提供美国所需的资金，但是美国军队必须撤离西太平洋。IMF 以此方式对美国进行干预，但美国别无选择，因为它太“虚弱”，只能遵从对方提出的条件。其实，书里的这种“幻想”早有历史先例：1956 年苏伊士运河危机期间，美国威胁将阻断英国所急需的融资，除非后者从苏伊士运河撤军；而 1998 年亚洲金融危机期间，印度尼西亚等国家向 IMF 借钱，但后者提出了很多苛刻条件。在我的书里，来自中国的 IMF 首脑成为权力的践行者，而美国总统却成为被动接受者。

记者：您用“主导”这个词来形容中国经济目前的国际地位。

您认为，应该怎样理解“主导”的真实含义，或者说，就一个国家的经济特性而言，究竟能在多大程度上赋予其“主导”力量？

阿文德·萨勃拉曼尼亚： 所谓“主导”是指对他人施加影响并且避免自己被他人牵制的能力。量化这一概念其实是非常难的，但我的主张很简单，即一个国家的影响力取决于三方面：一是国家的大小，它的 GDP 总量，拥有更多资源，往往意味着具有更大潜力。二是国家拥有的市场。二战期间及以后，美国以及欧洲大国都这样对他国施压：“如果你不这么做，你将无权进入我国市场。”可见，对于市场进入权的掌控同样是国家实力的重要部分。三是国家的对外经济实力。作为债务方的国家相对较弱，作为债权方则更强。即使是在 IMF 这类国际组织中，债权方对债务方也拥有更多支配权。在《黯然失色：在中国经济主导地位的阴影下生活》这本书里，我试图将这三个维度的衡量方式结合起来，建立一套主导权度量指标。另外，我对未来 20 年国际经济的发展作出了预计，我认为，美国会以 2.5%的增速发展，这其实是一个比较乐观的预测。对于中国的预测，则倾向于保守，即使如此，在我看来，中国在之后 20 年的发展速度仍将达到 6.5%左右。

19 世纪 70 年代，英国毫无疑问掌握着世界经济的命脉；二战后美国则成为全球经济主导者，我的指数很好地印证了以上历史。同时，它还显示，2010 年的中国事实上已经主导了世界经济，而这种主导权辐射范围之广超出了我们的想象。到 2030 年，我们不会关注 G20、G7 甚至 G2，核心焦点其实是 G1，而中国就是这个 1，而非美国。

记者： 中国经济的发展历程与英、美两国有着很大的不同。在您看来，是否可以说，中国经济的主导地位，以及中国经济发挥主导作用的形式，具有其独特性？

阿文德·萨勃拉曼尼亚：可以说，未来中国的经济主导地位涉及范围广、程度深，并且远比我们现在想象的要更显著。这就引发新的问题：中国将会成为怎样的经济主导者？它又会对整个经济体系施加怎样的影响？与之前的两个经济霸主相比，中国非常独特，因为从人均生活水平层面上看，它其实属于“穷国”，国民生活水平只有美国的50％，可以说，中国是“早熟的”经济霸主，“国强”先于“民富”。美国之所以能赢得领导权，不仅因为它为世界经济作出的贡献，更在于它自身具备的“软实力”——那些能够吸引追随者的特质，例如民主、社会开放、科技实力、拥有世界一流的学府，等等。我承认，中国有其独特的发展轨迹，但“国强”先于“民富”的一个结果是，其“软实力”对于人类文明的贡献极为有限，很少有国家说要学习“中国模式”，或者从中国的发展历程中汲取灵感，促进社会更好地运转。中国更多拥有的是来源于资源、市场的实力。

我说中国已经赢得“主导”地位是基于一系列理由的。首先，拿欧洲来说，如果欧洲发生了大事，比如希腊退出欧盟，唯一能阻止希腊危机波及全球的国家实际上就只有中国了。中国有大量货币储备，如果中国愿意提供货币，就能在很大程度上获得一些特许权。另一个很有争议的问题是中国的外汇政策。虽然面临多方压力，但中国仍然没有对其进行改革。依我看，当世界上其他国家都迫使你改变政策但你仍能“我行我素”，这也就是一种“主导权”的体现。

记者：谈到中国的外汇政策，您曾经说过，人民币的国际化，会为中国争取到更多的政治上的话语权。从目前情况看，人民币国际化的条件是否已经具备?

阿文德·萨勃拉曼尼亚：首先，回顾一下美元与英镑，美国经济在19世纪70年代早期赶超英国，而美元则大约在二战期间取代了英镑的主导地位。可以看到，一个国家在特定时期成为“经济霸主”，但要经过50到60年时间，本国货币才会成为主导货币，因为人们在使用货币时有一定“惯性”，摆脱这种“固执”的习惯要经过漫长的积累。此外，人民币要取代美元，还要具备一系列先决条件，包括中国自己也要对内对外进行调整，目前来看，人民币还不具备此类成熟的条件。我的观点是，衡量一个国家经济实力的方式不仅仅是GDP数字，更是该国贸易总量的大小、对外是否足够强硬。早在一战时，美国的经济实力已经赶超英国，美元之所以没有很快取代英镑，很大程度上是由于政治干预。事实上，我觉得当时只要10年的时间美元就应当取代英镑的地位，这是我论点的基础。第二，人民币之所以没能成为主要的储备货币是因为中国的财政体系比较混乱，外国人甚至无法自由获取人民币。因此，要成为储备货币还需要建立健全流动的金融市场，让外国人愿意也能够持有你的货币。有人说，中国无法在未来十年内完成市场的建设，因为大规模的改革将会受到来自很多利益群体的阻力。例如，如果中国开放本国货币，则会导致人民币升值，出口商及国内生产者可能遭受重创。确实，“中国模式”十分依赖出口，但是，决策者已经意识到过去的经济模式从长远来看是有问题的，改革势在必行。同样，决策者还意识到低利率贷款也存在负面作用，投资过度，最终获益的往往是资本市场而非劳动力市场，这些都已饱受诟病。另一方面，中国与亚洲国家外贸收入中，有两万亿是以美元储备的，然而，中国是如此庞大的经济实体，以至于外国政府越来越希望用人民币作为储备货币，来自外界的需求压力也在促使人民币改革。此外，人民币国际化不仅仅是政治问题，更有其历史意义。1793 年以后，西方发达国家用各种手段限制中国发展，货币政策也是其中一个标志，现在，中国用人民币取代美元霸主地位，其实也是在向世界宣告“我们强大了”。

记者：处于经济主导权地位后，中国的环境会发生怎样的变化？中国又应当如何应对这种变化？

阿文德·萨勃拉曼尼亚：开放的政策是否适合中国的客观环境？我认为，开放对于中国决策者而言是极其重要的，而且是中国远未实现的课题。中国人均生活水平仅仅为美国的 1/4，而生活水平的提高极大程度上取决于市场的开放度，无论是在贸易还是资本市场方面。可以说，中国目前对市场开放的需求比 1945 年的美国要更高，并且这是基于中国经济的最根本特质，因为其经济发展的历程还远远没有结束。正如 1948 年的英国，现在的中国也是很大的贸易商，对于像中国那么庞大的国家，贸易量还能占 GDP 的 75％到 80％，可见其总量应当是极其惊人的。开放市场对中国经济的影响力不容小觑，更重要的是，这符合世界其他国家的利益诉求。但从另一方面看，情况又不那么简单。美国在其主导的时期倾向于干预其他国家，而中国也可能会面临类似“诱惑”。大国践行权力时倾向于认为其意图是善意的，世界对于中国也应当有所预见和防范，措施便是：让更多国家参与进来，在谈判桌的另一端与主导国博弈。一年前，奥巴马总统会见我时曾谈到中国外汇政策问题，我告诉他，说服中国的方法之一就是将印度、巴西等国家都纳入对话中，这样我们就有更多筹码与中国谈判。

为了维护开放的体系，中国本身又该如何做？让我们想一想，中国经济发展面临的外界阻力究竟是什么？全球金融政策不稳定？贸易保护主义？还是其他？世界经济已经历了巨变，在传统印象中，只有贫穷的非洲国家才会求助于国际货币基金组织，不曾想连意大利、冰岛、希腊这些富足的“发达国家”也会举借高额债务。这么大的资金缺口，很多时候只有中国才有能力填补，中国要想获得世界经济的主导权，就应当为建立完善国际货币基金组织贡献更大的力量，同时，它在类似组织中也有理由获得与美国、欧洲相当的权力。贸易方面同样如此。现在，我们拥有相对开放的贸易体系，在我看来，开放体系的发展阻力更多来源于发达国家，而且当环境不好时，压力会加大。很多原本拥有开放思想的美国学者、管理层现在都对经济全球化持反对意见，当然他们没有彻底否定开放市场，只是这已经映射出目前的一种学术风气。市场开放对中国未来经济发展极其关键，所以它有必要作出表率，说服试图“关闭”市场大门的国家，贸易开放事实上有利于全球经济。

作为“早熟”的经济霸主，中国还是相对贫穷的，因此，它难以在国际事务中投入更多时间、能量、资源。可是由于它已经对世界经济具有很大影响力，它绝不可能只关心本国的发展。

（记者　徐峻音）

吴敬琏、王新奎、刘守英热议

中国未来经济增长的动力之源

（2012年11月15日）

编者按：中国经济已经连续三十多年保持高速增长，这在世界经济史上可算作“奇迹”了。然而，在全球经济格局中，我们仍只是一个“追赶者”。更严峻的现实是，当我们与领先集团还有较大差距的时候，出口受阻、转型升级困难、资源环境制约、制度红利消退、要素成本上升、老龄化提前到来……一个个羁绊我们脚步的因素接踵而来。中国经济能否继续保持增长？下一轮经济增长的空间何在？乐观者大多将目光投向了工业化和城市化的继续推进。然而，如果不能解决目前城市化过程所积累的问题，“城市化”本身可能就足以将我们拖入泥潭。

本报特择编国务院发展研究中心研究员吴敬琏、全国工商联副主席、上海政协副主席王新奎、国务院发展研究中心农村经济研究部副部长刘守英三位专家在复旦大学经济系建系90周年庆典上的演讲，以供参考。（记者　汪仲启）

吴敬琏：

城市化的最大问题是效率不高

我国城市化面临的问题很多，我只想讲讲效率问题。城市化的效率太低，我们的资源就不能够支撑城市化的正常进行，进而阻碍整个工业化和现代化进程。

在城市建设过程中资源投入过多，建成的城市营运效率很低，使整个经济的竞争力受到很大的损害。本世纪初，一批资深经济专家指出，我国城市化过程中出现了一个现象，就是到处都在造大马路、大广场、大建筑，投入了大量的土地资源，土地利用效率很低，这导致了许多其他问题。2007 年，一个叫作“中国改革和选择”的国外课题组做了一个中国城市化的全面评估，对中国城市化的效率问题提出了一整套建议。这是一份非常好的报告，可惜没有得到足够的重视和处理。

2003 年，深圳市领导在一次高级顾问会议上提出要“产业重型化”，因为发展重型化的工业，可以提高 GDP 总量。但发展重型工业需要大量土地，而深圳已经没有土地了。深圳当时的 GDP 只有香港的七分之一，香港的土地面积比深圳还要稍小一点，而香港当时的可用土地仅用了 22%，深圳的土地却已经没有了。为什么深圳单位土地的 GDP 数量那么低呢？这是值得深思的。国内外的专家十来年反复提中国城市化的效率问题，虽然用词不一，有的说是“造城运动”、“造城大跃进”，也有人说是“以摊大饼的方式来发展城市”、“城市发展的扁平化”，等等，但总的都是指向我们粗放的城市化发展策略。我也曾在《中国增长模式抉择》一书中，谈到我们增长模式、增长方式存在很大的问题，依靠效率的比重很低，主要还是依靠投入，这样一种粗放的增长方式是不可持续的。

中国是一个土地很短缺的国家，但是我们在城市化过程中，土地的浪费非常严重，土地城市化的速度大大地超过了人口城市化的速度。大广场、大宾馆在城市里随处可见，有些地级市的宾馆就是在发达国家也没有几个。与此相反，到处都在闹土地荒，18亿亩耕地的红线很难保证。土地的浪费造成了大量的失地农民，加剧了贫富差距。这种城市化是一种伪城市化，相当一部分所谓的城市居民不是居民，仍然是“候鸟式”的农民工。在这种情况下，一方面很难提高城市的制造业和服务业的效率，另一方面贫富分化也影响了社会稳定。另外，“摊大饼”式的城市化，把各种产业都堆在一个城市里面，导致城市的专业分工水平很低，这又反过来限制了城市的效率，使得城市居民的生活半径变得很长，产业的空间结构也恶化了。

这些问题首先源自土地产权制度的不合理。在合同化以后，农民的土地所有权交给了集体。而城市的土地是国有的，于是在城市化的过程中，政府就可以用很低的价格征收农村集体土地。这一方面造成政府高度依赖土地财政，另一方面因为价格的扭曲造成开发商在使用土地过程中的浪费。其次是政府职能的错位。政府本来应该是提供公共品的，现在变成了私用品市场的主人。有了这样的职能和权力，政府就会运用它来营造它的正义，就会使这种低效的城市化变成一种常规。第三是中国城市的层级制造构。中国的城市是层级制的，有省级、副省级、地级、县级，在这样的结构下就形成了一种机制，越高层级的城市，其支配资源的权力越大，反过来，其规模越大，它的权力级别也会越高，于是就变成了一种循环：各城市争相运用手中的权力把城市做大。

地产制度一定要改革，否则很难制止这种恶化。再就是财政体制，包括层级制的城市结构必须改革。三是要改变这种所谓的威权主义的发展模式，即以大政府主导城市发展的模式。这是一个根本性的问题，要改变这一模式，必须重新界定政府的职能。四要做好规划，政府在做规划的时候只能因势利导，不能取代市场。

王新奎：

应进入城市化发展的第三个阶段

我国之前的城市化分为两个阶段，在2007年以前还是“工业化推动城市化”，也就是先有项目再建设城市。在2007年特别是金融危机以后，是“城市化推动工业化”，也就是先把城造好，再去招商。这两个阶段是完全不一样的。

本来我对城市化带动中国经济增长是满怀信心的。我曾经很长一段时间认为，中国城市经济增长即便有很多结构性的问题，包括城市化过程中必须面对的社会阵痛，但城市化本身可能会提供一个长期的经济增长动力。然而，最近五年我有点动摇了。我国目前的城市化有三大特征：一是体现高速工业化阶段的政府政绩观。政绩这个东西要能尽快看得出来，所以地方政府要“造城”。二是中央和地方特定的财权制度安排，规定了地方政府城市化速度、规模和方式，现在的城市化是我国的财权制度决定的。三是反映了赶超型的经济发展阶段和社会的炫耀心理。

从经济全球化的角度来看，我国的经济实际上分为两大块，一块是出口外需市场，这个外需市场是市场配置资源，是有效率的；一块是内需市场，主要是投资拉动，效率相对比较低。我国的第一轮城市化主要是依靠珠三角、长三角等地的工业化带动。当时，都是先有项目，项目等在门口没地方安放，所以先搞一平方公里，大量外商和出口加工企业继续涌入，等在那里，再搞一平方公里。我国东部沿海开发区后来都遇到一个问题：工业区没有生活设施、没有娱乐设施，像苏州和上海浦东的工业区，里面的文化设施、医院、住宅等都是后来配套进去的。不像现在到中西部去看，大剧院、医院、体育场早就造好了。那个时候，至少在天津滨海新区以前，整个沿海的城市化就是这么过来的。但是现在情况不一样了，没有了外需增长的空间，以前那种工业化的推动力就没有了。我们的投资拉动是靠大量宽松的货币政策来实现的，其实货币投向了工程机械、重化工、钢铁、水泥等一系列的产业，这和当初出口导向引起的“造城运动”在本质上已经有差别了。这个模式能持续吗?我看难。

城市化是支撑我国经济增长的重大因素，城市化总是代表着国家的兴旺发达，但是现在政府已经不能再单纯去扩大城市规模，不断地造高速公路和地铁，靠铺摊子、造城、上项目拉动经济增长了。而要反过来加强对城市的管理和治理，加强对城市产业结构的调整，这才是真正的“城市化”。我觉得所谓城市化，最重要的是治理这个城市、管理这个城市、调整这个城市的结构。如果这个路子转过来了，城市化的效率就出来了。

中国的城市化有几个阶段，不同的阶段有它的特点，每个阶段都有不同的任务。比如第一个阶段是出口导向型的工业化带动沿海地区的城市化，第二个阶段是通过不断强化基础设施投资，带动第二波中西部地区的城市化。现在应该进入第三个阶段，即靠加强城市内部管理和产业结构调整来提高城市效率，来实现科学的城市化。中国的城市化道路任重而道远。在经济全球化的过程中，在国内地方政府融资平台有巨大风险的情况下，我们现在处于成本和效率赛跑的关键时候，如果效率跑得过成本，那我们的经济发展就可以持续，反之，则后果不堪设想。

刘守英：

从土地的城市化到人的城市化

上一轮发展的核心要素——土地

我国上一轮经济发展基本上是靠工业化和城镇化来拉动，到2011年我们的工业化率达到了46.8%，城市化率达到51.3%。在概括传统增长模式的时候，人们一直强调两个方面，一是高投资和高出口，另一个就是地方政府之间的竞争。但是在这两个因素当中，土地其实起着非常关键的作用，在我看来就是一个发动机的角色。实际上，在上一轮发展过程中，整个高投资是靠土地来保障的。

"十一五"时期，每年中央审批的用地指标是450万亩，实际上各地的用地指标远远超过政府合法指标。

土地的低成本推动了工业化。在资本、劳动和土地这三大推动工业化的要素里，资本是极其稀缺的，劳动力是极其廉价的，土地应该是极其短缺的。但在上一个30年的高速发展过程中，我们恰恰正是靠着土地的长期低价保证了工业化的推进，宽松和低价的土地供应，避开了上一轮工业化过程中因土地稀缺而造成的成本上升的短板，使得中国在很短的时间内实现了"世界工厂"的地位。从工业用地的成本来看，从2000年到2011年期间，综合地价的水平差不多涨了297%，商业地价的水平涨了309%，居住用地的价格上涨了528%，而工业地价水平才上涨71%，也就是说我们是长期靠较低的工业地价保证了工业化的推进。土地资本化推动了城市化。我国地方城市基础设施投资的主要来源是政府投资，其中土地出让金差不多占到20%，土地的抵押融资占70%左右，还有10%左右来源于政府的财政节余。2011年，全国土地抵押面积420万亩，抵押金额达到4.8万亿元，土地是我们上一轮发展模式的核心因素。

双轨城市化问题多多

目前这种城市化模式存在非常大的问题。第一是人口的城市化大大滞后于土地的城市化。政府基本上是“要地不要人”，把土地拿到手上，它的原住农民基本上就是用剩余的那点土地来搞“人口的城市化”，外来人口大多在城中村呆下来参与城市的非农就业，基本上无法进入政府主导的城市化。所以，从1995年到2008年，城市面积的扩张速度是每年7%，而城市人口的年均增长率只有3%，土地的城市化大大快于人口的城市化。我们的城市化率是以“常住人口”为标准来统计的，如果以户籍人口统计城市化率，则享受城市公共服务的人口城市化率只有37%。第二是就业结构的转型大大滞后于产业结构的转型。从1995年到2011年，第一产业占国内生产总值的比重已经降到10%，到了农业现代化的转折点，但是一产的总就业比重却有37%，同世界各国的结构模型比较起来，这是非常独特的。第三是我们高度依赖土地的经济风险和社会风险。经济风险主要是地方政府的债务风险，从2010年审计总署的数据来看，除54个县级政府之外的全部省级和市级政府以及绝大多数的县级政府均有债务负担，而且承诺用土地出让收入作为偿贷来源的占37.98%，地方政府现在只能靠土地的出让和土地的抵押来还债。另外，银行是地方政府债务最大的资金供给来源，2010年银行贷款占到地方政府债务资金的79%，融资平台的政府性债务余额占到地方政府债务余额的46.38%，地方政府偿还银行债务基本上靠土地出让和土地抵押来支撑。社会风险体现在，目前群体性事件和社会纠纷事件里，征地纠纷的案件占到60%。土地价格上涨以后，农民权利觉醒，征地成为群体性事件多发的主因，造成政府和群众冲突，加剧群众对政府的不信任。

还有就是用地结构极不合理，非常粗放。在整个建设用地的比重中，城市内部工业用地大概占到20%，有的地方到了30%，而发达国家基本上是15%左右。更大的问题在于，整个工业用地极其不集约，工业用地项目的容积率只有0.3%—0.6%，发达国家一般是1%。工业用地的土地投机现象比较严重，大量企业以低价买入土地后，等着政府修改规划，获取规划修改以后土地改变用途的价差。因此，卖出去的低价土地到底产生了多少工业化，这是要打很大问号的。城市用地中划拨比重太大，这必然带来大广场、大马路、大办公楼。整个供地结构里用划拨配置的土地占到30%，在这种情况下，政府不搞形象工程是不可能的。

另外就是农民自动自发的城市化。现在几亿人的城中村聚居，这必须引起我们的高度警觉。以北京为例，现在整个城乡结合部本市户籍人口只有327万人，流动人口可以达到700万人，城乡结合部地区流动人口占到全市流动人口的一半以上。另外，在那里形成了灰色房地产市场（区别于政府主导的房地产市场）。宪法规定城市土地属于国有，农村土地属于集体所有，这些灰色房地产市场完全是在法律之外的。在二元体制下，这些区域不得不由原来的农村组织以农村管理方式应付非农的社会生活，公共服务、基础设施、社会治安管理、垃圾处理等都严重落后。另外还存在人口资源环境的矛盾加剧，本地人口和外地人口比例严重失衡等一系列问题。

问题的核心在于“人的城市化”

上一轮城市化的进程中，政府主导的城市化突飞猛进，而农民自发的城市化无序生长。这两个城市化都存在极大的不可持续性，隐藏着非常大的隐忧。

总体来讲，还是应该继续充分利用结构变革对于经济增长的资源配置效应来谋划好下一轮经济发展的机遇。现在我们是过半的城市化率，到2020年可以到60%，到2030年可以到70%，还有20%的填补变化率，所以城市化作为下一轮经济发展的引擎，从基本的战略来讲是没有什么疑问的，问题是怎样推动一个持续的、健康的城市化。

我们要打破现在的城乡二元体制，真正实现政府主导的城市化和农民自动自发的城市化这两个城市化轨道之间的融合。这牵涉到我们的规划体制、土地体制、基础设施建设体制，还有公共服务提供的体制和社会保障的体制，只有这些制度改革真正落实，我们才能破除二元体制。上一轮的城市化的进程尽管存在不少问题，但它的作用不可抹杀。所以，我们还应深化体制改革，实现可持续的重点城市化。

我觉得土地制度改革中非常重要的是：一是要破除城市土地国有和农村土地集体所有这两种权利不平等的体制，这两种不同的所有权应该在规划的前提下有同等进入城市化建设的权利，这样既可以解决权利保护的问题，也可以解决建设空间的问题。二是城市建设的融资问题。下一轮城市建设融资中，土地还会起到很大的作用，关键是要有一套既能化解矛盾，又能解决城市建设资金问题的融资机制。三是土地的真正收益如何从现在的归政府转向归社会。现在我们这套“卖地财政”最大的问题在于，政府从农民那里低价征地，然后高价卖出。下一步的改革，应该通过土地增值的税收让土地增值的部分由全社会来分享。当然，问题的核心还在于，必须通过户籍制度改革和基本公共服务均等化实现人的城市化。

在增长中实现转型本身就是奇迹

全国人大代表、上海社会科学院院长王战接受《社会科学报》专访

社会科学报

（2013 年 3 月 21 日）

《社会科学报》：今年温家宝总理代表国务院向十二届全国人大一次会议作任内的最后一次工作报告，报告篇幅并不长，但是里面包含了很多数据。您从这份报告中读到的是什么？

王战：温总理的报告给人感觉平实、沉稳，催人奋进。报告用详细的数字描述了过去五年的工作和特点，特别是用具体数字说明了中国政府应对金融危机的表现；报告对 2013 年的工作部署有具体的数字指标，对惠及民生的工作有措施，也有具体数字，很实在。

在全球金融危机发生五年的背景下，这种平实、沉稳是一种境界，是一种战略的定力。如果我们真正能够做到报告里所提出来的目标、任务、要求，包括四点建议，应该说是催人奋进的。

报告对过去五年工作的总结和评价，是历次总结中最简洁概要的。从纵向来看，从数字来讲，GDP 增长并不是太快，但里面实实在在的干货有很多。比方说，中国高速铁路、高速公路建设速度在

世界道路建设史上前所未有。1987年，我第一次到美国去，在纽约看到十车道的高速公路，当时感觉非常震惊，但是今天，我国的高速公路网早已具备相当规模。其实，我们更应该从横向比，特别是在危机时期。金融危机实际上是产能过剩的危机，世界和中国概莫能外，出现产能过剩之后，各个经济体都需要经历“衰退”和“调整”才能走出来。发达国家和所谓的“市场经济国家”经济增长速度在2%以下已经是衰退了，而增长速度在0以下就是危机了。他们在陷入产能过剩的危机之后，往往要经过一轮痛苦的衰退，然后创新转型，等新的产业起来，到恢复发展速度，差不多要经历一个7到10年的调整周期。而我们在危机5年的情况下能够保持相对平稳的发展速度，去年经济增长率是7.8%，这本身就形成了鲜明的反差。从这个角度来看，中国取得这样的发展成就并不容易。

现在国内很多学者，也包括方方面面的领导人，都看到不少问题。问题是客观存在的，但是很多外国学者，包括经济学家对中国的成绩非常羡慕。如果美国还有7.8%的经济增速就不是今天这个局面了，发达国家有些城市在危机中甚至都面临破产了。因此，对于我们的成绩，对于我们的发展前景，我们要有信心。这是我听完报告后对五年总结的感想。

《社会科学报》：温总理在报告中提出，我们清醒地认识到，经济社会发展中还存在不少矛盾和问题。发展中不平衡、不协调、不可持续问题依然突出；经济增长下行压力和产能相对过剩的矛盾有所加剧；企业生产经营成本上升和创新能力不足问题并存；财政收入增速放缓和政府刚性支出增加的矛盾凸显。应该说，这些总结一针见血地指出了我国当前宏观发展战略、条件和环境方面的核心矛盾。您认为我们在宏观发展战略方面应该注意些什么？

王战：总理的报告实实在在地讲到了我们在宏观发展战略、条件和环境方面存在的11个问题，对这些问题的认识我觉得都是很坦诚的，没有回避。报告也讲到了三方面的原因，有客观的原因，那就是金融危机，五年危机中，国际市场急剧萎缩，影响我国出口；有历史积累的问题；总理还很坦诚地讲到，也有政府工作中的缺点和不足造成的问题。我认为，我国对宏观战略和调控的把握，总体是到位和有效的，在敢于坦诚面对问题的基础上，如果说过去五年宏观战略方面还有做得不够的地方，那就是我们对"新能源革命"的应对有所疏忽。

我认为，我们在应对"信息革命"方面，总体上是做得比较好的，包括现在无线网络加智能终端，我们始终跟得挺紧。这轮信息产业的发展，技术专利都在人家手上，我们只能采取紧跟政策，但是新能源革命我们本来应该而且可以走在前沿。新能源革命对我们整个产业转型是生死攸关的。按照目前的发展速度，我们的资源条件、环境容量是难以支撑的，所以中国比任何国家都更需要在新能源革命中站在前列，最好能够率先突破，如果我们能够率先突破，整个局面就会主动。但是这五年应对当中，如果作国际比较的话，我们是有不足的。比如美国应对新能源革命是从智能电网开始的，美国清醒地看到，没有智能电网，风能和光伏一类新能源实际上可以说是垃圾能源，因为它非常不稳定，成本也很高。风有大有小，日照白天有而晚上没有，如果没有智能电网去平衡它，这些新能源很难被充分利用。因此，新能源革命与信息技术革命的接口应该是在智能电网上，如果不去做智能电网，而是去抓各种各样的新能源，那么可以说是事倍功半。另一方面，美国抓住了过渡能源。新能源要完全市场化可能还需要时日，我们需要在过渡时期寻找那些污染较少，对环境较友好的替代能源。美国抓页岩气，页岩气会使美国的国家战略发生很大的变化，虽然美国现在还在危机之中，但是它抓住了下一轮的战略主动权。其实我国页岩气的储藏量比美国还多，但我们在开发技术上差得很远。而我国的新能源战略是所有企业一哄而上，去搞风能、光伏、大规模财政投入，结果现在这些企业普遍面临危机，政府还得去收拾这个摊子。我们需要对这五年的新能源发展战略好好进行总结，这是我们的一笔财富，对我们创新转型有实实在在的好处。如果砸了钱还买不回一个教训的话，我们可能会在今后的创新转型中继续犯错误。

《社会科学报》：对于创新转型，转变经济发展方式，从20世纪90年代初以来，国家就一直在提倡，在推动，但是效果似乎并不明显。今年是十八大的开局之年，十八大以来，中央提出了改革要有好的总方案、路线图和时间表，今年的经济工作当中，对创新转型改革开放也提出了明确的任务和要求，全国人民都希望通过新的一轮改革推动我们的创新转型，使我们能够在全球金融危机中率先走出来。您认为我们具备这样的基础和条件吗？我们应该怎么去做？

王战：多少年来我们都讲转变经济发展方式，多少年来我们也在讲要发展高科技，发展战略型新兴产业，但是对于谁是推动创新发展的市场主体这个问题，我们的认识有点错位。以上海为例，从20世纪80年代第三次浪潮开始，我们就提出要发展十大先导性产业，包括到现在提的一些产业战略，我觉得目标都是对的，问题是我们要通过什么样的市场主体去推进。

我们曾经非常寄希望于国企在这方面起作用，但由于国企采取五年任命制，这使国企缺乏激励和约束机制促使其负责人义无反顾地去从事创新转型。一个企业家，他的前任总裁交给他的时候一年有10亿元利润，如果他每年投5亿搞研发，进行创新转型，那么在他任上可能企业的利润每年只有5亿了，比前任少了一半；五年过后，可能研发效益出来了，变成每年20亿的利润，但是他也要退休了。前任每年10亿利润，后任每年20亿利润，而真正从事创新转型的人每年只有5亿利润，他不可能有动力这么去做。所以，这么多年来我们始终希望国企去搞创新转型是有问题的。当然，我们可以通过国企改革引入相关的激励约束机制，但是要把国企作为面向市场的科技产品的一个创新主体，我觉得并不成熟，国企应该做的是有关国计民生的事。

我们也曾寄希望于外资帮助我们创新转型。外企的研发实际上有两块，在中国研发的主要是怎么使产品更加适合中国市场，像日本的有些企业在中国研发产品该用什么颜色，什么样的外形，怎么适应中国人的口味。这些研发不涉及核心技术，没有技术外溢的效应，当然它们也可能做一些核心研发，但是很多核心研发完成之后就被收购了。很多垄断性企业把创新技术收购了以后加以冷藏，不让新产品冲击其现有的盈利产品，而什么时候将新技术投入市场，它们完全握有主动权。因此，在核心技术创新方面，外资也帮不了我们太大的忙，我们不能指望外资成为整个创新转型的主体。

创新转型最终还是要靠民营企业的发展。从国际经验来看，民营企业、小的科技型企业应该是创新主体，但是我们的民营企业很难得到金融支持。我们的商业银行都是国有大型商业银行，偏重于服务大型国企，这些小企业对它们来说很不起眼，加上对小企业做投融资，成本效益不明显，风险也不可控，所以支持往往不到位。同时，由于做土地、做房地产买卖往往更赚钱，在机会成本方面会引导民营企业不去做高科技，不愿意做实业，而更愿意去做快钱生意。在这方面最典型的案例是香港，香港房地产业很发达，富豪几乎都是搞房地产业的。地产经济越发达，实体经济越差，科技创新能力也越差。所以，当前创新转型的核心问题是要推动民营企业真正转向高科技企业。对上海而言，有没有这么一批高科技企业，对上海的发展、转型将非常关键。从我们曾经做过的调查来看，上海确实有这样的一批企业，但是量还不够，还没有蔚然成风。所以，我认为三类企业当中，真正能够成为创新转型尖刀的还是民营企业，甚至可以考虑吸引全国各地的民营企业到上海来创业，做高科技的研发。

《社会科学报》：经济发展说到底是为老百姓创造充分就业。高科技企业对人才和资金的要求较高，不可能所有人都参与，只能是一部分产业这样去做，比如上海这么大的一个经济体量，2 300 万人不可能都去做。那么谁来创造充分就业？

王战：这就涉及我们要积极发展现代服务业，服务业是任何时候都需要的。这次人大代表中，我发现出现了一个新的行业代表，有个女孩子，她的职业是足底按摩师。足底按摩也是服务业，也创造就业。从增加就业来讲，这种传统服务业非常重要。当然，我们更需要的是大力发展现代服务业。我们通过不断探索，发现在税制方面服务业发展还存在许多瓶颈，这也是我们从 2009 年开始研究“营改增”，花了一年半的时间，最终中央决定在上海先行试点的原因。“营改增”的根本目的就是要通过结构性减税提高第三产业的比重。在试点行业中，我们希望现代服务业、信息服务业等领域，通过结构性减税能够率先发展起来。胡锦涛同志曾经对上海提出率先发展现代服务业的要求，要抓住“营改增”这个机会，率先试点来突破这个问题。

整个创新转型是个系统工程，一头是高新技术的突破，要瞄准深入开展的信息技术革命以及正在酝酿的新能源革命，寻找突破口；另外一头还要兼顾充分就业，创造充分就业就要针对我们整个产业结构中服务业比重较低，服务业中现代服务业比重低的状况，大力发展服务业和现代服务业。

如果能够创造充分就业，其实对高新技术的发展能够起到一种支撑作用。所以，创新转型不能单纯看搞出几个高新技术来，毕竟它创造的就业不会很多。经济发展目的在于改善民生，使人民生活得更美好，而就业是最重要的民生问题，必须站在这个基础上去把握创新、转型和发展。

《社会科学报》：政府工作报告指出，要坚定不移地把扩大内需作为经济发展的长期战略方针，充分发挥消费的基础作用和投资的关键作用。而李克强总理和国家发改委都多次提到，城镇化是最大的内需。扩大内需和加快城镇化建设其实也是推动我国经济结构转型的重要工作，您认为要完成这两项艰巨任务，重点和难点在哪里？

王战：扩大内需不是"家电下乡"之类政策的，这只是一种权益之计，根本的解决之道还在于创造充分就业，因为有了工作就有了收入，有了收入就有了购买力。刚才我讲到上海通过"营改增"来提高服务业和现代服务业的比重，如果实现了充分就业，实际上就扩大了老百姓的购买力，这才是治本的办法。当然，在短期内扩大点投资也可以拉动消费，但这都是中间需求，最终需求只能来自充分就业。对于解决充分就业的问题，我们在不同的阶段有不同的举措。在农村改革的时候，农业劳动生产率提高了，种地不需要这么多农民了，就通过发展乡镇企业吸纳劳动力。城市改革的过程中，我们通过发展加工贸易，创造再就业机会，解决了国企当中游离出来的大量劳动力。现在，加工贸易的发展基本上已经到头了。国际经验表明，在新的发展阶段实现充分就业，主要是靠通过充分发展服务业，特别是现代服务业来解决这个问题，而且我国这方面的空间比任何一个国家都大。随着我国“营改增”的推行，还有其他一系列配套措施到位，我相信我们整个现代服务业的发展速度会上去。

而城镇化和充分就业实际上是同一个问题的两个方面，城市化不是凭空造就的，没有充分就业的城市那就是“鬼城”，是空城。创造就业必须发展制造业和服务业，制造业带来了就业机会，同时创造生产生活各方面的服务需求，从而带动餐饮业等其他方面的发展，这一般叫作城市的“第一乘数效应”。服务业发展的好，又创造了一个好的投资环境，会反过来带动制造业新一轮的发展，城市经济学里把这种情况称为城市的“第二乘数效应”。根据这个规律，加大新型城镇化建设力度，必须通过创造就业实现“人的城市化”，而不能离开产业和就业单纯搞“土地的城市化”，不能为了造城而造城。

《社会科学报》：上海在中国经济发展版图中具有特殊的地位和作用，特别是在转变经济发展方式，推动改革创新“先行先试”方面，上海应该发挥出独特的创造性和带头作用，这是上海本身地位决定的，也是中央和全国人民对上海的期待和要求。过去几年，上海的经济增速在全国排名相对靠后，去年只有7.5%，这是我们主动调整的结果还是被动适应的结果？我们对此是否感到有压力？

王战：从温总理的政府工作报告以及2012年上海市所做的工作来看，我认为上海应该有“先试先行”的自信。比如说在这轮

"营改增"改革当中，上海走在了全国的前头，掌握了改革的主动权。又比如说上海松江区率先探索了家庭农场模式，我们在农村改革、三农工作方面，也走在了前头。在我看来，家庭农场是我国农村发展的新的契机和前景所在，会是继家庭联产承包责任制之后，我国农村工作的又一次突破。今年中央一号文件实际上就是在充分吸收"松江经验"的基础上，把家庭农场再向面上推广。像上海这样的国际化大都市农业比重很小，大概是0.6%，但并不是说国际化大都市的农业问题就不重要了。相反，上海的农产品市场、食品市场的需求非常巨大，加上我们工业对农业的反哺，城市对农村的支撑，使得我们恰恰可能最容易在农村改革中率先取得突破。又比如说开放，上海是国际大都市，又是中心城市，所以我们在新的国际环境当中探索新的开放战略上，也有可能走在前头，最近上海在酝酿成立自贸区，如果做成了，有可能是上海在开放方面的新突破。当然，还有其他一些领域的改革我们也在积极探索，比如说国企证券化的问题，还有发展、集聚本土性跨国公司的问题，因为我们现在已经到了走出去的阶段，这也是我们形成本土性跨国公司的最好时期。在这些问题上，如果我们能够主动探索，积极改革，就有可能在十八大开局之年，在改革开放当中掌握主动权，以此来推动我们的创新转型发展。

对于经济增速问题，如果我们在创新转型方面走在了前头，速度问题对我们来说固然重要，但并不是唯一的。衡量经济增速，并不是为了全国三十几个省市比高低、比政绩，而是应当从是否能够解决老百姓充分就业这样一个实实在在要求出发，从民生出发去把握。在GDP增长上面上海是垫底的，但如果7.5%是一个能够基本保证充分就业的增速，那么7.5%就是一个很合适的速度。而且经济增速有所减缓，也为我们创新转型减轻了压力，创造了空间。我刚才讲到横向比较的问题，国外往往要用零增长甚至负增长这种痛苦的危机来酝酿创新转型，如果我们在7.5%的速度当中来实现创新，这本身就是一个奇迹。所以绝对不要去为了7.5这个垫底的数字感到不自信。从2012年的工作来看，应该说上海在创新转型上是走在全国前头的。在十八大报告的指引下，在政府工作报告的全面部署下，我相信2013年上海在创新转型上可以取得新的、更大的进步。

无需担心中国的增长会慢下来

方星海

（2013 年 6 月 6 日）

编者按：关于中国经济是否仍有增长潜力的争议一直没有停止过。林毅夫坚称中国经济能以 8%的速度再增长二十年。李克强总理表示“城镇化是最大的内需”。然而，改革转型困难、内外需求疲软、环境污染、人才流失等问题，也反映了人们对经济增长乏力的担忧。越是在这种复杂困难的局面下，我们越需要看清自己的“存货”，以我为主，从可以着手的地方着手，在稳中有升的改革格局中逐步解决问题。上海金融服务办公室主任方星海(曾任世界银行及国际货币基金组织中国官员协会会长，中国留美经济学会会长)，日前在“上海论坛2013”开幕式上就以上问题谈了自己的看法。

最近，中国经济有增速下滑的种种表现。比如 1—4 月中央财政收入多年来首次同比下滑；5 月汇丰刚刚公布的中国制造业指数(PMI)只有 49.6%，七个月来首次跌破 50%这个荣枯分水岭。还有其他一些问题，如越来越严重的空气污染，及某些地方因为环保等问题出现的游行、反对等情况。

作为大国，不可避免总有很多问题。然而，对于中国在目前这种全球性危机持续、全球化加深的背景下有什么优势，能够做什么工作，我们必须要有清醒认识。

第一，中国现在处于对外开放非常有利的位置。从增量市场上来看，中国包括汽车、化工、电梯、金融服务等几乎所有行业现在在全球基本上都是处于第一、第二的位置。这决定任何大型的跨国企业，无论它是在制造业领域还是在服务业领域，都不能放弃中国市场，如果它在中国市场输掉，就很难在全球市场上取得优势地位。这使得中国能够吸引全球最具竞争力的企业到中国市场来，而且它要在中国市场上获胜，就必须把它新的技术、新的研发力量、制造业的最好的技术放到中国来，否则它很难在中国市场上获胜，这是一个非常大的变化。若干年前可能二流的技术在中国也会获得很好的市场，现在很难了。（比如通用汽车，就把它最高档的车凯迪拉克的研发总部、最新的技术和产地都放到上海来，在中国的高端车市场跟奔驰、BMW、保时捷竞争。我相信这样的趋势在其他行业也会发生。这是中国的很大优势，也许国内有些企业研发还上不来，但是我们可以通过对外开放，通过最大国内市场的强有力的竞争环境，促使技术领先的国外企业把最新的技术放到中国来。）

第二，中国企业到海外参与收购兼并或做合资项目有很多新的优势，而且这种优势不是其他发展中国家能够有的。一是中国的国内市场非常大，很多国外企业因此愿意被中国的企业兼并，或进行战略合作。最好的一个例子就是沃尔沃被吉利兼并，我想就是因为吉利是一家中国汽车公司，兼并以后沃尔沃在中国的市场份额有可能获得非常大的提升。二是中国的资本市场。我们的资本市场本身不是很发达，但是资金实力非常强，中国企业的收购兼并已经得到国内银行和资本市场在资金上强有力的支持。这也是中国非常大的优势。三是中国很多企业已经开发出一些适合在发展中国家市场上适用的技术。

第三，中国现在服务业发展机遇非常好。金融、教育、医疗卫生、消费通信等服务业的市场机会非常好，潜力巨大。如果我们进一步对外开放，相信国外最好的服务业企业都会到中国来。最近李克强总理也谈到，我们国家现在发展到中等收入阶段，服务业方面的需求成长速度非常快，如果说我们抓住机会，在服务业方面有更大的开放，相信我们会吸引世界最优秀的服务业企业进入中国，迅速提高我国服务业的质量。

第四，人民币国际化也是重要机会。中国可以参与全球货币体系、新的金融体系的形成过程。也有其他一些国家愿意让本国货币成为国际货币，但是我感到只有人民币现在是一个潜在的国际货币。如果大家有进一步的共识，着力推进人民币资本项目的可兑换，人民币非常有可能在不远的将来，也就是十年左右，成为一种非常重要的至少是贸易货币，今后慢慢发展成为投资货币，最后成为储备货币。

从国内来看，也有四件我们国家能做，别的国家不太能做的事：

第一，我国中央政府可以发行大量的长期债券。到去年年底，中国国债占GDP比例大概是14%，这在全球是非常低的。不是所有国家想发国债都能够发得出来，欧洲很多国家现在想发也发不出去，而中国发行长期国债的潜力非常大。而且我们的长期国债绝大部分都会被国内的投资者所抢购，因为我们有足够的储蓄，不需要外国投资者来买。长期国债短期内可以迅速促使国内需求上升，收集来的资金可以用于一些大型的基础设施建设，很多本来由地方政府出资的基础设施建设可以由中央政府来承担。还可以大大提升我国的社会保障系统，更多地投资教育。另外，发行长期国债对金融市场的作用也是不可估量的。我国金融市场，储蓄很多，但是可投资的品种非常少，很多钱投在影子银行等各种各样不规范的理财产品上，风险很高。长期国债一般有5%以上的收益，很多普通老百姓都愿意投资。这对完善整个金融市场体系，减少金融风险也非常有帮助。

第二，我们有大量的民间资金急于进入各个不让它们进入的行业进行投资。比如我国很多中小企业，可能20世纪70年代末就开始创业了，积累了一些资金。由于我们不让这些资金进入很多领域，结果只能去炒房地产，炒大宗商品，搞高利贷，造成很大的金融风险。其实这些资金很愿意进入我们的金融、教育、卫生、信息服务等领域。如果说他们能够进入这些领域的话，对制造业的产业升级会很有帮助，也可以避免他们在太阳能、生物科技等一些不熟悉的领域乱投资，造成投资失败和新的产业风险。

第三，就是大家谈得最多的城市化，城市化是最大的内需。当然，中国的城市化也面临非常大的问题，我们不能拔苗助长，为了城市化而建很多楼。而应该把人口政策、户籍政策等阻碍人口经济发展正常流动的障碍去掉，使城市化以更快的、符合经济发展的要求推进。

第四，如果我们的生育一胎政策有所改变的话，可能会产生非常高的效益。或许要归功于我们的文化传统，中国人对孩子、对家庭的观念非常强。特别是中国的中高收入群体，甚至愿意为生孩子付出较高的个人代价，不像其他国家，收入高了，很多人不愿意生孩子。比如，我有一个同事，她三十出头，非常能干，就为了生二胎辞职了，这造成多大的人力资源的损失！当然计划生育在中国是要的，但如果在生育政策上有所考虑，我想这个同事可以不因为多要个孩子而丢掉工作。另外，如果我国的出生率进一步提升，能很快带动大量内需。小孩带来的需求是很强的，而且中国人重视教育，十几年、二十年后这些人就是经济增长的动力。

这八点都是现在马上就可以做，而且是其他国家不太容易做好的。要谈中国的机会，我们还要再退一步看中国本质上最强有力的竞争点在哪里。中国跟别的国家很不一样的地方有两点：

一是中国有13亿非常勤劳的人民，这在全世界是不容易找到的。我在世界银行工作的时候，去了很多发展中国家，我相信没有一个发展中国家有中国这么大，它的劳动人口有这么丰富，它的人民有中国人民这么勤劳，这是中国最基本的竞争优势。这个优势使得无论中国劳动力成本如何上升，要素价格如何上升，中国的出口在全球都会有非常强的竞争力。数据也显示了这一点，即使在目前的困难局面下，1—4月中国的出口还是增长了10%左右。

二是中国的政府从中央到地方都是专注于经济发展的政府，我们的政府是非常愿意帮助企业发展好的政府。全球不见得有比中国更专注于经济发展的政府，这也是我们的一个优势。

当然，中国现在风险也很大，这些优势能否发挥出来，也取决于我们能否把风险考虑透彻，并妥善化解。

从经济上来说，中国现在主要的风险有两个：一是地方政府的融资平台风险，另一个是房地产市场的风险。但是我认为，这两个风险我们是可以很好地加以管理的。我国的融资平台和房地产的贷款，都有土地或者房产作抵押的，要处理这样的融资结构当中的风险，关键是要“以时间换空间”。首先现在新的贷款，新的融资要慢下来，不能像前几年那样继续膨胀。然后不能因为一有企业还不上贷款，就迫使它破产，而应该通过延期等办法往后推。只要中国经济保持7%以上的增长，随着城市化的推进，几年以后这些土地、房产和其他资产都会值钱。90年代我国银行业改革，做的第一件事就是进行信贷资产管理和重组，当时的情况比现在还糟，不良资产率超过30%，我们采用以时间换空间的办法，在高速增长的情况下，到2003年的时候，原来看上去不值钱的资产后来都值钱了。我们能够在经济增长当中处理危机。而且中国处理危机还有一个很大的优势，就是有大量的国有资产，这是我们的缓冲，别的国家没有。所以我相信，我们把这些风险想透，会发现是有办法化解的。关键是我们不能停下来只是去处理风险，不抓发展，那就有问题了。我们只要继续发展，在发展中处理这些风险是可以的。

中国的问题很多，但是我们机会更多。这些问题很多牵涉到改革开放，改革开放能否推进关系到最终成效。中国的政府是以经济发展为中心工作的政府，现在经济增速在下滑，这就要求必须推进改革开放，加快改革步伐。反观中国改革开放三十年的历史都是这样，经济发展速度下来了，改革开放就会加速，所以大家不必担心中国的改革开放是否会由于既得利益等某种因素的阻碍，会在当前经济增速下滑的情况下缓慢下来。只要把风险想透，把处理风险的措施想清楚，做好安排，我们就可以大踏步地推进改革开放，促进发展，然后在发展中处理这些风险，中国的经济就会上一个新的更大的台阶。

积极应对再次“唱衰中国潮”

全国政协委员李稻葵建议国家设立“地方财政重组基金”

特约记者　高　杨　本报记者　晓　华

（2014 年 3 月 20 日）

编者按：“唱衰中国”，已经不是什么新鲜事，每当中国经济发展或者改革进入一个新的节点，国际上都会掀起一股“唱衰中国潮”。

因国际经济复苏乏力和国内加大产业结构调整力度的双重作用，去年以来，我国 GDP 增速始终在 7.5%左右徘徊。因此，今年初开始，西方社会一些经济学界代表，甚至包括部分政界人士，据此再度掀起一股“唱衰中国潮”。

然而，包括西方社会多数经济学家在内的世界大多数学者，一眼就能看出这股“唱衰中国潮”背后的意涵。面对此轮西方社会甚嚣尘上的“唱衰中国”，国内经济学界和媒体给予了驳斥。

作为主流经济学家，在今年全国两会上，全国政协委员李稻葵主张，面对本轮“唱衰中国潮”，除了揭露“唱衰”背后的阴谋，中国更要做的是积极应对。

延续去年经济下行轨迹，尽管今年中国经济开局良好，但依旧存在很多不确定性，GDP 增速继续下行风险仍然存在。

在经济学家李稻葵看来，作为国际经济发展的新引擎，中国经济任何波动都会引发国际社会关注，这是自然反应，但关键在于中国如何应对。

“唱衰中国潮”危害民众投资信心

“尽管很多唱衰中国论调连鼓吹者自己都不相信，但中国不能不当回事。”谈到新一轮甚嚣尘上的“唱衰中国潮”，参加本次全国两会的李稻葵没有更多驳斥，他强调最多的是积极应对。因为在李稻葵看来，“唱衰中国”对中国的最大风险是：可能打击民间投资信心，继而让经济增速进一步放缓。

事实上，正如李稻葵的担心，国家统计局日前公布的今年前 2 个月主要经济数据显示：主要经济指标继续回落。尽管国家统计局负责人认为，回落的原因主要是由于去年第四季度以来，国家一直在淘汰落后产能。如华北地区因为雾霾等原因大力压减高耗能产业，这是主动调控的结果。

“但城镇固定投资、社会消费品零售，及规模以上工业增加值这三项经济数据低于预期，而与工业速度对应的当期 GDP 速度应该不会高于 7.5%。”李稻葵指出，中国经济严峻开年，这与房地产降温和出口不旺等密不可分。

“而固定资产投资下降，或与国际上唱衰中国经济有关。”李稻葵表示，每一次国际社会“唱衰中国”的声音响起，国内都会出现一股与之相和的声音，这样的“唱衰”尽管不会直接破坏中国经济健康发展，但其往往会对国内民众的投资信心产生影响。

“在中国，固定资产投资60%以上来自民间，而民间投资包括房地产投资等，很大程度上取决于信心，如果信心不足，投资者的热情不高，那么整个民间投资就会下降。不仅房地产投资会下降，土地开发的量也会下降。”李稻葵说，“我算了一下，地方的固定资产投资量37%来自土地出让。”

当前中国经济最大风险是紧绷的“资金链”

“我看了有关部门统计的数据，去年一年经济数据都呈趋缓之势，但在年终却实现了经济增速的反转，这跟各地的土地出让金相关。”剖析去年底GDP出现的高于预期现象，李稻葵说，“全国仅土地出让金一项，去年下半年就上升到2.4万亿元，非常明显，这也反过来凸显出我们国家经济运行的一个脆弱环节。”

李稻葵坦言，在他看来，当前中国经济运行最大的风险就是我国的资金链条绷得非常紧。“具体来说，现在中国经济所依赖的是信用扩张，包括理财产品、信托等，比以往任何时期都强，整个中国经济的信用总量，也就是债务总量基本上跟GDP是1比1的关系，这是历史上从来没有出现过的。而目前全国总的债务链条最薄弱的环节，就是地方财政的债务。”李稻葵分析说，目前地方政府自己估计的债务占GDP的30%左右，这个数据不见得是完全考虑到很多方面的，“可能是过于乐观，尤其是没有考虑到地方政府的连带责任，他们的计算里面是假设地方担保的债务只有10%的概率，但一旦出现15%的概率就会出问题，这是根据过去的经验得出的数据。”

在李稻葵看来，下一轮金融波动的比率可能会超过目前地方政府估计。因此，李稻葵建议：国家应该及时设立一个地方财政重组基金，同时出台一个地方财政重组条例。

“地方财政重组基金，我的建议是由财政部来出资。”李稻葵说，因为目前国家财政，国家信用是相当宽裕的，国债的总额占GDP仅仅是15%，这是去年年末的数据，这里面还有一定的扩张空间，而且财政部跟地方财政的关系是最紧密的。

李稻葵举例说，比如，设立一个5 000亿元的地方财政重组基金，它的作用就是，在某些局部的地方出现还贷困难时，这个基金马上可以介入。同时这个基金背后有一套重组的机制，事先设计好，比如哪些债权人优先级是最高的，哪些是最低的，“我的建议是，债权人最高级应是欠着工资，欠着福利的费用，第二级是银行，因为银行的风险会扩张出去，第三级是信托产品，最后一级才是债券。通过这种事先设计好的地方重组机制，就能够把局部的风险控制在地区之内，否则后果不堪设想。”

林毅夫：我为什么力挺“三个自信”

社会科学报

（2014 年 3 月 20 日）

编者按：前不久，著名经济学家、世界银行前首席经济学家兼负责发展经济学的高级副行长林毅夫，在国内一家媒体撰文谈中共“三个自信”与理论创新，在社会上产生热烈反响。本次两会期间，作为全国政协常委委员的林毅夫带给两会的一个重要提案就是力挺“三个自信”。

永远带着学者的谦和与严谨。

作为全国政协常委委员，两会期间的林毅夫要比其他委员更忙。白天与其他委员共商国是，大会还安排他在人民大会堂作大会发言，除此之外，林毅夫还应部分全国政协委员的请求，为委员们作了一场别开生面的“中国经济形势分析报告”。

作为世界银行第一位来自发展中国家的前首席经济学家和高级副行长，林毅夫自然是海内外媒体“围堵”的明星人物。

本报与林毅夫的交流也是从两会切入，首先聚焦的是他本次的提案。

谈中国道路，林毅夫说："连续35年都是稳定高速增长，如果这条道路不是正确的道路，我还真不知道什么叫正确的道路。"

林毅夫说："我认为十八大提出'三个自信'非常重要。道路自信、理论自信、制度自信，十八大之所以将这'三个自信'专门提出来，说明我们国内还有很多人没有自信，总觉得我们这有问题，那有问题，甚至怀疑我们制度都存在问题。"

"事实上情况并非如此，我们可以作个比较。"作为经济学家，林毅夫更喜欢用事实说话，用数据论证。

他说，中国改革开放已走过了35年，过去年均经济增长9.8%，这不是发生在一个小国家，而是发生在一个13亿人口的大国。35年当中，中国从一个连非洲撒哈拉沙漠里的最贫穷的小国家平均收入1/3都不到的国家，实现了持续快速发展，让6.8亿人口摆脱了贫困。这是人类经济史上不曾有过的情景。

"2008年我到世界银行当首席经济学家，这个位置被认为是全世界的经济学家的最高职位，我是第九任。"言语中，林毅夫因为这段经历感到自豪，而让他更自豪的是，能让他进入这一位置的是中国国际地位的上升。

林毅夫向来都很谦虚，他说，世行前面八任首席经济学家都是大学者，他们有的是诺贝尔经济学奖获得者，有的是哈佛大学校长、美国的财政部部长、美国的白宫经济委员会主任，还有其他国家的著名教授。"我是第一个来自发展中国家担任世行最高职位之一的学者，为什么？因为两次世界大战以后，有那么多国际化的机构，它们的目标是帮助发展中国家解决贫困问题，但如果中国这6.8亿贫困人口按照现在国际上通行的贫困标准不能排除掉的话，就意味着全世界的贫困人口没有减少，反而还在增加。正是因为中国改革开放这30多年取得的成绩，让这些国际发展机构可以讲，这是他们取得了成绩。”

林毅夫介绍说，他在世界银行当高级副行长，让他最感动的是，不管到哪个国家，看到的农民的眼神，都跟他在我们国内看到的农民的眼神是一样的。

他们希望经过自己的努力，让他们过得比较好，希望通过他们的努力，自己的下一代可以比他们生活得更好。“我看到工人是这样，知识分子也都是这样，希望贡献他们的所有，让他们的国家能够实现现代化，让他们国家在世界上得到尊敬。我看到所有的官员也都是这样，但实际上你们看他们取得的成绩，从二次世界大战到现在，只有两个经济体，从低收入变成中等收入，进入到高收入。”林毅夫强调，这两个经济体中，一个就是中国台湾，另一个是韩国。

“如果我们能够实现十八大提出的到2020年的两个翻一番，很可能是二次世界大战以后从低收入到中等收入，再进入到高收入的唯一国家。然而从二次世界大战到现在，从中等收入进入到高收入的只有13个经济体，这当中8个是欧洲国家，另外的就在亚洲市场。”林毅夫说，中国底子这么薄，当时我们在1978年开始改革的时候，条件那么差，却取得今天连续35年的持续稳步增长，这说明我们的道路和政策是正确的，“如果道路不正确，瞎猫碰死耗子只能碰到一次，一年高增长、两年高增长或有可能，而连续35年都是稳定高速增长，如果这条道路不是正确的道路，我还真不知道什么叫正确的道路。”

谈理论创新，林毅夫直言，不要迷信西方主流理论，西方其实没有所谓的真理性的主流理论，他们的理论也是在随时变动的

林毅夫说，道路是靠体制作保证，实践证明，中国取得令世界

瞩目的成就，说明这个体制也应该是有效的。

当然，林毅夫也坦承，作为发展中国家，中国肯定存在这个问题或那个问题，否则，还谈什么改革？

“现在有些人怀疑我们的体制有问题，他们拿理论来作为参照，但他们拿的都是发达国家的理论，而事实上，发达国家的理论是总结发达国家的经验。即便总结发达国家的经验，这些理论有时在发达国家也实现不了，因为它们是理想模式下的理论。”林毅夫强调，一个连发达国家都不一定能实现的理论，拿来参照我们发展中国家，所以他们看到的中国自然就是到处都是问题。“尤其我们改革开放，是走这种务实、渐进的双轨制，必然有很多问题，这个过程中当然也会付出代价。比如收入差距扩大、腐败增多等现象就是代价。”

但林毅夫同时认为，从发达国家的理想模式来看，同样也有贪污，也有腐败，也有收入分配差距问题，甚至这些问题比我们更糟，“这个例子告诉我们，理论必须依靠自己创新”。

“我觉得现在最大的问题在于我们简单地把西方这套理论认为是真经，只要有问题，就认为我们没有按照西方的理论去做，说我们是错误的。可是我前面讲了，你如果放眼全世界，到现在为止，只有两个经济体从低收入变成中等收入、进入高收入；只有 13 个经济体是从中等收入变成高收入，而且其中 8 个是本来差距就不大的经济体。这说明了什么？说明全世界的 180 个经济体都处在中等收入陷阱。”林毅夫说，他在《新结构经济时代》中有一个很长的回顾，二次世界大战以后，基本上所有的发展中国家都是参照西方的理论来做的，大多没成功。只有少数几个成功的，它们的政策在当时看来都是“错误”的政策。比如，亚洲四小龙跟日本，它们在

1960年代，推行的都是出口导向，理论概念叫进口替代。而1960年代的理论认为，一个发展中国家要变成发达国家，必须拥有跟发达国家一样的产业。当时亚洲四小龙推行的是什么？为什么叫进口替代？因为先进的产品都是进口的，自己不能生产。而亚洲四小龙推行的是劳动力密集型，从传统企业开始，“用当时西方理论来看的话，是错误的，怎么能赶上发达国家？”

林毅夫说，1980年代开始，所有的发展中国家，包括拉丁美洲、非洲也在搞改革开放，为什么它们有的不成功？问题在于都引用发达国家的理论作参照。就是说，它们简单地拿发达国家作比照，以发达国家有什么，发展中国家没有什么来作为参照，或者发达国家什么东西能做好，发展中国家相对做不好，就按照发达国家来做。

“事实上，理论的适用性决定条件的相似性，发展中国家的条件跟发达国家不一样，所以拿发达国家的理论与发展中国家对照，很可能导致更差的效果。我们非常需要总结发展中国家自己的经验，了解一些发展中国家目前的状况。它的问题是怎么产生的？解决这个问题的条件是什么？怎样比较好地利用你的条件来解决相关问题？只有创新理论，我们才能了解我们当年坚持走这条道路的合理性在什么地方，下一步发展了以后，怎么进一步去与时俱进地改进。”林毅夫说，在这方面，中国作为发展中国家很清醒。我们会按照中国国情找到自己的道路，不会迷信西方所谓主流理论，“而事实上，西方根本也不存在所谓主流理论，凡是认为主流的，现在他们的经济发展状况都很糟糕。所以他们也在随时更改他们的理论。”

（特约记者　高　扬　本报记者　晓　华）

二、改革在博弈中前行

在过去与当下的围困中伫立，满怀各自的诉求，每一代人都对中国的未来发出追问。带着对中国经济发展问题的洞见与反思，我们深情回眸这个独特的年代。中国经济在自身的发展中被不断地重新解释与修正。各种活跃的思想不仅有力，更具穿透性，见证着那一帧帧鲜活的时代影像。1990 年，姚锡棠在社会科学报发表《提高改革开放度　逐渐消除地域间的经济不平衡——当前理论界对治理整顿深化改革的一些思考》一文，指出经济体制改革是要寻找计划与市场相结合的适当形式。相对于高度集权的计划经济体制来说，改革不能不是市场取向的改革。

中共十八届三中全会与时俱进地强调市场在资源配置中起决定性作用，中国积极参与全球化的进程将为国内经济改革创造新的动力。GDP 是衡量生活水平全面提高的一个很好的指标，但只有附加更加全面的指标，我们才有可能对自身的状况有全面的认识，才能实现更高的追求。在经历了十多年的经济高速增长以后，减速也是不可避免的。中国经济目前 GDP 的增长速度为 7%，未来甚至是更低的增长，在通过一系列的改革后有再次达到 8%高增长的可能。本章精选从 1987 年《改革经济体制要充分估计我国短缺经济环境的长期性》、1999 年《财政政策为主　货币政策为辅——当前我国宏观经济政策的必然选择》、2007 年《宏观调控：适时、适度、适可而止》、2012 年《消费主导是“二次转型与改革”的战略重点——访中国（海南）改革发展研究院院长迟福林》，到 2014 年《新常态：对中国未来发展的超前描述》系列报道，以一种摆脱过去旧的思维方式的崭新姿态，主动、超前地适应新发展阶段的变化，用有影响的经济理论解释现有的经济现象。

改革经济体制要充分估计我国短缺经济环境的长期性

中国社会科学院　宋　则　白景明

（1987年5月7日）

我国迄今为止所面临的短缺经济环境在总体上还将程度不同地长期存在。所以如此，除了人们已经注意到的传统经济体制弊病和产业结构不尽合理等原因外，还有以下几个重要原因：

一、我国属于起点低、起步晚、发展中的社会主义国家

一般来说，短缺是工业化前期普遍存在的现象。就我国情况来看，除传统体制原因外，还主要受到生产力发展水平等其他条件的影响。西方资本主义国家在工业化过程中所以能较早摆脱短缺环境，一是靠其特有的剥削制度；二是靠殖民贸易和对外掠夺，为实现本国资本主义工业化聚敛巨额财富；三是靠其工业化起步较早的国际经济优势。与之相比，我国的情况截然不同。由于生产力、工业化发展的起点低、起步晚以及历史时代、社会制度和国际环境的变迁，不仅在社会主义经济建设的起始阶段就注定要受到短缺环境的困扰，而且要根本改变这种状况必须付出长期艰苦的努力。

二、 已经形成的短缺格局具有较强的再生能力和周期性

由于总供给中有效产品率偏低，即使总供求最初是平衡的，也会呈现“平衡下的短缺”；继而若将由无效产品形成的账面收入不断转化为追加投资或消费基金，便进一步加剧短缺经济状态。具体表现是简单再生产与扩大再生产互相挤占，经济效益双重下降，国民收入超分配和总需求膨胀，以至于不得不调整、抑制需求。但以后循环又从调整后的起点上重新开始。我国 1953—1985 年所经历的七个投资周期，便是在大起大落双重代价的置换选择中推进短缺经济运行的写照。

三、 产品总供给不足与人口增长的矛盾依然十分尖锐

其表现是，需求压力和就业压力过大，形成在业人员超饱和、低效率的状态，长期阻碍技术进步和劳动生产率的显著提高。

四、 前期改革中积累下来的总需求膨胀难以稀释消化，后续经济增长速度的刚性作用依然很强

这种情况下，继续容忍国民收入巨额超分配决不可取，但绝对不搞超分配实际上又很难做到，只能选择有控制的适度超分配。这将对市场形成持久的巨大压力。

五、 在涉外经济关系中处于相对劣势

如对外贸易、国际收支的不对称以及消费示范效应等，均将加剧国内总供求矛盾。我们不可能在短期内变劣势为优势。

六、 商品流通渠道不畅

由于流通能力严重落后于生产和消费的发展，对产品总供求的时空衔接将产生越来越大的阻隔效应。

七、 在消费方面，攀比心理将在较长时期内广泛存在

各种攀比效应常使提高效率增加供给受阻，却极易在收入分配关系的刚性变动中诱发总需求膨胀。

提出我国短缺经济环境将长期存在的基本估计，意在表达这样一些新的认识和相应建议：

1. 短缺经济环境的成因十分复杂。但归结起来，对当前最有意义的是有经济体制原因，也有非体制原因。因此，推进体制改革和治理短缺是既相互联系又有区别，不能互相替代的两大历史任务。我们既不能等建立了新体制再进行环境治理，也不可能等环境优化了再进行体制改革，应使二者有联系、有区别、有重点地配合进行。目前，人们的目光大都集中在传统体制的弊病上，把短缺一并归咎于传统体制，又把消除短缺一并寄托于改革，却忽略了非体制原因。这就混淆了两大历史任务，结果有可能使两大目标双双落空。

2. 为积极稳妥地推进改革，应充分估计短缺环境长期存在这一基本国情的约束。当前，要首先打破短缺状态近期即可消失、全局性买方市场式的宽松环境可望很快出现的幻觉。制定改革方案要避免照搬西方工业发达国家需求约束型的经济调节管理方式，寻找与现实相连通的“接口”。我们认为就像人们终于认识到商品经济不可逾越一样，由前述各种因素所决定的短缺经济阶段也不可逾越。

我们的唯一选择是在短缺环境下发展商品经济，又借助商品经济的发展逐步克服短缺环境。因此，我们所能够建立的新体制，并非适应一般商品经济发展的体制，而是必须积极适应短缺环境下推动商品经济发展，并有助于逐步克服短缺状态的体制。我们应据此调整改革思路，构想目标模式。基于这一点，我们认为，在目前改革思路的基础上，似应更多地强调计划性，重新评价指导性计划和指令性计划的地位、作用、范围、形式及其相互关系；似应在放权、搞活的同时，强调企业特别是全民所有制大中型骨干企业的社会责任；似应加强卖方市场条件下的组织和管理，注意维护消费者的利益。另外，鉴于存在以基础产品（主要农产品、原材料、燃料）价格变动为时点的价格上涨周期，建议对这些产品的价格改革和调整持慎重态度。

3. 在稳妥推进经济体制改革的同时，应加紧对短缺环境的直接治理，尽可能将其稳定地控制在一定程度之内。除了目前已提出的各种办法（特别是抑制总需求的办法）外，还应着重在增加总供给方面做出新的努力：第一，采取有力措施（直至强化有关管理机构的相应职能、立法等等）确保经济效益的首要地位；第二，讲求规模经济，在行政性集中逐渐弱化的同时，推进经济性集中，如发展承担社会责任的企业集团；第三，以提高有效产品为中心，推动投资—产业—产品结构的合理化；第四，在适当兼顾公平与效率、保持社会安定的前提下，切实保证经济效率第一。

改革是社会主义制度实践形式的再选择

本报记者　林　路

（1988年10月13日）

“十年改革在理论上最根本的成就，就是我们一步步结束传统的非商品经济的社会主义观，确立了社会主义商品经济观，确认中国今天还是生产力发展比较低，商品经济很不发达的社会主义初级阶段。要大力发展商品经济，借以迅速提高我们的社会生产力。对社会主义再认识，首先是两论：社会主义商品经济论和社会主义初级阶段论。这两论是对于中国经济改革理论的两块基石。”中国社科院副院长刘国光教授在上海社科院建院三十周年所作学术报告时发表了上述看法。

70年代以来的改革，实质上是对社会主义制度实践形式的再选择

刘国光9月7日在题为《改革十年》的学术报告中强调指出，我国70年代的改革，实质上是对社会主义制度实践形式的再选择开始，以新的社会主义经济模式来代替旧体制。经济体制改革理论从一开始就碰到对社会主义再认识问题。1949年后，我们按照传统理解，在中国这块土地上建设社会主义经济体制。对社会主义传统

理解有三个来源：一是马克思经典作家对未来社会主义构想；二是第一个社会主义国家苏联在20世纪30年代到50年代所形成的模式；三是我国革命战争时期军事共产主义的供给制。概括来说，我们对传统的社会主义认识，把社会主义经济看成本质上不是商品经济，而是建立在高度社会化生产基础上的产品经济。

刘国光认为，十年改革开放，出现了持续增长的好势头。这十年是新中国建立以来实力增长最快的十年。目前物价上涨幅度过大，收入分配不公，社会风气不好，也是前进中的一个问题，这是社会主义商品经济新秩序还未很好地建立情况下难免出现的问题，必须通过进一步深化改革，加以解决。

进一步深化改革要注意的问题

这位经济学家提出，在进一步深化改革中，要注意以下四个问题：

第一，经济改革的环境问题。通货膨胀严重困扰着我国经济发展和经济改革。不能否认，这几年物价持续上涨，基本上是通货膨胀性的上涨。改革需要较宽松的环境，总供给略大于总需求，促进企业竞争，并保证有一定的财政物资后备。几年来的实践告诉我们，经济发展，经济改革必须相辅而行，经济发展的剧烈波动，往往会导致经济改革的缺损，一旦总供给、总需求严重失衡，就会使通过改革利用市场机制优化资源配置的作用受到影响。现在改革过渡时期，旧体制还未退出历史舞台，旧体制的惯性和影响还很大，又由于改革中有许多不确定因素，政策不够稳定，如要指望出现较稳定全面完善的环境是不现实的。但要积极为改革创造相对宽松的经济环境而努力。

第二，体制转化方式和双轨制摩擦的问题。渐进的改革方式和新体制、旧体制的逐渐消长，可以避免改革震动，有其积极方面，但不同体制混杂在一起，给经济运行和经济生活带来一系列棘手的问题，旧的计划体制和新的市场机制混在一起，谁也不能发挥有效的配置资源的作用。双重体制矛盾和摩擦，给经济和社会生活带来种种严重不良的后果。所以，愈来愈多的同志主张早日结束双重体制对峙的局面，尽快过渡到新体制占主导地位。但这种过渡受到许多主客观条件的制约，因为这是整个改革体制转换的过程，很重要一条是宏观平衡问题，总需求超过总供给，经济失衡问题未解决，难以完全摆脱双重体制并存。双重体制并存，将在不同领域内还要持续一段时期。

第三，走利益刺激之路，还是走机制转换之路？前一时期城市经济改革，较多地偏重于利益刺激，没有注意机制转换，以至于花不少力气，花了不少钱，相当多企业的大锅饭、铁饭碗仍未打破。经济改革无疑要通过利益关系的调整以激励人们的积极性，但更重要的是进行机制的转换或制度的创新，从根本上改变传统理论建立起来的、不符合社会主义初级阶段要求的、传统的生产和分配制度。寓利益调整于机制转换之中，这正是中国农村第一步改革成功的要诀。

第四，是企业机制改革为主，还是价格改革为主？中国的经济体制改革，是由两个改革交织而成的过程，一个是以所有制关系或产权关系为中心的企业机制改革，另一个是以价格改革为中心的经济运行机制改革，两者中哪个更重要，形成两种对立的观点。两者都是整个经济改革中不可分割的组成部分，相辅相成，相互配合进行。不同时期，不同情况，各有侧重。

建立怎样的社会主义商品经济新秩序

在谈到应该建立一个怎么样的社会主义商品经济新秩序时，刘国光说，它应当是符合社会主义经济理论，符合有指导的市场经济机制和要求的这样一个秩序，所以它建立的前提，首先要改变旧的自然经济、产品经济体制。建立社会主义商品新秩序的前提是经济机制的转换。还要以规范、准则和规则来约束人们的经济行为。它们有成文的，也有不成文的。成文的主要是指法律、法规、章程；不成文的指道德标准、习惯、观念等等，实际上是指整个文化背景的改造。法律、法规的制定，可以借鉴市场经济发达国家情况，结合我国国情加以筛选、改造。至于整个文化队伍改造，新道德、新价值观念的形成，则是个更为复杂的问题，非一朝一夕即可成功的，需要我们进行长期的努力。

刘国光认为，社会主义商品经济新秩序首先要符合社会主义商品经济的一般原则，即等价交换，公平竞争；要符合社会主义商品经济运行机制的原则，即国家调节市场，市场引导企业这样一个总原则。并提出了如下八条基本要求：

第一，官办经济民营化。官办的改为民营经济，民营经济不等于私有经济，可以是私有经济，也可以是公有经济，也可能是混合所有制经济。不是官办的，和行政机构完全脱离的，实行政企分开的；不是按照上级行政令行事，而是以市场供求变化为导向；不是依靠行政权力来支持，而是依靠经济效率来取得生存和发展机制的。

第二，垄断经济竞争化。即使真正商品经济的民营经济，随着经济的发展，也会产生垄断，这是经济规律。因而，不仅要反对官办企业和一些假的民营企业的行政垄断，也要防止民营企业的市场垄断，及时制定反垄断保护公平竞争的法律。

第三，卖方市场买方化。卖方市场供不应求，使买方低声下气，要听卖方的话，看卖方的眼色。消费者没有任何选择的市场。只有使总供给略大于总需求，卖方才会实行竞争，改善经营管理、服务态度。

第四，生产要素配置商品化。资金、技术、信息、物资、房地产等这些要素，过去都未把它们当作生产要素看待，现在是否把它们当作商品还有不同程度争论。不管其是否商品，我们可以当作商品来经营。生产要素配置只有商品化，自由流通、自由组合，为此方能达到资源优化配置，优化组合。要打破一切妨碍商品流通的障碍，特别是分割封锁等造成的障碍，要从体制上、立法上扫除妨碍商品、物资、资金、劳动力自由流通的障碍，以促成全国统一市场的逐步形成。

第五，一切交易活动货币化、票据化。为创造平等竞争环境，保障国家财政税收，实行交易活动的货币化、票据化十分必要。现在不少借横向联系之名，进行物物交易、物资掺换，多利双边优惠的贸易等，实际上为偷税漏税大开方便之门，并不利于平等竞争。

第六，个人收入透明化。分配收入不透明，一方面造成分配不公平，另一方面也掩盖了许多非法行为和腐败现象。

第七，一切官员收入、财产公开化。党政机关人人要廉洁的口号已经提出来了。实现这点的方法之一就是官员收入、财产要公开。对官员生活享受与其收入不相称者要受到检举。

第八，双轨制、多轨制单轨化。要逐步通过调整、放开的方法，过渡到单轨制。在双重体制或多种准则的条件下，不可能有公平竞争，不可能有正常的市场秩序和工作秩序。当前许多混乱现象确实与双重体制矛盾存在摩擦有关，如不解决，建立社会主义商品经济新秩序就无从谈起。

公有制不能轻率否定

上海社会科学院　陈敏之

（1989 年 5 月 11 日）

竞争是社会进步和发展的一种契机，不可一刻没有它。一个社会如果没有了竞争，它就会停滞、没落以致衰亡。

中国现在的公有制把竞争完全扼杀了。它之所以采取通常我们称之为“斯大林模式”的产品经济的体制，有其内在的必然的逻辑关系。当采用革命的强制手段把原来属于个人所有的生产资料夺取后，当然不可能把它像对土地那样分配给个人，只能完整地转移到政府手里，由政府指派人员进行管理。这样，企业隶属于各级政府，成为附属品，一切听命于政府，完全丧失了它作为社会经济细胞组织的独立地位。这种建立在公有制基础上的用行政方式构造的经济体制，必然是高度中央集权、集中统一、没有市场、没有竞争，不可能有别的选择。这不是哪一个人愿意与否，或归之于什么人的发明。建立在公有制基础上的经济体制，只能是这样一种模式。

我们所以要反对私有制（科学的说法，应是个人所有制），是因为反对剥削；或因为反对剥削，所以反对个人所有制。但我们不理解，也完全忽视了个人所有制与剥削的联系，还与竞争相联系。当因为消灭剥削而否定个人所有制时，也否定了竞争，正如西谚说：“洗澡泼脏水时把孩子一起丢了。”剥削，当然必须反对。但是，不能因为反对剥削，同时也反对剩余劳动，反对竞争。没有剩余劳动、竞争，这个社会就不可能进步、发展。否定市场、竞争和竞争机制，是公有制的致命缺点。不能因此而轻率地否定公有制。资本主义是建立在个人所有制基础上的一种社会制度。既然认识到并承认当今的资本主义还有旺盛的生命力，那么资本主义所赖以建立的基础——个人所有制自然同样地具有旺盛的生命力，还没有被证明它已经到了自己生命的终端。过去因为反对剥削、轻易地否定个人所有制而已经吃足了苦头，现在当然不能因为缺乏竞争再次轻率否定公有制。同样的理由，公有制即使有缺点，但已有的经验，还不足以证明它已经完全丧失了生命力。对于像这样的重大问题，是不能采取理想主义或浪漫主义的态度，只能采取实证的、经验主义的态度；我们应向历史汲取经验教训。因此我反对有些人提出的退回去、彻底私有化的主张。唯一可能的选择是在公有制条件下构造市场经济——这就是恢复企业作为社会经济细胞组织的完全独立的地位，彻底政企分离，撤销政府对企业的一切保护和保险，通过价格改革，建立市场和竞争的环境，彻底转变政府的职能，等等。政府的每项政策、措施，都应逐步地逼近这个目标的实现。

为此，对现行的政策、措施，就须逐一审查，凡是不利于或与实现改革最终目标相悖的，就应改正，纳入清理整顿深化改革的范围。

什么是重建“个人所有制”

——五评厉以宁的改革观

复旦大学　程恩富

（1989年11月23日）

随着城乡社会主义所有制改革的深化，人们越来越重视马克思的这段名言：“从资本主义生产方式产生的资本主义占有方式，从而资本主义的私有制是对个人的、以自己劳动为基础的私有制的第一个否定。但资本主义生产由于自然过程的必然性，造成了对自身的否定。这是否定的否定。这种否定不是重新建立私有制，而是在资本主义时代成就的基础上，也就是说，在协作和对土地及靠劳动本身生产的生产资料的共同占有的基础上，重新建立个人所有制。”（《资本论》第1卷第832页）这里的重建“个人所有制”究竟是什么含义？近年学术界产生了大相径庭的观点。

据厉以宁在《经济体制改革的探索》一书中分析，社会主义股份制与重建“个人所有制”之间有漫长的过程，但这是在向“自由人联合体”相适应的新的公有制方面前进了一步。因为传统的全民所有制把生产资料归整个社会统一所有的使用，而股份制可以是国家、企业和个人多元占有生产资料，所以前者不如股份制这类新型公有制形式接近于重建“个人所有制”的设想。该书的基本理论倾向，是把“个人所有制”理解为生产资料方面的所有制问题，并以此作为推行社会主义股份制的理论依据。

既然马克思的这段名言如此重要，当前就很有必要真正搞清其理论含义和现实意义。

第一，从马、恩、列的一贯阐述来看，“个人所有制”是指消费品的个人所有制，而不是指生产资料的个人所有制。首先，马克思这段话中说的“在协作和对土地及靠劳动本身生产的生产资料共同占有的基础上”，就是指在生产资料公有制的基础上，那么，紧接着说的“重建个人所有制”，在逻辑上只能理解为是在消费品方面重建个人所有制，否则便是同义反复。其次，恩格斯在《反杜林论》中已经批判了“既是个人的又是公共的所有制”的混合物，不同意把“个人所有制”说成是生产资料社会所有制，明确指出这是以“生产资料的公有制为基础的个人所有的恢复”。恩格斯引证马克思在《资本论》另一处的表述：“这个联合体的总产品是社会的产品。这些产品的一部分重新用作生产资料。这一部分依旧是社会的。而另一部分则作为生活资料由联合体成员消费。因此，这一部分要在他们之间进行分配。”（《马恩选集》第3卷第170—171页）如果说马克思没有直接点明“个人所有制”是指消费品，那么，恩格斯在《反杜林论》中的解释就够清楚的了。为了使一般读者便于理解，恩格斯甚至在英译本中把德文版的第二个“重建”改译为“给予”或“分配”，因作为给予的对象，只能是消费品，而不是生产资料个人所有制。恩格斯还多次以相似的语言，表述推翻资本主义占有方式以后建立起来的以现代生产资料的本性为基础的产品占有方式，指出：“一方面由社会直接占有，作为维持和扩大生产的资料，另一方面由个人直接占有，作为生活和享受的资料。”

（《马恩全集》第19卷第241页）再次，列宁在《什么是“人民之友”》一文中转摘了马、恩的上述言语，并更为明确地说明：“每个懂德文的人（懂俄文也一样，米海洛夫斯基先生，因为译文完全正确）都能理解，这就是说公有制普及于土地和其他生产资料，而个体所有制则普及其余产品即消费品。”（《列宁全集》第1卷第150—151页）以往人们似乎没有注意到列宁的观点，其实，这里发掘出来的列宁的思想更加清晰，也就是说，除了生产资料以外的其余产品等于消费品，而决不包括生产资料或劳动力。

可见，马、恩、列的一贯思想都把重建“个人所有制”看成是生产资料公有制基础上重建消费品个人所有制的。

第二，马克思的名言是有现实意义的。它的重要不在于能为社会主义条件下全民企业的相对独立性和包含个人股在内的股份制提供直接的理论依据。这是因为，在马克思的主体思想中，重新建立的个人所有制只限于个人消费品；未来新社会要建立的生产资料公有制是全社会的，而不是多元的占有、支配和使用。据此，我们不能把马克思的这一论断看成是社会主义的经济模式，或用现行的政策措施（股份制、农村联产承包制等）去附会马克思论断的含义。这一名言真正的现实意义，在于要求我们在改革中必须坚持社会主义经济方向，即必须坚持公有制和按劳分配的主体地位，而不必搞全盘私有化。

提高改革开放度　逐渐消除地域间的经济不平衡

当前理论界对治理整顿深化改革的一些思考

上海社会科学院　姚锡棠

（1990 年 9 月 20 日）

最近，理论界对治理整顿、深化改革和稳定发展等问题展开了讨论，现将观点简介如下。

如何看待当前的经济形势

据国家统计局数据，今年 1—7 月，全国工业产值增长 2.2%。对这样的发展速度，一种观点认为，这是正常的，因为从去年 9、10 月始，经济发展速度下滑，到今年 3 月开始回升。而许多学者则认为当前的经济形势仍然严峻。

对于如何制止经济发展速度下滑、如何治理“滞胀”局面，一些持经济形势趋于正常观点的同志认为，如果银根放松得过快或改革的步子迈得过大，就会造成经济发展再次过热，重蹈前两年通货膨胀的覆辙。另一种观点认为，当前的危险不在于担心通货膨胀，而是经济速度大幅度下滑，市场已延续了相当长时间的疲软。具体表现为：一是经济下滑；二是市场疲软；三是待业增加；四是资金紧张；五是效益下降。认为“滞”症为主的同志认为，当前主要矛盾是市场疲软，这是问题的关键。

对治理整顿成效估计及其发展的看法

一些持经济形势正常说的同志认为，治理整顿已取得了较显著的成效，主要表现为物价下降，经济秩序开始正常。另一些同志认为，这只能说取得了一定的成效，说物价下降，但付出的代价太大；说经济正常，但这主要靠行政手段的强制，只是暂时收敛一些，市场秩序并没有从根本上好转和建立，特别是经济结构调整，因为市场疲软而处于困境。

当前，理论界普遍认为，随着治理整顿的深入和经济环境趋于宽松，应考虑出台一些重大的改革方案和措施。比如利用新近形成的某些买方市场的势头，在价格改革方面有所动作，包括“调”、“放”结合，理顺价格关系，打破地域间的市场封锁，建立统一市场，尽可能使价格双轨制并为单轨，制定市场规范，建立和健全有组织有调控的市场体系。在企业改革方面，在完善承包制基础上，规范已有的股份制试点，建立国有资产管理系统，并且考虑其他形式的改革，如租赁制。建立以间接调控为主的宏观调控体系改革现有的税收体制和金融体制，把计划与市场有机地结合起来，发挥其综合调控能力。

还有同志提出，虽然经济体制改革所需要的环境出现好转，但经济仍面临着一系列“两难”问题，如管住货币、控制需求、平抑物价与市场疲软、速度下滑的矛盾；放松银根刺激经济增长与需求过旺、物价上涨的矛盾；稳定物价与加重价格扭曲的矛盾；理顺价格与加剧物价上涨的矛盾；提高中央财政收入比重、加强宏观调控能力与挫伤地方和企业积极性的矛盾，等等。因此，要求在改革措施的选择上，在改革步骤大小、快慢上都要慎重行事，寻找相互联系的经济目标之间的最佳组合，统筹安排，协调好治理整顿、深化改革和经济发展三方面的关系。

还有同志以十年改革在我国不同地区，取得不同成绩为例，来说明加快改革步伐，加重改革分量的必要性。他们以经济发展不平衡与改革开放度的相应关系为例。十年来我国国民生产总值年增长沿海快于内地，南方快于北方，开放度大的快于开放度小的。西部地区小于10%，沿海地区高于20%，四个特区达40%左右。主要是靠改革开放步子迈得较大，商品经济、市场机制发挥了很大的作用。同样以十四个沿海开放城市为例，有人把它们分为“南方模式”和“北方模式”两种，“南方模式”以商品经济为基础，以扩大市场作用为原则；“北方模式”则一般以计划经济为基础。前者发展很快，后者相对较慢。

对改革目标模式的不同看法

改革目标是要建立以公有制为主体、多种经济成分并存的有计划的商品经济体系。但是对此的具体理解则存在三种观点：

（一）要求实行计划经济。计划与市场相结合，必须以计划为主体。当前计划经济中的一些弊端，并不是计划经济与生俱来的，而是执行中的问题，主要是没有很好地符合中国国情。

（二）经济体制改革是要寻找计划与市场相结合的适当形式。相对于高度集权的计划体制说，改革不能不是市场取向的改革。有同志总结了社会主义国家市场取向改革经历的三个阶段：①在原有体制框架内改革计划方法，主要是减少指令性计划，部分扩大企业自主权；②部分引入市场机制，行政调节和市场调节相结合；

③ 全面引入市场机制，建立和健全市场体系。认为我国已走过前两个阶段，现在应及时地进入第三阶段。关键是要坚持党的领导，坚持公有制的主体作用，建立良好的市场秩序和国家调控机制，克服市场的盲目性。

（三）计划与市场相结合是经济运行机制问题。国家通过计划来指导和调控市场，这种计划不是传统的指令性计划，而是政策性计划，包括总体规划、发展战略、中期计划等。这些政策性计划必须以产业政策为中心，以财政、金融改革为配套，进行综合性间接调控。目前经济出现的混乱和无序，不是市场本身的问题，乃是市场体系不健全，商品经济不发达，价格信号扭曲，政府缺乏强有力的经济调控手段所致。

国家计委经济研究中心郭树清表示

改革以来经济效率持续提高

社会科学报

（1991 年 10 月 17 日）

我国改革以来经济效率从总体上看是持续提高的。工业利税指标的停滞和下降是在整个国民经济效率持续提高的背景上发生的，其起落并非由于管理和技术水平的倒退，而在于分配关系的变化，其中既有合理的结构调整，也有不合理的收入转移。

国家计委经济研究中心的一位经济学家郭树清在谈论经济效益时坦率地表述了上述看法。他希望在分析经济效益时正确区分利税和效益概念，摆脱就事论事，就表面现象寻求出路对策的陷阱。

郭树清说，我们经常使用的经济效益指标是指实现利税或实现利润，但它并不能标志经济的效率水平，也不必然反映国民经济整体状况的好坏。国际上通常采用的衡量经济效率的指标是要素生产率或综合要素生产率。从我国来看，劳动生产率是持续提高的，虽然尚未统计资本生产率，但据推算，改革以来我国资本的净增长即新形成的资本净额的增长，平均来看显著低于国民生产总值的增长，因此单位国民生产总值所占用的资本数额是下降的。反之单位资本产出率是提高的。

他进一步分析认为，经济效率也可以用物质消耗水平来衡量。20世纪80年代，我国除极个别品种之外，各种主要能源原材料的投入增长速度都大大低于工业的增长速度和国民生产总值的增长速度。据统计，1979—1990年，第一产业的增加值增长88.7%，第二产业增长211.5%，第三产业增长215.9%，全部国民生产总值增长173.5%。

他说，以“物质消耗占总产值的比重”这个价值量指标来衡量实际物质消耗水平是不科学的，因为，第一，生产越向深度发展，加工层次越高，总值中包含的重复计算因素越多，因而物质投入相对于总产值的比重越高；第二，这是一个按当年价格计算的价值量指标，如果能源原材料的相对价格上升，即使投入结构不变，物耗比重也会上升。

总结一句话，郭树清认为，无论是提高企业管理和技术水平，还是理顺分配关系，根本途径仍然是大踏步推进经济体制的改革。

财政政策为主　货币政策为辅

——当前我国宏观经济政策的必然选择

路　颖

（1999 年 1 月 14 日）

1997 年我国 8.8％的经济增长中，消费需求的拉动贡献最大，为 4.9％，投资需求的贡献为 2.2％，净出口的比重则为 1.7％。1998 年消费对经济增长的贡献率难以攀升，投资与净出口的回落也对经济增长造成了极大困难，国内经济一度出现了通货紧缩、市场不景气的局面。在这种情况下，如何选择一种适合我国国情的宏观经济政策组合，对重新起动我国经济，实现 1999 年的经济继续高速有质量地增长起着举足轻重的作用。

我国自 1998 年以来已两次调低金融机构存贷款利率，并调低了法定存款准备金率，降低了中央银行对金融机构再贷款的利率。这类扩张性金融政策对于支持企业发展有着重要作用。但是，我们也应当看到：其一，利率的下调是有限度的，目前我国一年期存贷款利率已降至美元以下，向下再降已无多大空间；其二，利率降低过多会给人民币带来贬值压力；其三，伴随着市场经济体制在我国的不断完善，目前企业出现了“谨慎投资”，企业不会单纯因为利率的降低而盲目投资，因此利率的下调并不必然拉动投资需求。

在这种情况下，实施扩张性财政政策——扩大财政支出、削减税收或者增发国债，都可以直接增加社会需求，刺激个人消费和企业投资，拉动相关产业，从而保证 1999 年经济增长的目标。比如，我国出台了降低房产税，以所得税抵补部分分期支付的房款等财政政策，在一定程度上刺激了住房消费。再比如，面对亚洲金融危机导致我国出口额增幅下降的困境，如果采取本币贬值的货币政策，会增加我国进口外国商品的负担，由于我国出口商品中有一半属加工贸易，其出口量不受币值的影响，且贬值并不能解决出口商品需要升级的根本问题，因此人民币贬值不可取。而采取财政政策，提高部分出口产品的退税率，以鼓励出口企业的积极性，其效果则会更好。由于我国适时适度地采纳了这类政策，到 1998 年 7 月止，我国出口的逐年增长率仍为 3.5%，比货币均已贬值而出口总值仍同比下降的韩国、中国台湾省等形势要好得多。可见，财政政策的效果要更为直接，更有针对性。

我国当前经济增长遇到阻力不单纯是一个总量问题，更重要的是一个结构问题。一方面工业品大量积压，另一方面公共交通、农田水利设施、通信设施等基础产业产品的供给又相对不足，在利益驱动下，社会资源在产业、区域等结构方面的配置不合理现象非常严重。在这种情况之下，如果单纯实施扩张性的货币政策即使能拉动经济在总量上的增长，也难以根本改变不良经济结构这一制约经济发展的根本困境。而财政政策则可以解决数量和结构上的双重问题。增加财政支出、增发国债，投入急需发展的基础设施部门，不仅直接扩大了需求总量，也改善了基础设施，调整了生产力布局，优化了产业结构，真正起到了一举两得的作用。我国在去年下半年增发了 1 000 亿元的国债，就是出于这样的考虑。另外，我国在现阶段实施扩张性财政政策后，虽然促进了货币需求的增加，但由于我国同时采取了放松银根的扩张性货币政策，适时适度地降低了利率，扩大了货币供给，也就是说利率并未因货币需求的增加而上升。因此财政政策的实施并未对我国私人部门的投资产生明显的挤出效应。相反，由于对基础产业的投资扩大可以拉动相关产业的繁荣，我们的财政政策可以起到补充、引导私人部门投资的作用。

因此，在不同的经济条件下，二者的实施总是有主有辅、相互弥补的，货币政策在抑制通货膨胀方面的作用就优于财政政策；而在经济不景气，且经济结构急需调整时，控制性财政政策的作用会相对更好一些，但同时也要辅之以货币政策以克服“挤出效应”等缺陷，共同实现宏观经济目标。

“郎风暴”搅动中国思想界

社会科学报

（2004 年 9 月 16 日）

曾在国内股市极力推广“辩方举证”、“集体诉讼”措施以保护小股民的正当权益，并且预言了德隆的破产，被媒体称为“郎监管”的香港中文大学财务学系讲座教授、长江商学院（首席）教授郎咸平博士，近期掀起质疑当前产权改革路径的风暴。

2004 年 8 月 2 日，郎咸平在“搜狐财经”上发表了《成立海尔中建意在曲线 MBO，海尔变形？》的文章，揭批海尔集团的“曲线 MBO”，接着指责 TCL 分拆上市，8 月 9 日抛出格林柯尔系涉嫌侵吞国有资产的调查内幕，他把矛头直接指向了中国 10 万亿元国有资产存量再分配的重大难题，并且指出“中国国有企业目前存在的最大问题，不是所有者缺位，而是缺乏职业经理人的信托责任。‘所有人缺位’正在被大多数企业利用，成为侵蚀国有资产的理论武器”，“中国不能做 MBO”。8 月 28 日，被指责为“集体失语”的经济学界不再沉默，北京大学光华管理学院副院长张维迎教授在深圳发表演讲，正式作出不点名但系统的回应。此后，挺郎与倒郎两派学者、企业家在网络、媒体上“炒”了起来。

其中，国企产权改革是争论的漩涡。在对“国退民进”的声讨中，中国社会科学院工业经济研究所研究员杨斌强调“改革应该面向市场，国有企业很容易搞好，但如果加上私有化，往往就怎么搞也搞不好了”。但也有不少人认为郎咸平针对国资流失病症开错了药方，国务院发展研究中心企业研究所副所长张文魁认为“用停止产权改革的办法来防止产权改革的阴暗面，其实会使民众受到的损害更大”。与之相应，吴敬琏教授则强调“民营企业里面确实有一些是依靠权力等非正常手段，但不能一概而论，就说民营企业整体都不好”。张维迎更尖锐地指出“民营化是被逼出来的”，我们应该“善待为社会做出贡献的人”。

学术的纷争并没有止步于产权改革，而是将人们的思维引向更深层次。中国政法大学商学院教授杨帆认为“中国学术界存在‘意识形态之争’和‘话语霸权’，新自由主义学派不应封杀不同观点”。与此同时，程恩富、左大培等学者发表学术声明，对质疑流行产权理论表示支持。包括社会学家、法学家、人文学者在内的各学科学者参与的讨论会纷纷举行，议题涉及反腐、完善法制、效率与公平、新自由主义批判、如何进行学术讨论等更广域的空间。与以往经济问题的讨论不同，此次争论受到了民众前所未有的关注。全国各大媒体连续以大量篇幅追踪报道，新浪、搜狐等网站设立民意调查，其中认为郎咸平是有良知的经济学家、说得对的人约占90%。因而有学者评论，这场争议已从对具体企业家的针砭演进到考量当前国企改制存在的问题，进而发展到主流与非主流经济学之争，是由“个案”及“问题”再到“主义”了。

也有学者指责“郎咸平现象”纯系媒体炒作。其实，媒体的报道在于通过现象引起人们的关注与思考，媒体当仁不让应当是不同声音的传声筒。不管郎咸平炮轰国企“私有化”是否有想出名的私利，是否出于“仇富”，但他所指出的国企改制过程中国有资产流失及其所带来的一系列社会连锁反应，不仅不容忽视，而且要全力应对。

“郎咸平现象”的意义已经越出经济学界，是对中国学术界和思想界的一次拷问：学术与媒体如何互动，思想与现实如何沟通？而在其背后，是对已经比较沉闷的交流和对话风气的强烈冲击！在教育界、法学界及社会学界等是否应该有更多的郎咸平站出来，对许多问题进行必要的反省？至于观点孰是孰非，最终总有个结果，可喜的是，我们的学术和思想能够在一个对话的平台上进行讨论，这是中国发展所需要的。

郎咸平引起的这场讨论让我们听到了各种不同的声音，让思想的自由表达不再萎缩。而我们的关注在于激活思想界，通过这个平等的对话平台，让真理在诸多学者的争论中浮出水面！

* * * *

张维迎先生针对郎咸平的种种言论，于《经济观察报》第175期发表了《善待为社会做出贡献的人》，清华大学伟伦特聘教授侯若石针对其文一一质疑。

侯若石（清华大学）：

“善待”，更要承担责任

张维迎讲话的基本观点是正确的。他说：“当我们谈到学者的社会责任时，是说你应该怎样通过你的研究成果来推动社会进步。”“学者的社会责任还包括，你名气越大，社会影响力越大，说话就越要严谨、慎重。”那么，他是否兑现了自己的话呢？

鼓吹私有制，不是社会主义国家学者的社会责任

张维迎在回顾中国国有企业改革的道路时，是这样说的："两种比较重要的思路，一种是资产经营责任制，第二种思路就是国有股份制。我当时曾对这两种思路提出批评。"

张维迎为什么反对国有企业实行股份制？他说："我们意识到，如果所有制不发生一个根本的变化，我们改革的目的就达不到。为什么现在要讲国退民进？因为检验一个企业所有制的标准，就是在竞争中有没有生存能力，这是一个基本的方法。""只有通过所有制的改革，让那些私人股东、私人的所有者来做经理人，他们才会有积极性。"他已经说得十分清楚：国有企业股份制是不行的，只有通过所有制的改革，搞国有企业民营化。

但是，《中华人民共和国宪法》却不是这样说的：

"第六条　中华人民共和国的社会主义经济制度的基础是生产资料的社会主义公有制，即全民所有制和劳动群众集体所有制。

"国家在社会主义初级阶段，坚持公有制为主体、多种所有制经济共同发展的基本经济制度。

"第七条　国有经济，即社会主义全民所有制经济，是国民经济中的主导力量。国家保障国有经济的巩固和发展。"

个体经济、私营经济等非公有制经济对社会主义建设的贡献是不可抹杀的。但是，如果把社会主义经济制度的基础和国民经济中的主导力量都民营化了，中国还是社会主义国家吗？

既然学者的第一责任是推动社会进步，中国学者就应该推动社会主义社会的进步。

负责任的学者，不能靠拍脑袋说话

张维迎拍脑袋说话主要体现在两个方面。首先，基本立场相互

矛盾。在深圳的讲话中，张维迎已经直截了当地承认，他反对国有企业股份制。但是，在三年前的讲话中，张维迎主张公司治理要采取以股东为主导的模式。他说："从各国实践和理论研究情况看，现在比较趋向于公司治理的'标准模式'，即以股东为主导，经理对股东负责，股东对经理进行控制，企业以股东价值最大化为目标。"如果按照他的说法，既然国有企业不能实行股份制，也就无法实行以股东为主导的模式。

其次，凭自己的想象描述企业社会责任。他说："企业家首先要干好自己的事，但是你对社会做的事，并不一定对自己有价值，比如说对社会的捐赠等。""举一个简单的例子，假如李东生将企业清盘卖了，可能自己拿到一两个亿，都捐给社会了，请问李东生是继续经营 TCL 对社会贡献大，还是将企业卖了对社会贡献大呢，我相信是前者。"在张维迎看来，企业的社会责任只是企业家对社会的捐赠。然而，施舍与企业社会责任风马牛不相及。西方经济学家和国际机构提出的企业的社会责任不包括社会捐赠。

在任何国家，企业都是经济发展和社会福利的创造者。公司治理可以被理解为服务于社会的公司行为标准，并确保公司执行这些标准。因此，公司治理机制有两个不可缺少和不可分离的目标：扩大企业的业绩；确保企业和投资者与社会利益的一致性。自 20 世纪 80 年代以来，在全球范围兴起了一场要求企业，特别是跨国公司在谋求经济利益最大化的同时，承担起社会责任的运动。连《财富》和《福布斯》等商业杂志在给企业排名时也加上了社会责任标准。因此，张维迎关于企业的社会责任的描述是不正确的。

社会主义国家的学者不能与大众对立

张维迎说："在这个网络时代，学者能独立于大众舆论才是最不容易的事。对一个真正的学者来讲，最难做到的不是你骂政府、骂企业家，而是你敢不敢站在大众舆论的对立面，坚持自己的观点。”

《中华人民共和国宪法》规定：人民依照法律规定，通过各种途径和形式，管理国家事务，管理经济和文化事业，管理社会事务。大众在网上发表自己的看法是宪法赋予的权力。《人民日报》和新华社的网站都设有供大众表达意见的地方。目前网民反对私有化的言论绝大多数是善意的。张维迎却在讲话中把一位民营企业家的死怪罪于大众舆论，要中国的学者站在大众舆论的对立面。

中国民营企业家的积极作用不可否定；广大人民的利益也必须维护！

房　宁（中国社会科学院）：

谁该倾听郎咸平

谁该倾听郎先生的意见呢？我以为至少应有两位重要听众不该缺席。

一是党政领导。近来党中央十分强调加强执政能力建设，搞好国有经济，实现国有资产的保值增值，是各级党政领导执政能力最基本也是最重要的表现。

二是企业家。现在有不少企业家对郎教授心存忌恨，认为郎教授成心捣乱，坏人好事。其实，大可不必如此。请看看俄罗斯的首富霍多尔科夫斯基和他的尤科斯公司吧！俄罗斯的新富豪阶级，在短短10年内集中了俄罗斯大部分财产，其中七大家族在黄金时期控制了俄50%的财富。但是，俄罗斯人民、俄罗斯社会并不认同新富豪阶级的致富的正当性。结果，俄罗斯的七大寡头而今安在！

特别应当指出，俄罗斯的教训的重要启示是：在社会转型时期，在经济转轨之际，在产权改革当中，对应得财产的认同不仅取决于当事人，也还必须考虑社会接受和认同的程度。霍多尔科夫斯基当然认为他的财产都是合法所得，但当大多数人民的看法与之相反时，他便无奈地坐进了班房里。郎教授的眼光和言辞也许是犀利了一些，但切莫把郎教授仅仅看做一介狂生，他的看法的背后是社会的情绪。社会情绪在化为行动前，一般是看不见、摸不到的。它只能通过少数敏锐的头脑进行透视。所以，郎咸平的观点不应被忽视。

（摘自“博客中国”）

继郎咸平教授发表演讲指责格林柯尔、海尔曲线 MBO、TCL 分拆上市之后，围绕如何评价国企改革，如何评判民营化进程中出现的问题，学术界展开了激烈争论，目前这些争论已不再仅仅停留于经济学界与企业界。

汪康懋（华东政法大学商学院名誉院长）：

不要再给民营企业家增加精神压力

近期郎咸平高调把矛头对准张瑞敏、李东生等优秀民营企业家，断定他们侵吞国有资产。作为国家 20 年海外智囊，有国际权威刊物发表并且具备郎咸平所欠缺的十多年商界经验的国际学者，我已做了我国 1 300 家上市企业连续三年大样本实证研究，感到有社会责任反驳郎咸平的观点，以正视听。

地方国企改制重在安置职工

地方国企改制的重点是如何安置职工，江浙地区一般买断工龄的成本在每人5万元至8万元，如有3千人，这笔费用为1.5亿元至2.4亿元，但国企老旧资产加土地却远低于这个数。所以此时政府要找“能人”来卸掉包袱，企业家的任务是如何用有限的资源解决庞大的员工安置费，否则员工会上访闹事。这是当前许多效益低下地方国企面临的难题。在郎咸平的这一套下，将没有企业家愿挑起这副担子。所以郎咸平表面打着为政府的冠冕堂皇的旗号，实际对亿万国企员工的生计落井下石，并给各级地方政府增添沉重包袱。郎咸平提的国企总裁高薪加期权的待遇是不现实的：第一，国企不是上市公司，第二，目前我们经济能力无法实现那种高薪。

郎咸平随意披露负面消息违反证券法

郎咸平攻击顾雏军收购中有作弊。顾雏军是一个知识分子企业家，靠专利做大企业，在中国，知识分子企业家总体诚信度较好。据扬州的同志告诉我，亚星客车确为经营不善企业，才进行改制，邀请扬州人顾雏军入股改制。这里的关键是：任何企业收购，中国都是用净资产定价，由评估师出定价报告，并需完成法律手续。

严重的是：郎咸平在披露此事过程中已违反证券法，因为外部分析师如有重大负面消息发布，必须通知监管部门，审查核实后，需将该股停牌，才可在收市后发布。郎咸平未报监管部门，这样随意高调宣布，造成科龙等几只股票大跌，使中小股民利益受到侵犯，他这样做违反证券法。

郎咸平对我国经济生活可能造成的影响

郎咸平对我国经济生活造成的负面后果有：他在国际上描黑我国金融机构，把我们说成印尼那么黑暗腐败，交行、中行上市在即，其后果是加深国外投资者对我们的疑虑；打垮我国最有名的一批优秀民企，改革以来几经淘汰，硕果仅存，只有二十来个著名民企，全部上了郎咸平的黑名单，非要将这些优秀企业家打倒，这样外资、台资吞并民企的速度可加快；将大市打垮，这次郎咸平发难与股市下跌相当巧合，他专打上市公司，虽中央已出台几项利好消息，仍无法阻挡跌势；他挑起民间仇富心理，连带挑起民间否定民营企业家和20年改革成果；按他的方案，将没有企业家愿挑起遣散费这副担子。所以郎咸平表面打着为政府的冠冕堂皇的旗号，实际对亿万国企员工的生计落井下石，并给各级地方政府增添沉重包袱；在郎咸平的高压之下，很多民企老板获得负面信息，加速资金外流。

最后我想说明一点，国家的一系列财经政策，如稳定汇率（不让人民币升值），海外上市，大规模发行外债，出售土地使用权，保值储蓄，基本面投资，降税，住宅商品化，建立股市，A、B股分设，证监、银监、国资委的成立，从20世纪80年代到现在，我都曾一一提出过建议，这就是一个金融学者的学术良心和民族良心。请不要以为全中国只有郎咸平一个人懂。民营企业家很辛苦，请不要再给他们精神压力了。

左大培（中国社会科学院）：

有所有权才有经营动力吗？

记者（默然）： 郎咸平先生认为“所有者缺位”为国有企业的老总成为企业所有者提供了舆论的支持，他打了个比喻：如果国企老总变成了股东，就好像家里很脏，请了个保姆来打扫，结果保姆反过来变成了主人一样的荒谬。左老师您怎么看待“所有者缺位”问题？

左大培： 我完全认同郎咸平先生的观点。郎先生慎言政治，我可以把这个问题放到政治上，比如，美国是美国人民的“国家”这个意义上公有，那他们的国家主人缺不缺位？让美国全民来掌握国家政权这可能吗？美国人民在政府职能有行为能力吗？张维迎先生的观点说到最后很简单，我可以用逻辑概括：一个人把企业做好了，就应该把企业交给他，作为对他的奖励，不管是通过购买还是其他方式，最后都让他成为所有者。我们把这一逻辑放到政府上，即一个人把政府管理好，那就应该把这个政府给他，否则这个政府就是主人缺位，因为，一个民主国家，一个共和国，他的主人论理是全国人民，全国人民怎么管理政府，全国人民怎么可能有行为能力呢？这是现代不管是政治、经济上都存在的问题，即现代社会本质上是一个代理人的社会。再深入一步，如果一个老总把国有企业做好了，然后把这个国有企业交给他，他成为所有者，那么这个所有权可以不可以继承？按照任何国家的所有权法都是应该可以继承的。这个逻辑根本就不通，我们只能是找一个好的办法代理解决。

记者：张维迎先生认为我们目前所谓的国有资产所有者缺位，不是讲没有法律上的所有者，而是指所有者没有行为能力，并且，他认为如果国有企业存在国有资产流失恰恰说明了国有企业“所有者缺位”问题。

左大培：张维迎先生的很多观点是不对的，他的前提就是要把国有资产卖掉。但是谁同意把国有资产卖掉呢？卖掉就能经营好吗？东北我知道大量的事实，所谓“一元钱卖国企”即送掉，但送掉后的国有企业没有大的改善。因此，我们根本就不能用这种奖励方式。西方现代公司如果经理经营得好，都是通过高薪，同时为了让他有长期行为，会给他一点股票期权，但这个股票期权在正常的大公司中的百分比都是微乎其微的，甚至都没有万分之一。我们完全可以仿照他们，干得不好的总经理撤掉，搞得不好的企业关闭，为什么要卖掉呢？美国确实有些搞得不好的大企业实行重组，往往有很多就是让工人持股。比如很有名的航空公司，就是通过让工人持股的方式，债权变股权，如此往往经营得不错。但为什么国有企业改革不提这些而只是提倡奖励老总呢？

在我看来出卖国有企业只能是非常零星的，而且是通过股票上市的方式，西方很多国有企业都如此。而我们国家某些人恰恰反对，他们主张按照净资产卖，这根本不是按照市场经济原则，市场经济原则就是股票市场能卖多少钱就卖多少钱。我们天天讲市场，为什么不按照市场价格（我不认为市场灵）而要讲这政策那政策呢？为什么还要绞尽脑汁研究按照什么价格呢？很明显他们就是玩了一个手法：把这些企业给那几个企业家，至于为什么他们对那几个企业家有那么多的感情我也不清楚。按照张维迎所谓的“善待为社会做出贡献的人”实际上就是善待企业家，我们可以通过高薪、股票期权的方式鼓励，再多的善待就是篡权夺位，盗窃所有人财产。

记者：郎咸平先生认为国有企业不存在职业信托责任是最大的问题，而张维迎先生认为由于产权制度和所有权制度的问题，中国形不成经理人市场，您怎么看待这一问题？

左大培：你所提到的职业经理人的信托责任即我给你高薪，但你必须经营好，否则解雇。这就是我前边所讲的美国企业的经营方式，只不过郎先生用学术的语言而我则是用大白话。但我们最大的问题是谁一旦做上厂长，不管怎么亏损都不解雇，并且最好还把企业送给他，所谓的有了所有权才有动力经营好，如同郎先生“保姆变主人”的比喻。

其实谁也不能完全保证自己任用的每一个人都是人才，只要一旦发现干不好就马上撤下来，这样问题就不会像现在这么严重，我们关键是干不好也不撤，或者不根据业绩来操作，我所设计的制度的核心，即过去在国企做得好的人应该比较有眼光，我们国家应该有法律有规定，让他们来做国资委的主任。因为业绩是可以查的，他们所谓的那些托辞，我们完全可以设计制度来解决。而他们总是回避设计制度，只是主张私有化。这里可能存在利益问题。人民的意志是不起作用的，在网上我们会看到人民的愤怒有多大，实际上起作用的是圈里人，他们相互依靠，共同盗窃瓜分国家财产。关于改制方面， 我至少讲了七八年，但大家都听不到，因为开会他们从来不提我的观点，也不谈这个问题。郎咸平先生最大的功劳是把这个封锁打破了。

记者：郎咸平先生认为中国不能做 MBO，因为中国上市公司国有股不是全流通的，真正意义上的 MBO 应该是溢价收购在外的股份，而我们则是收购不能流通的国有股，而且还自己制定价格，如此，MBO 就是一个掠夺国有资产的最好方法。

左大培：至于 MBO 问题，我和杨帆准备写信致人大常委会，要求立即制止国有企业管理层收购，至少暂停。不仅 MBO，MBO 只是上市公司，我们是非上市公司都在内。因为 MBO 简单说在私营企业中基本是不做的。我最近发现美国企业搞兼并不过是 10%，英国企业兼并率有 20%是 MBO，其实很简单，经营好的企业，哪个企业所有者会同意卖给你？经营不好的企业，是该关闭的，经营者自己也不会买，所以几乎没有什么 MBO。我的文章《以法律规范公有企业产权出售》提出，原则上一定不能将公有企业尤其是亏损企业卖给原来的经营者，只有这样才有刺激的动力。因为亏损的企业如果卖给经营者，那他一定是先把它做亏损，然后买去。郎咸平先生所说的顾雏军等人就属这种情况。

* * * *

学者如是说

张维迎：要善待为社会做出贡献的人，民营化是被逼出来的。国有企业改革的过程，就是一个社会财富不断增加的过程。认为“只要有人赚钱，就一定有人吃亏”的观点，是极具误导性的。（《经济观察报》）

杨帆：公共财产、公共利益、公共安全涉及全国人民的利益和社会稳定，不是为了效率说分就分，即使有些企业该分，也不能开这个口，要防止按照权力体系进行全面瓜分。

吴敬琏：民营企业里面确实有一些是依靠权力等非正常手段的，这种情况的确发生了，而且不是一个两个，但是也不能一概而论，就说民营企业整体都不好。而且郎咸平教授的一个背景思想是国有企业挺好的，这个我不赞成。

（《21世纪经济报道》）

毛寿龙：郎咸平的判断中，有些是正确的，但从个别判断一下走到全称判断，对民营资本进行全面清算，停止国有企业的产权变革，并不是好判断，也不是好政策。对民营企业家违法行为的“清算”，应该是司法过程的清算。（新浪财经）

许小年：我看过郎咸平教授的一些研究，他有一个观点就是在东方之所以家族企业比较多，就是因为东方的法制不健全、信息披露不充分、中介机构不发达，依靠美国式的法律体系来制约管理层的办法在东方可能不是很现实。另外东方大量出现了大股东，以家庭企业的形式出现了，这些就是争论的学术背景。（《21世纪经济报道》）

杨斌： 改革应该面向市场，但如果加上私有化，往往就怎么搞也搞不好了。国有企业很容易搞好，比如匈牙利，在没有搞私有化之前引进了市场，之后，人均好多消费品的量超过西方发达国家，而且农业生产是搞合作社，农业生产率远远超过欧洲。

仲大军： 中国要避免权贵私有化和非民主私有化的道路，要在国企产权过程中平衡好广大职工与经营者之间的利益，并且要防止出现俄罗斯那种工业和金融寡头尾大不掉的现象。

郎咸平如是说

▷政府行为应该退出市场，但是这并不意味着国有资产就应该退出市场。国有资本的管理者是职业经理人，国家可以高薪聘请他们，但是绝对不意味着他们将企业做大之后就可以将企业据为己有。

▷中国国有企业目前存在的最大问题，不是所有者缺位，而是缺乏职业经理人的信托责任。大部分国企老总没有信托责任，“所有人缺位”正在被大多数企业利用成为侵蚀国有资产的理论武器。

▷中国不能做MBO，因为中国上市公司的国有股不是全流通的。真正意义上的MBO应该是溢价收购在外的股份。现在我们变成收购不能流通的国有股，成了MBI(Management Buy In)了，而且还自己制订价格。

▷在今天中国竞争如此激烈之下，要做大就可能造成成本失控。企业应该不要乱投资，而应静下心来考虑精益求精。中国未来第二代企业家应是懂得控制成本的一步步经营的企业家。我只看到做强才能做大。

▷中国股市之所以问题频出，最根本的原因是“缺乏信托责任”。由于种种人为及制度原因，上市公司及其经营者，现在已经无法赢得股民的信任，因此才表现出股民对市场的信心丧失。

“广东油荒”与价格机制

周其仁

（2005 年 10 月 20 日）

全球油价飙升，中国广东一带却大闹“油荒”。这两个现象，加得起来吗？加不起来。油价飙升，多少应该抑制油的消费，一般不会刺激人们排队购油。但从现场画面看，购油者不是囤积行为——把加油站围得水泄不通的是卡车、的士、摩托车和私家房车，人们加油分明为了马上就要用。

有发言人说，没什么“油荒”，只不过因为台风影响，广东供油出现暂时困难。安抚人心的处理是对的，否则可能火上浇油。“油荒”为什么偏偏眷顾广东？当地油品生产能力不足，台风阻止油轮运油，都是理由。但我们还要问：那突然之间供不应求的“求”，究竟是怎样形成的？是因为广东经济发达，要消费更多的燃油吗？放眼全球，比广东经济更发达的地方还是有的，可是并没有“油荒”。

今天，中国的问题是计划决定的油价严重偏低。“油荒”闹得最凶的那几天，广州、深圳每立升汽油的标价不到 4 元人民币。正是这个价格，引发了严重而普遍的排队、限量和轮购。

规律是这样的：低于市场供求平衡的油价，一定引发排队；但油价脱离市价必须达到一定程度，排队或限购才变得普遍而严重。2003年秋，笔者在美国的耶鲁大学访问，看到每周四有一个加油站必排队。原来该站为了促销，决定每逢周四汽油降价6美分。有排队现象，但既不严重也不普遍——其他油站没有跟进，而该油站的排队一旦过长，驾车人购油的时间成本超过降价的收益，就转他家而去。那样的油价，我们不能说严重偏低。

广深一带的情况完全不同。据报道，加油站差不多关闭了一半；剩下的一半，排队的“盛况”为多少年来所仅见；就是排到了位，购油还要限量。报载一位出租车司机投诉，他要排三次长队才能加满自己的油箱。这无疑是严重偏低的油价了。

可见，说广东经济可观，并不足以解释“油荒”。还要加上油价严重偏低，才能理解油荒的由来。进一步讲，凡“荒”都是量的不足，其根源是价格严重偏低。量大增而价不变，竞争的准则就不能不变。原来大家比赛出价，现在比谁更有时间排队，谁有门路。

偏低的油价不但刺激本地需求，而且吸引需求转移——把邻近的高油价区的需求吸引到本地来。以香港为例，那里每立升同样品质的汽油，差不多要高出广东10港元。对于在深港两地跑运输的香港司机来说，每立升10港元的差价绝对影响他们在哪里加油的选择。这说明，“油荒”发生在广东，但有一部分需求却是被偏低的油价“拉”进来的。

媒体报道“油荒”时，笔者正在印度南方四个城市访问，都是经济比较发达的地方，包括今日闻名于世的软件之都班加罗尔。满街的机动车辆（虽然车的档次远逊于国内），而印度自己几乎不产油。可在印度就是看不到任何油荒的迹象。关键当然是油价。这个人均GDP比中国低不少的国家，每立升汽油标价46卢比——合9

块多人民币，比中国的贵1倍以上！

印度的车辆当然不可能翻过喜马拉雅山来加油。但是，如果中印两国的进口商在国际市场上竞购汽油，供应方愿意把油卖给谁呢？这是说，严重偏低的油价对供应商有“为渊驱鱼”之效，它把油品“哄”到出价高的地方去了。

这些供应商当中也包括中国的石油公司。根据一项记录，上半年中国的成品油出口比去年同期增加了50%。更有研究报告称，把各种形式的都算上，内地成品油出口增加了1倍多。精细的数据可能出错，但逻辑却是对的：严重的低油价把本国生产的油也哄出去了。

以上讲到四种效果——刺激增加本地消费，吸引外地需求进入，排斥外地与本地的供给——都是油价严重偏低的后果。今天的计划主体，至多还可以部分控制本土(国有的)油品供给，但完全不能控制本地的市场需求，更不能控制境外的需求和供给。在这种环境里，控制中国油价，结局就是上述四种效果一起发作。这就是漠视价格机制的代价。

台风过去了，油轮也可以完成紧急运油任务。怕就怕，国际油价继续飙升，国内油价就是调高之后仍严重偏低，那样的话，“油荒”还可能扩大，并增加对整体经济的危害。

GDP的美好与幻象

国家经贸委产业政策司　赵　晓

（2003年10月30日）

最近一段时期以来，特别是在遭到SARS突袭后，人们开始对中国人的“GDP情结”进行反思，许多不敬的词汇像墨水一样泼向GDP。人们不禁要问：GDP到底怎么啦？GDP有何功过？我们究竟该如何看待GDP呢？

我们不应该否认GDP是美好的。如果考察GDP与人类繁荣之间的关系，可以看到，公元1000—1800年8个世纪之间全人类只有微不足道的GDP增长率，与此相伴随的则是人类福利的低下、财富的低下、人均寿命的低下以及就业机会的低下。只是到了1800年左右，GDP增长的曲线才以大约45度角陡然上升。

作为一个大国，中国曾长时间地被排除于现代经济增长之外。1900年，中国GDP为2 606亿美元（为1990年盖·凯美元，以下同），1950年为3 355亿美元。也就是说，经历了半个世纪的风风雨雨，中国进步甚小—— GDP总共才增长28%，年均增长接近于零。人均GDP增长的情况更糟：1900年人均GDP为652美元，到了1950年反倒下降为393美元。也就是说，如果只用人均GDP

来计算，1950 年的中国人反而不如 1900 年的中国人生活得好，其生活水准绝对下降约 40%。

如果要问 20 世纪中国最伟大的人是谁，我会投邓小平一票。是他带来了中国 20 世纪最光辉的增长，使得中国的大多数老百姓(而不是部分权贵)第一次有了选择的自由，开始过上真正称得上是有尊严和富庶的生活，并带来中国 GDP 增长的奇迹。

20 世纪最后 20 余年，中国的经济增长之光更为炫目。1978—1997 年，中国 GDP 年均增长率为 9.8%，大大高于发达国家 2.3% 和发展中国家 4.4%的平均水平，其结果是中国 10 多亿人口的收入提高了 4 倍多。“中国只用了一代人的时间，取得了其他国家用了几个世纪才能取得的成就。”（世界银行，1999)这一成就不仅是中国人的骄傲，也是全世界的骄傲，因为“在人类历史上，还从来没有如此多的人，在物质生活方面经历如此快的改善”。（克鲁格曼，1999)

当 GDP 不增长而是停滞，甚至增长的速度慢了，许多问题就会出现。美国历史上大约有 1/5 的时间处于 GDP 增长的紧缩状态，人们惊呼“经济衰退”出现了。在这样的衰退中，美国失业率上升，美国人的经济福利也因此受到影响。中国在亚洲金融危机后，增长速度下滑，就业机会减少，银行不良资产上升，许多改革也因为缺乏宽松的空间不能推出。

所以，GDP 是美好的，决不要忽视了 GDP 带给我们的福利和进步，政府和民间也永远不要蔑视 GDP 的增长。

但是，GDP 有时候仅仅是幻象，它并不能提供福利状况的全部真实信息。比如，它没有把环境的恶化考虑在内。据环境问题专家估算，如果把环境的恶化考虑在内，中国的 GDP 的实际增长要减少 2—3 个百分点。GDP 也没有把交通拥挤考虑在内。可以肯定的是，如果把北京市严重的交通堵塞考虑在内，北京人的人均福利的增长要远低于人均 GDP 的增长。GDP 也没有考虑原来的家务劳动现在变成了社会劳动，但有时这并没有给人们的福利带来实际上的提高，甚至有可能使得“双职工”家庭的福利状况下降。

GDP 也不能衡量国家的全部财富，例如土地、股票、房屋等，这在某些时候甚至有可能导致非常悖谬的现象。比如，GDP 上升，国家的总财富反而下降。例如，1998 年的特大洪水严重破坏了中国南部地区的堤坝、房屋和道路，但是被摧毁的房屋和公路并不会使 GDP 下降，因为它根本就不计入 GDP，相反，由于重建这一地区的大量投资，GDP 反而上升。因此，这一年，尽管国家总财富已经由于自然灾害而下降了，但对于 GDP 的上升来说洪水甚至还能帮忙。这就是所谓的“破窗效应”！可惜的是，有人不了解财富与 GDP 的差别，居然对洪水大唱赞歌。

另外，GDP 无法反映社会指标。例如，它不能告诉我们国家的总收入是如何在劳动者之间进行分配的。高收入阶层可能得到了国民收入的大部分，而普通民众的状况缺乏足够的改善。经济上去了，但社会保障却没有上去，公共产品与服务的提供一团糟。因此，只有遭遇 SARS 的突袭，我们才发现过去是 GDP 一俊遮百丑了，而实际的情况是，经济增长快，社会发展慢，城市增长快，农村发展慢，是典型的一条腿长，一条腿短。

所以，更好的办法是在 GDP 之外，增加其他的考核指标，以更好地对民众的福利状况进行衡量与考察，也对官员的政绩进行更加合理全面、综合的考察。GDP 是衡量生活水平全面提高的一个很好的指标，但只有附加更加全面的指标，我们才有可能对自身的状况有全面认识，才能实现更高的追求。

让我们套用一句话来概括 GDP 的美好与幻象：GDP 不是万能的，但没有 GDP 是万万不能的。

宏观调控：适时、适度、适可而止

中国经济体制改革研究会　杨启先

（2007 年 5 月 24 日）

杨启先，前国家经济体制改革委员会综合规划局局长、国务院经济改革方案研究办公室副主任。从 1952 年开始，在当时中国最有权力的部门——国家计划委员会工作整整二十年；改革开放后曾在国家有关部门任重要职务；不仅亲身经历五次宏观调控，还曾参与部分政策的制定。

新中国建立以来的曲折过程

新中国建立以来，我国经济发展与宏观调控的历史，除全国解放初的三年恢复时期以外，大致可以分为两个阶段：

第一阶段，从 1953 年进入第一个五年计划开展大规模经济建设开始，到改革开放以前的 1978 年。因为我们实行的是计划经济体制，因此，只要上面有一个什么号召，或者有一股什么“风”，经济就必然会出现过热或膨胀，具体表现一般是投资增长过快和物价上升过高。随之只好进行控制和调整，导致经济波动的频率很高。例如，1953 年因宣布开始实行第一个五年计划，下半年就出现了明显的经济过热，不得已，1954 年只好进行调控，到 1955 年基本平衡了。但进入 1956 年，因为全国社会主义改造胜利完成，下半年经济发展又出现了明显的“冒进”。于是，1957 年只好开展所谓的“反冒进”。但到 1958 年又反其道而行之，不仅批判“反冒进”是错误的，而且提出了经济建设要“大跃进”，整个经济建设一下子出现了空前的过热。1959 年本来应当进行调控，但因为在庐山会议上错误地批判了彭德怀同志，结果导致社会生产力的大破坏，全国人民的吃饭都成了问题。不得已，60 年代初只好进行长达四五年的调整，到 1965 年经济才基本恢复到 1960 年的水平。1970 年，因为庆祝“全国山河一片红”，即各省、市、区革命委员会全部成立，开展经济建设的“新跃进”，很快又导致了过热。1972 年以后，再一次进行调控。

也就是说，在短短的二十多年时间内，不包括“文化大革命”导致的经济混乱，我国的经济过热与宏观调控就发生了四五次，即少则两三年，多则四五年就必然要进行一次；调控的方法也没有什么变化，主要都是靠指令性计划与行政命令。其结果也只能是一次又一次地循环往复，经济过热—宏观调控—再次过热—再次调控。

第二阶段，从 1979 年到现在。因为我们实行了改革开放，经济体制逐步从传统的计划经济转变为社会主义市场经济。在经济的宏观调控中不但引入了市场机制，有意识地发挥“看不见的手”的作用，而且调控的方法和手段也实现了多样化，即经济的、行政的、法律的等，根据不同情况与不同需要，单项地、综合地灵活运用。其结果，不仅使宏观调控的周期延长了（大约 5—10 年才进行一次），使经济增长的稳定性大大提高了，而且调控所取得的成就一次比一次大，效果一次比一次好。

改革开放以来的成就与经验

改革开放以来，我们经历过的宏观经济调控主要有三次：

第一次，1988 年末。这是我国改革开放以后所进行的比较重要的一次宏观经济调控。起因是：从 1979 年到 1988 年，由于实行改革开放，长期被压抑的潜在生产力获得了解放，我国经济实现了差不多连续十年的快速增长，但经济中积累的不协调、不平衡因素也越来越多。加上 1988 年初，在大量商品仍然供不应求、通货膨胀率客观上还比较高的条件下，就过早地作出决定，要进行全面的价格改革“攻关”：极少数重要商品的价格继续由国家宏观控制，并进行适时适度的调整；绝大多数商品价格完全开放，由市场调节。接着又放开了高价烟、酒的价格，市场销售价一举提高了好几倍甚至上十倍，社会商品零售物价指数也上升到了两位数，而银行一年期的储蓄存款利率还只有 7.2%，商品价格指数与银行利率明显倒挂，很快就出现了全国性的商品抢购现象。不得已，只好于第四季度紧急作出“治理经济环境、整顿经济秩序”的决定，坚决进行宏观调控，全面压缩需求，控制物价。

由于这次经济失控的范围宽、来势猛、影响大，调控的步伐也就比较急，采取的措施与力度也比较大。可以说基本上是用行政命令的办法进行“急刹车”。仅仅经过不到一年时间，经济就重新达到了基本平衡，通货膨胀率也下降到了 5%以内，成效十分明显。

但仔细分析，这次宏观调控，在取得很大成绩的同时，也有着某些不足。一是，由于调控的步子过急，力度过大，不仅把经济过热和高通货膨胀很快压下来了，也导致经济增长速度的过多下滑，即从 1987 年和 1988 年的 11%以上，下滑到 1989 年和 1990 年的

4.1％和3.8％。二是，由于经济增长速度下降和基本建设项目下马过多，导致劳动就业人数大大减少。三是，由于对需求压缩过度，导致1990年的固定资产投资与居民消费基金，按可比价格计算，还不及1988年的水平，市场商品普遍从供不应求变成了供大于求。为了保证企业能够继续开工生产，又不适当地采取了一种所谓发挥“物资、商业部门蓄水池作用”，即由物资、商业部门无条件收购存起来备用的办法，不可避免地导致了大量商品库存积压与资金严重浪费的现象。因此，现在一般将这次宏观调控形容为“硬着陆”，虽然没有“机毁人亡”，但机体已受到了某些不可避免的损伤。

第二次，1993年下半年。起因是1992年邓小平同志在南方讲话中，明确了我国经济改革的目标是要建立社会主义市场经济体制和必须坚持“发展才是硬道理”的重要指示，各方面加快经济建设的积极性空前高涨，到1993年上半年又出现了明显的过热，固定资产投资同比上升近一倍，通货膨胀率又超过了两位数。不得已，从1993年下半年开始进行调整。这次调整主要是运用信贷、税收等经济办法，将经济过热的局面缓缓扭转过来。重点虽然还是控制基建投资，但主要不是直接压缩投资和具体项目，而是严格控制银行信贷规模和开征高额的投资方向调节税。在此前提下，具体压什么、压多少，主要由各部门、地方自行决策，以达到既压缩建设规模又提高建设效果的双重目的。仅仅经过了两年时间，经济基本上又恢复了平衡，而且经济增长速度没有大幅度下滑。因此，将其形容为“软着陆”，评价明显比第一次要高。

但回头分析，也有不足。最主要的是，调控的时间拖长了一些。因为从当时经济的总体形势看，到1995年下半年，调控已经基本到位了。从1996年开始，理应适当调整宏观经济政策，适度放松、增加一些基本建设投资，以扩大就业和适当增加居民消费需求。但我们没有作这样的调整，而是继续从紧。到1997年下半年，市场销售不畅进一步加剧，开始从过去的通货膨胀变成了通货紧缩，物价指数绝对下降。虽然从1998年起，每年增发1 000多亿元建设性国债，扩大固定资产投资，但仍然没有解决通货紧缩问题，一直到2003年，物价指数才从绝对下降转为基本持平。这导致90年代末，企业特别是国有企业经济效益大幅度下降，利润普遍减少，相当一部分甚至变成了亏损。

第三次，2003年下半年。起因是：随着新世纪的到来与第十个五年计划的实施，各方面都希望加快工业化、城市化、现代化的发展步伐；加上成功地加入了WTO，经济对外开放的广度和深度进一步扩大，各地方、各部门发展经济的热情迅速高涨，经济形势很快又出现了过热现象。突出表现为：固定资产投资增速大幅上升，特别是一些同工业化、城市化、现代化联系紧密的领域，如钢铁、水泥和电解铝等，投资更是成倍增长，导致投资品普遍供不应求，出厂价格不断上涨。从2003年下半年起进行宏观调控。这次动手比较早，仅仅在出现了局部过热、还没有形成全面过热的情况下就开始了；力度比较适中，即使对重点调控领域，也没有采取"一刀切"、"急刹车"的办法一律加以控制，而是有保有压，区别不同情况加以不同对待；措施范围也比较适当，不是不加区别地全面收紧，而主要是把住把好土地和资金供应两个重要"门闸"。特别是对调控延续时间的掌握比较准确，即在形势基本稳定下来以后，就在内部明确，看来这次宏观调控已经基本到位，一般可以不再采取激烈的措施了。因此，其效果可以说比任何一次都好。具体表现在：（1）调控后的经济增长速度不但没有下滑，而且还略有上升；（2）物价始终保持在消费品价格指数3%、零售物价指数2%以内，没有出现大幅度的价格波动与通货膨胀；（3）在整个调控过程中，劳动失业率没有大幅度上升、企业经济效益还有所提高，对各方面的震动不是很大。也就是说，在人们似乎还没有什么大的感觉的情况下就顺利地度过去了。

根据上述事实分析，可以明显看出，我国经济宏观调控的主要经验，综合起来可以概括为一句话：必须做到“三适”，即适时、适度与适可而止。第一次（1988年）之所以在成功之余还有某些不足，主要在于不够适时和适度，即动手调控的时间偏晚，力度偏大；第二次（1993年）之所以也不够理想，主要是虽然较好地做到了适时、适度，但没有做好适可而止，即延续的时间太长了。只有第三次（2003年），因为“三适”即适时、适度与适可而止基本上都做到了，从而才取得了比较全面的成功。这种经过多次反复教训并曾经付出过巨大代价所形成和总结出来的基本经验，是非常宝贵的。我们在今天的工作中，必须认真加以坚持并切实运用好。

改革在博弈中前行

——访原中国体改所副所长、深圳市体改委主任徐景安

社会科学报

（2008年3月13日）

记者：您是复旦大学新闻系毕业的，您怎么会成为我国改革最早的参与者和践行者？

徐景安：我在大学里对理论感兴趣，1964年毕业后分配到中央马列主义研究院，后来又到中央政策研究室，1979年初调到国家计委研究室。给我的任务是研究怎么扩大企业自主权。国家计委怎么会研究这个问题呢？当时，批判四人帮的极左思潮，他们不承认社会主义存在商品经济，说商品经济是资本主义复辟的土壤和温床。理论界一致认为社会主义存在商品经济，在这个认识的基础上，对企业就不能只实行计划管理，还必须承认价值规律的作用，由此，对扩大企业自主权达成了共识。

我很快写了一篇文章，题目是《从我国社会条件出发，实行计划调节和市场调节相结合》，文章提出："社会主义社会虽然建立了生产资料公有制，但在不同的所有制之间以及同一个所有制中各个经济单位之间仍然存在着经济利益上的差异和矛盾，建立在这种不同的经济利益之上的社会主义经济仍然是商品经济"，因此，既要

遵守有计划按比例的经济规律，也要尊重价值规律。为此，“生产计划，实行国家计划与企业自决计划”，“物资供销，采取商品计划贸易和商品自由贸易”，“产品价格，实行固定价格、浮动价格、自由价格”。我参加了1979年4月在无锡召开的价值规律讨论会。1979年7月，国务院财经委成立体制改革研究小组，我就步入了改革战线。

记者：体制改革研究小组是怎么开展工作的？

徐景安：体制改革研究小组由张劲夫领导，一开始实际参与这项工作的是国家计委综合司处长柳随年和我。我们两个人召开各种座谈会，听取各方面的意见。我印象最深的两个代表人物：一个是蒋一苇，倡导企业本位论，主张以企业为本位，来构建整个体制框架；一个是杨培新，主张改革三大步，扩大企业自主权是一步，第二步是组织专业公司，第三步要发挥银行的作用。当时，对企业本位论这个说法很难接受。尽管我们都认为要扩大企业自主权，但国家承担宏观管理职能，不可能完全按照企业的要求、企业的利益来调节。国家经委的观点就是主张企业本位的。当时，理论工作者还有刘国光，主张“计划调节为主，引入市场机制”。

总的理论趋向是，指令性计划不可能取消，要以计划调节为主，但一定要引入市场机制和价值规律。这是一个核心观点。第二个核心观点是对企业的认识。企业是全民所有，就是计划调拨，为什么要引入市场机制，承认价值规律呢？为了改变企业吃大锅饭，干好干坏一个样，恢复了奖金制度，还要进一步实行企业利润留成制度，企业有利润了，就留出一块利润，建立发展基金、福利基金、奖励基金。这样企业就有了自身利益，在理论上可概括为“相对独立的商品生产者”，所以国家在管理企业的时候就要引入市场机制。第三个核心观点是，认识到社会需要不断变化、生产结构不断调整，靠单一的国家计划，无法保障经济按比例发展和企业产供销的平衡。我们写出初稿后，由张劲夫主持又开了一系列座谈会，并于1979年12月3日形成了《关于经济体制改革总体设想的初步意见》。

1980年初在中南海，由李先念主持召开国务院财经会议，讨论通过了这个稿子，中央就把体制改革研究小组这个临时机构改成国务院体制改革办公室，1982年又成立国家经济体制改革委员会。

记者： 您参与起草了我国第一部经济体制改革的总体设想，今天您如何评价？

徐景安： 这个设想是具有革命性意义的。它结束了过去体制历次变动在中央与地方关系上兜圈子、在行政管理办法上动脑筋的做法，而提出了五大改革原则：

一是把单一的计划调节，改为计划调节和市场调节相结合，以计划调节为主，注意发挥市场调节的作用；二是把单纯的行政管理经济的办法，改为经济办法与行政办法相结合，以经济办法为主，保持必要的行政手段；三是把企业从行政机构的附属物，改为相对独立的商品生产者，在国家统一领导下扩大企业经营管理自主权；四是正确处理中央与地方的关系，从有利于发展社会化大生产的要求出发，划分中央部门与地方的权限，在中央统一领导下，充分发挥地方的积极性；五是正确处理政治思想教育与物质利益的关系，在重视物质利益的同时，要加强政治思想工作，提倡照顾全局利益，发扬共产主义风格。

记者： 我国是怎么确立市场化的改革方向的？

徐景安： 从1980年到1984年，我先后参与起草了八个关于经济体制改革的规划、方案、意见、汇报提纲。在这个过程中，对于改革的方向、目标，认识上有反复。1979 年的《总体设想》只是说“实行计划调节和市场调节相结合”。1980 年《关于经济体制改革的初步意见》的提法是“生产资料公有制占优势、多种经济成分并存的商品经济”。1982 年《经济体制改革的总体规划》改为“生产资料公有制存在商品生产和商品交换的计划经济”。1983 年《关于当前经济体制改革的几点意见》的提法是“以计划经济为主、市场调节为辅”。1985 年《关于体制改革总体规划研究的汇报提纲》才确定为“有计划的商品经济”。

这些提法变化的背后反映了一个实质问题，即由国家为主组织经济活动的体制要不要改？简单来说，生产经营活动是由国家管，还是企业管？今天看，这不算什么问题，但在当时却是一个大问题。国家通过指令计划、调拨物资、规定价格来控制企业，以确保国家的重点项目、骨干企业的运行。正因为由政府组织企业的产供销，就从中央到省、市、县设立一系列部门，除了计委、经委、财政以外，还有冶金、煤炭、机械、电子、纺织、轻工、物资、价格……单机械行业就有一机部到七机部。上述提法的改变，关系到很多部门的生死存亡以及权力的分配。

当时，提计划经济，还是商品经济，成为争论的焦点。1982 年底党的十二大报告确定“计划经济为主、市场调节为辅”。而 1984 年 10 月十二届三中全会通过的《中共中央关于经济体制改革的决定》改为“有计划的商品经济”。大约是 1983 年 9 月，由胡启立召集国家计委与国家体改委以及地方和理论界的一些同志，研究改革计划体制。当时，柳随年已升任国家计委副主任，还有魏礼群、余芝芳等，代表计委一方；廖季立是国家体改委副主任，杨启先和我代表体改一方。会议中争论很激烈。

1987 年 3 月 13 日，我与李峻联名写信给邓小平，提出“高举坚持四项基本原则和坚持改革开放两面旗帜，反对‘西化’和‘僵化’两种错误倾向，是我党今后长期的任务。当前，突出反对‘西化’倾向是必要的。但从总体上需要对两种倾向的实际危害作出切实的估计”，“存在西化倾向的大多是青年学生和文化工作者中的一部分人，他们的社会影响不能低估。但他们毕竟不掌管国家的领导权。而存在僵化倾向的，大多是实际掌握领导权的一批干部，他们在一定程度上将左右国家前进的方向。我党的严重历史教训之一就是对上述两种错误倾向没有作出清醒的、恰当的估计，过分夸大了资本主义复辟的危险性。因此，对两种倾向的实际作用和危害，作出总体上的估计是必要的，以便在突出反对某种倾向时，掌握必要的度，保证我国改革的顺利前进”。信中还分析了改革面临的形势，要解决三大难题：一是企业改革，处理好国家与企业的关系；二是价格改革，处理好国家与老百姓的关系；三是机构改革，处理好国家与干部的关系。结论是：“改革需要强大的舆论开路和强大的政治力量支撑，才能克服困难，胜利向前。”1987 年 7 月 4 日，邓小平在《我国方针政策的两个基本点》的谈话中强调：“搞现代化建设，搞改革开放，存在‘左’和‘右’的干扰问题，……最主要的是‘左’的干扰。建国后，从 1957 年到 1978 年，我们吃亏都在‘左’。”这为党的十三大召开确定了政治方向。1987 年 10 月的十三大报告中，提出了“国家调节市场，市场引导企业”，中国改革的市场取向得以确立。

记者：企业改革是我国 30 年改革之路上争论最多、反复最多的一项改革。您在 80 年代后期离开北京赴深圳特区。请您谈谈在深圳进行企业改革的情形。

徐景安：企业改革怎么搞，一直是争论的一个焦点。一种是搞承包，政府同一家家企业谈承包基数，这有很大的随意性，效益上去了，好处由企业拿走；完不成的，企业可说出许多理由，政府也没办法。一种是利改税，一刀切下去，企业接受不了，再来一个调节税，企业没有什么积极性。还有一种是股份制。我是主张搞股份制的。1986 年 9 月 3 日我写了《股份制：我国经济改革的新探索》一文，文中提出："联产承包制的推行，重新构造了中国农村的经济细胞，这个环节的突破启动了农村商品经济的迅速发展。""我国的城市改革也需要找到带动全局的链条，这根链条也许就是股份制。它可以不同程度地解决企业制度、企业领导体制、投资体制、政企分离、条块分割以及资金短缺、规模效益、积累与消费的对立、生产要素的组合和流动等问题。"

然而，对股份制反对的多、赞同的少。不少人认为股份化就是私有化。而主张激进改革的人则认为股份制中国家占大头，换汤不换药。几乎每次改革都碰到这样的问题，一方面来自旧观念的反对，另一方面要求改革彻底、过瘾、痛快。国家占大头，是会带来毛病，但所谓"彻底、过瘾、痛快"的改革是等不来的，改总比不改强啊！在北京争论，不如下去试点。1987 年底我毫不犹豫地离开北京，去深圳担任体改委主任。

来到深圳，如鱼得水。在李灏同志的支持下，将在北京想做而做不了的，在深圳一步步推行。深圳与内地不同，适应投资主体多样化，大多采取股份形式，至 1990 年 3 862 家工业企业中，股份制形式的公司近 2 000 家。在我的主持下，企业处的张云东起草了《深圳特区股份有限公司条例》，由市政府通过颁发。据此，对股份公司进行规范，并先后将17家国有企业改造为股份公司，除原深发展外，将万科、金田、安达、原野等4家改组为上市公司。在股份制改造中，碰到一个问题，即在资产的存量中是否可以划出一块赠送给经营者和员工。当时认为这种做法是“化公为私”，不可以操作。直到今天，这个问题还未解决。按照马克思的剩余价值论，国有企业的剩余价值都是员工创造的，送一部分股份给员工，怎么是化公为私呢？按照西方企业的员工持股计划，将一部分利润购买股票分送员工早已实行。我们不是以马克思主义为指导吗，为什么遵循西方的产权理论？学西方也好啊，那又为什么不学习人家的员工持股计划呢？一搞改革，就有人出来反对化公为私，反对国有资产流失，实际上暗地里天天在化私、时时在流失。我们可以容忍这种非法的、无序的、无规则的暗箱操作，却不接受合法的、公开的、透明的改革措施。现在提出一种劳动产权理论，员工除了获得劳动报酬以外，应该享有企业股份。我很赞成。这符合马克思主义，也符合社会主义。

记者：听说您到深圳后提出了一个口号——要为企业办红白喜事，这是怎么回事？

徐景安：企业是一种生产经营单位，总有办得好、办得差的。好的应该发展，差的就要淘汰，这似乎是常识。可是，我国的国有企业只生不死、永垂不朽！一大批企业生产能力闲置、严重亏损，不能向社会提供有效供给，但照发工资。这是造成我国经济结构、产业结构、企业结构、产品结构不合理，效益低下的重要原因。一到深圳，我就鼓吹要为企业办红白喜事，好企业就搞股份制、上市；差的企业就转让、破产。

产权转让在西方纯粹是商业行为，也没有产权交易所。混不下去就卖！双方派律师、会计师或投资顾问一谈就可成交，政府是防止兼并中的垄断。可我们不一样，国有企业的产权是国家的，亏了，谁也不着急。所以，改革就要解决这个问题。可改革已30年，直到今天还是有人联名上书要求不准出售国营企业。

市场经济就是由市场来配置资源，生产资料和生活资料要进入市场，作为生产要素的土地、资本、人力要进入市场，作为生产要素载体的企业也必然要进入市场。企业产权转让和破产是市场经济的题中应有之义。在国有企业的产权转让中发生了问题，爆发了延续至今的改革方向的大争论。2004年郎咸平提出：要警惕国有资产被合法剥夺的问题，立刻停止国企的产权改革。前一句是对的，但是他根本没有分析国有资产被合法剥夺的根源。尽管有关部门制定了《企业国有产权转让管理暂行办法》等一系列规定，但谁来监督执行？又加上信息不对称，管理监督部门不可能比企业经营者更了解情况，因此，发生了国有企业贱卖，甚至被鲸吞的现象。根子就在于国有企业太多管不过来，更在于国有资产没有真正的主人。这本身就是国企产权改革的出发点。搞产权转让会发生国有资产被合法剥夺，然而不搞产权转让更会发生国有资产被非法剥夺。企业日常经营中的猫腻更难监管。国有资产非法地、无序地、潜在地不断流失，正是下决心进行国企产权改革的动因。

记者：今天，我们在纪念改革开放30周年的同时，也站在了重启改革的关节点上。反思过去30年的改革路，您认为需要厘清的思路是什么？

徐景安：我国改革从农村承包、城市企业扩大自主权起步，20世纪80年代主要是建立商品市场，90年代主要是建立要素市场。产品、土地、资本、劳力、企业等资源逐步进入市场，由此带来我国经济的持续快速增长，资源配置效率的极大提高。同时，资源市场化的改革也给权力带来谋利的机会，使人们对改革的不满日益增加，终于爆发改革方向的大争论。我国改革正处于十字路口，我觉得有这么几个问题值得反思。

第一，市场化改革方向的对与错。

对于目前出现的不公平结果几乎无人否认，但由此产生的对改革的评价却大相径庭。有人认为市场化改革背离了社会主义，没错，是背离，但背离的是斯大林模式的社会主义。他们批评改革的参照系是错的，要求退回已被实践抛弃的老路更是荒谬的。有人把改革视为学资本主义，这也没错，对从来没有资本主义的中国，这是一种进步，尽管这种进步伴随着早期资本主义剥削的残酷。有人还把改革视为掠夺，有一批人借改革之机进行掠夺，也并非言过其实，但是将资源市场化过程中发生的掠夺等同于改革，那是丧失了辨别是非的起码能力。迄今为止的人类文明中的每个进步都伴随有掠夺，而不能因为曾经发生的掠夺而否定文明的进步。我国的财富总量大大增加，人民生活水平总体提高，人身自由基本实现，是市场化改革的巨大成就，是中国可喜的历史进步。这是稍微尊重事实的人都不能否认的。有些人对改革全盘否定，导致方向的迷失，最后只能以怀旧、倒退作为归宿。

第二，双轨制渐进改革模式的功与过。

中国改革的成功归于双轨制渐进改革模式。这是摸着石头过河、避免社会大振荡的正确选择，也是减少改革阻力的机智策略。可成功的原因往往就是问题的根源。今天，我们正在为此付出代价和痛苦。政治改革不动、经济改革先行是双轨制，保障了政治稳定，为经济改革创造条件，但是权力失去制衡，腐败也就泛滥猖獗。鼓励创造财富，忽视财富分配是双轨制，改革之初的政策重点是打破平均主义，实行效率优先，由此也引发了分配的严重不公、贫富差距急剧拉大的现象。重视资本的权利，忽视劳动的权利是双轨制，以利于招商引资、促进经济、增加GDP，由此也造成劳动的正当权益得不到维护，工资增长落后于经济增长，内需萎缩。城乡分割，经济、教育、文化、医疗资源向城市倾斜的政策始终不变是双轨制，加快了城市现代化的进程，也就使城乡差距越来越大，占中国绝大多数人口的农民一直得不到公平、公正的待遇。经济领域承认个人利益，鼓励“为人民币服务”，思想领域则强调集体主义精神，号召为人民服务也是双轨制，形式上是两个文明一起抓，实际上造成说与做、思与行的脱节。认真观察我国经济、社会、政治、教育、文化、思想等各个领域以及相互关系，都是并存着新旧两套规则、两种制度，这是我国处于体制转型期的基本特征。不管其他领域，改革先从经济领域起步；顾不上公平和平等，先让一部分人富起来；等等，在改革之初是完全正确的，也是可以理解的。今天就需要向社会、政治、教育、文化、思想等领域推进改革，保障社会成员公平地分享已有的改革成果，并且进一步获得社会、政治、教育、文化、思想的平等权利。成也萧何，败也萧何。双轨制可以使我们成功，也可以使我们失败。如果听任双轨制带来的腐化和不公，继续用旧制度、老办法来解决新矛盾，就可能爆发社会冲突，使改革成果毁于一旦。加快向新制度转型的步伐已是当务之急。不过在新的改革中，我们依然可以运用双轨制，也就是用新的双轨制来替代旧的双轨制，逐步完成体制的过渡。

第三，社会主义理念的新与旧。

之所以对改革方向发生争议，一个重要的原因是对社会主义理解的分歧。传统社会主义一直把计划经济、公有制、按劳分配，作为社会主义的本质特征。什么是社会主义？社会主义的本质是什么？确实应该弄明白。

社会主义一词源于拉丁文“socialis”，意为社会的、公共的、共同的、集体的。维护社会公共利益，就是社会主义的理念。自由资本主义强调自由交换、自由竞争，反对第三者的干涉，主张看不见的手。但由于人与人的禀赋、条件、关系、资源、机遇等因素的差异，竞争的结果必然强者愈强、弱者愈弱，贫富拉大、两极分化。社会主义理念由此而诞生，即社会不能放任不管，必须运用看得见的手，维护社会公共利益。与主张劝说、示范的空想社会主义不同，马克思创立了科学社会主义，主张暴力革命，推翻现存制度，消灭私有制，实行计划经济，建立社会主义、共产主义的理想社会。

计划经济、公有制、按劳分配，是实现和维护社会公共利益的手段和途径，它们的真假取舍以是否实现和维护了社会公共利益为标准。实践证明，计划经济是借公共利益为名，由少数人做主，而剥夺了绝大多数人的创造性、能动性和人身自由，是一种十分落后、虚伪、专制的经济制度，被社会主义实践所抛弃是正常的。按劳分配是对的，但不能以此否定土地、资本、管理、科技等其他要素的作用，应真正按要素来分配剩余价值。

怎么才算维护社会公共利益呢？经济上实现公平分配，推行劳动产权制度，保障工人、农民的正当权益，建立覆盖城乡的社会保障制度。政治上实行民主法治，保障民众对公共事务的参与和决策，建立协商民主与竞选民主相结合的民主制度。思想上实行独立自由，保障宪法规定的言论、出版自由，畅通利益诉求渠道，鼓励思想道德追求。文化上实行继承创新，继承中国的传统美德，吸收西方的人文精神，创造和谐、幸福的人类新文化。这就是中国的新社会主义理念。

（本报驻京记者　王　婷）

大幅提高国民消费尚属奢望

樊　纲

（2006年12月14日）

刚刚举行的中央经济工作会议指出，今年是实施“十一五”规划的第一年。开局之年，成绩不凡。国民经济继续朝着宏观调控的预期方向发展，重点领域和关键环节改革取得新进展，国家经济实力和综合国力持续提高，人民生活不断改善。但面对当前的好形势，我们也必须清醒地看到，我国经济社会发展中还存在一些突出矛盾和问题，必须居安思危，未雨绸缪，牢牢掌握经济工作的主动权。

明年是对我们党和国家事业发展具有重要意义的一年。要实现国民经济又好又快发展，必须正确处理投资和消费的关系、内需和外需的关系，当前工作的着力点是要合理控制投资规模、优化投资结构，积极扩大消费需求，减少贸易顺差。

2006年上半年，中国的经济增长速度接近11%，固定资产投资的增长速度高达30%。通常，在这种情况下，进口需求会有所增长，贸易顺差会有所下降。但我们的情况恰恰相反，贸易顺差进一步增加，达到614亿美元，按年率算比去年又增加20%，占GDP

的比重也进一步加大到7%。

此时，中国GDP中投资所占的比重已经达到45%以上。同时，大量贸易顺差伴随着外资流入，导致货币供应量增加，使经济发生过热。很多人据此认为，中国的储蓄太多、消费太少是导致内外经济失衡的原因。很多经济学者纷纷提出，要通过提高消费、降低储蓄来纠正经济失衡。但这些对策在短期内很难奏效；有些对策所依据的经济分析，也经不起认真推敲。

消费低源于收入低

首先，中国的消费增长并不慢。中国的消费历来稳定增长，它不会出现像投资那样50%的剧增，从来没有发生像韩国信用卡泡沫导致的高增长，也没有发生像投资那样在1999年5%的低增长。消费的实际增长一直稳定在8%—10%，现在则在12%以上。即使是GDP中的消费(即消费品增加的部分)，仍然是9%左右，与GDP的增长基本持平。

过去几年GDP中消费比例过低、投资比例过高，不是因为消费的增长下降了，而是由于投资增长过快，使投资在GDP中的比例扩大，把消费的比重挤小了。这是两个完全不同的原因。这两个原因的政策含义完全不一样。因为要恢复比例，涉及是抑制投资的增长，还是进一步刺激消费增长的问题。在投资增长过热的时候再去刺激消费，那会使经济更过热。正确的措施只能是抑制投资的增长以恢复GDP当中比例的失衡。

其次，怎么才能使消费更快地增长？现在国际、国内有一个流行说法，中国人消费品买得太少，不像美国人消费得那么多。似乎只要中国人多消费一点，就可以解决世界不平衡的问题。可是中国的人均GDP只有1 000多美元，美国达到人均接近4 000美元，消费水平怎么可比？

在国内，人们讲得最多的一句话是，中国农民的消费水平太低，因此中国的消费水平太低。可是农民消费水平低，不是因为农民有钱不消费，而是因为农民没钱，是收入水平低而不是消费水平低。中国农民其实是中国消费倾向最高、储蓄率最低的群体。中国农民把所有的收入都拿出来消费了，连孩子上学、医疗还没有着落呢。

因此，中国消费的增长绝不可能靠刺激农民的消费来实现。农民收入的提高，是就业增长的问题，是整体经济的增长，包括投资的增长、城市化的深入。

靠政府补贴提高消费不现实

从另一角度来看，中国40%左右的储蓄率确实是有其原因的。现在人们经常提到社保不健全、资本市场效率低，是导致人们储蓄率过高的原因。这都是对的。但这两个问题的解决不是一个短期的事情。在任何国家都需要几十年的时间来发展与改革。所以，不可能指望在近期内通过解决这些问题来提高消费。

短期内不能解决的另一个重要的原因，即收入差距比较大，而且还在继续扩大的问题。目前的情况是，在所有就业人员中，80%是低收入阶层，要么是打工仔、蓝领工人，一年收入平均只有1万元左右，要么是还在农村的农民，一年只有3 000元收入。他们的消费倾向很高，储蓄率很低。但是在整个经济当中，他们收入所占的比重相对较低，每年新增GDP只有40%左右归这80%的低收入阶层所有，而且不是由于工资率提高（由于劳动市场竞争激烈，工资率提高有限），主要是通过每年1 000万左右的农村劳动力转移所引起的1 000多万人的收入提高来实现的。剩下的60%GDP增长都被20%的高收入群体所获得。而这个群体消费倾向很低。

经济学的基本原理是，收入越高，消费倾向越低；而收入越低，储蓄倾向越低。中国多数的收入增长都集中到了只占人口20%的高收入群体的手中，平均下来，整体消费倾向很难提高。

也就是说，现在恐怕还不可能一下子进入国民消费倾向大幅度提高的阶段，不可能靠政府的补贴来提高低收入者的收入，而是要在今后通过经济的持续增长才能解决。基本的道理是：我们不可能用从20%的人那里征来的税收去补贴80%的人以提高消费，这种补贴办法是不现实的、不可持续的。

投资仍是不可忽视的动力

中国投资太多导致经济过热，全世界都会过热。但是在中国发展的这个阶段，投资和资本积累仍是我们增长的一个重要的动力，也是中国实现城市化、工业化、现代化的必经之路。

同时，仔细分析一下我们的投资，当中有许多东西是与消费密切相关的。现在的投资中，超过20%是住房投资。从1998年引入住房贷款后，这一项一直呈直线上升，而这部分投资从本质上说是消费，长期耐用品消费。再则，接近30%的投资是基础设施投资（包括大量的城市基础设施投资），而城市基础设施投资一大部分属于“公共消费品”。就是说，中国目前阶段的投资当中大量的投资是公共消费品投资，全世界都应该认识到这一点。

中国正处在城市化的初期，需要大量公共消费品的投资，现在私人消费大幅度增长，但是公共消费品缺乏，而公共消费品的提供，是将来家庭消费增长的基础。中国正处在这个阶段上。从这个意义上来讲，住房消费、公共设施消费，总计约60%的投资是可持续的，也是长期需要的。

这意味着什么？不是消费不重要，不是现在不需要采取鼓励消费的政策，中国甚至应该特别鼓励高收入阶层多消费一点，因为他们现在挣得多，存得多。但是从总体上而言，这种政策的效果是有限的，不能解决全部的问题，我们仍然需要保持投资规模的一定增长，40%、50%的高增长不行，20%左右的增长还是需要的。

由此得出的政策建议是：保持总需求各个部分的稳定增长，不是只强调消费的增长，出口、投资都需要平衡稳定地增长。这样一个比较平衡的政策符合现阶段中国的需要。GDP的35%—40%是资本形成，这样一种增长模式，恐怕在近期内不会有大的改变。与其他一些国家的人均GDP在1 000—3 000美元阶段上的增长结构相比较，这也没什么特别之处。而直接把中国的经济结构与美国当前的结构相比，进而指责中国，是错误的。

消费主导是“二次转型与改革”的战略重点

——访中国（海南）改革发展研究院院长迟福林

社会科学报

（2012年3月22日）

迟福林：第十一届全国政协委员，中国行政体制改革研究会副会长，中国经济体制改革研究会副会长，海南省社会科学界联合会主席。

在今年递交的《关于尽快出台收入分配改革总体方案的提案》中，迟福林写道，收入分配领域的问题，涉及多方面深层次和结构性的体制矛盾，并不是一个收入分配改革方案所能够解决的。建议与收入分配总体改革方案相配套，本届政府任期内应出台重点领域和关键环节的改革方案。

《社会科学报》： 您曾经提出，我国30年改革发展最突出的成就是实现了社会发展阶段的历史性变化，开始从“生存型阶段”向“发展型阶段”过渡。而经过三十余年，我们在生存型阶段所采用的经济发展方式已经暴露了一些弊端，需要以更大决心和勇气，推进二次转型与改革，实现经济发展方式的转型。请问，二次转型与改革的核心内容是什么？

迟福林：我一直强调，以加快转变经济发展方式为主线的二次转型与改革，是我国进入发展型阶段后需要尽快破题的重大战略课题。经济发展方式转变涉及多方面的内容，是一场结构性改革。在我看来，转变经济发展方式，重点在于转变投资出口主导的经济增长方式，尽快走向消费主导，使消费真正成为经济增长的内生动力，以此保持中长期经济增长的稳定性和协调性。从我国实践看，只有消费主导有实质性进展，转变经济发展方式才有可能破题，否则，我们就有可能错失重要的历史机遇。

国家"十二五"规划纲要提出，"把扩大消费需求作为扩大内需的战略重点"。去年的中央经济工作会议又提出，"牢牢把握扩大内需这一战略基点"。李克强副总理也一再强调，"扩大内需是最大的结构性调整"。我觉得，我国已从生存型阶段进入到发展型新阶段，社会需求结构发生了深刻变化，城乡居民的巨大消费潜力将逐步得到释放。所以，抓住历史机遇，在未来5—10年基本实现消费主导，在很大程度上决定了中国经济增长的前景。

《社会科学报》：但是面对当前的宏观经济形势，"保增长"成为短期宏观调控的重要目标，这客观上需要保持一定的投资规模。如何有效处理短期以投资保增长和中长期消费主导的矛盾？

迟福林：宏观经济形势确实要求保持一定速度的投资增长，但问题在于，我们要保什么增长？如何保增长？是投资主导还是消费主导？从短期看，投资是有可能促进经济增长的，但从中长期看，投资必须有效地转化为消费才能形成真正的增长动力。如果以牺牲消费来扩大投资，短期内可能会保持一定的经济增速，但有可能损害增长的内生动力，使中长期增长面临更大的不确定性。在我看来，近期的保增长，与2008年反危机的投资导向有所不同，需要在短期依靠投资拉动经济增长的同时，为中长期的消费主导奠定基础、创造条件。也就是说，要在消费主导的大目标下统筹考虑短期投资拉动，不管是什么项目、多大规模，都需要服务于消费主导的战略目标。因此，走向消费主导的经济转型，既是短期政策的着力点，又是中长期的战略选择。

长期以来，我们习惯了投资出口拉动的经济增长方式，对消费主导的经济增长方式还存在某些疑虑。有专家提出，我国已经进入经济增长阶段的调整期，中长期潜在增长率将下降，今后两三年、最多三五年，经济增长速度将由9%左右回落到6%—7%。我觉得需要重新讨论这个估计的前提，尤其是要考虑消费释放对经济增长的影响。如果消费潜力能够有效释放，最终消费率达到60%以上，投资率回归到40%以下的正常水平，那么未来10—20年实现8%左右的经济增长目标是有可能的，甚至有相当大的可能性；相反，如果消费率一直上不去，甚至逐年下降，即便投资率上去了，我们也将面临“低消费陷阱”的挑战，不仅很难实现较高的增长，还会面临一系列严重的经济社会矛盾和风险。

《社会科学报》：党的十六届五中全会就强调，必须把加快转变经济发展增长方式作为“十一五”时期的战略重点。尽管取得了一定进展，但突破不大，转型还面临相当大的难度。前30余年的增长方式确实形成了力度不小的制度惯性，一些地方甚至存在不同程度的路径依赖。在您看来，走向消费主导的基本条件是否具备？扩大内需的空间又在哪里？

迟福林：困难确实不小，但目前内外发展形势变化，已经倒逼我们到了不转不行的地步；投资与消费失衡的状况难以为继了，要求我们尽快走向消费主导。实际上，国家“十五”计划就曾提出，居民消费率要提高到50%。但由于经济总量导向的增长方式不仅没有改变，事实上还强化了，到2010年投资率首次超过消费率。如果这一格局不尽快改变，积累的过剩产能就有可能被迫以经济危机的形式强制性地加以清理，带来巨大的经济社会成本。

同时，我们也要看到，中国本身就有着巨大的内需空间，当前消费潜力正处于释放的重要历史拐点。与西方国家不同，我国还处于快速发展的重要时期，并不缺乏消费潜力，不缺乏经济增长点。进入公共产品短缺时代，社会需求结构发生重大变化，以人的自身需求为重点的发展型需求正全面快速上升，由此将带来巨大的消费潜力。可以说我国社会消费正处于释放的历史拐点，发展型消费需求不断增长是一个中长期的客观趋势。有研究表明，到2015年，全国社会消费品零售总额将以年均3万亿元的规模增长。具体来看：

第一，城市化快速发展。城市是消费的主要载体，城市化是拉动消费的战略重点。未来10年快速的城市化进程，将释放巨大的消费能力。未来5—10年，我国的城市化至少还有10—15个百分点的提升空间。世界银行前副行长、诺贝尔经济学奖获得者斯蒂格利茨教授曾说过，21世纪初期影响世界最大的两件事：一是美国的新技术革命；二是中国的城市化。麦肯锡的研究报告认为，按照目前中国城市化发展趋势，中国的城市消费量在2008—2025年这17年的增量就足以创造一个相当于2007年德国市场的总规模。

我们可以算几笔简单的账：2009年，一个城镇居民消费水平大概是3.7个农民的消费。城市化水平每提高一个百分点，将拉动最终消费增长约1.6个百分点。如果农村人均消费水平提高到城镇居民平均消费水平的60%，仅按2009年数据测算，年新增消费规模将超过3.6万亿元。在这个过程中，农民工市民化将扮演重要的角色。农民工市民化不仅有助于释放2.3亿农民工的消费需求，还能够拉动相关的投资。每转移一个农民工，大概需要10万元的投资。如果每年能有效地转移1 000万农民工，由此带来的年投资规模不低于1万亿元。

第二，15—20个点的服务业发展空间。至今为止，我国服务业的比重只有43%左右，远低于世界60%的平均水平。未来10年，如果政策调整与体制改革到位的话，服务业有可能提高15—20个百分点，由此带来巨大的消费市场。比如，2010年我国文化产业增加值(1.1万亿元)只占GDP的2.75%。如果未来5年提高到5%，将新增4万亿元左右的消费规模；在教育方面，要实现国家财政性教育经费占GDP 4%的目标，还需要10万亿元左右的资金投入；在医疗方面，要实现公共卫生和基本医疗均等化的目标，8 500亿元投入还远远不够。

第三，基本公共服务均等化进程。基本公共服务均等化有助于明显改善居民的消费预期。有研究表明，政府公共服务支出占政府总支出的比重每提高1个百分点，居民消费率将提高0.2个百分点。根据中央部署，到2020年基本实现公共服务均等化，由此将明显改善居民消费预期，提高消费率。

《社会科学报》：但这些年我国消费率却在持续下降。2010年，最终消费率下降到47.4%，居民消费率降到33.8%。一方面，社会需求总量在全面快速增长，需求结构发生重要变化，城市化进程明显加快；另一方面，消费率却不升反降。您认为，制度性因素何在？

迟福林：我认为有三个重要原因。

一是不合理的经济增长方式的束缚。政府主导的投资增长方式有两个重要特点：首先是行政主导；其次是工业化主导。改革开放三十多年来，尽管城市化率很高，但由于这两个主导，投资率居高不下，消费率又降到了历史最低点。政府主导的投资增长方式使投资消费关系长期失衡，并且到了难以为继的程度。

二是不合理的国民收入分配格局的抑制。经济高速增长而老百姓的消费增长却很低，主要原因在于不合理的国民收入分配格局。这些年来，政府、企业收入比重不断上升，居民收入比重逐步下降。1995—2010年，考虑到非预算收入，政府在国民收入初次分配和再分配中所占比重由24.25%上升到30.48%，企业所占比重由9.88%上升到15.82%，而居民所占比重却从65.87%下降到15.35%。

三是不合理的制度安排。以农民工为例，“农民工”是中国特色，带有“过渡性”制度安排的突出特点，但也在很大程度上抑制了消费的释放。现在需要下决心结束这个“过渡性”，让农民工成为历史。

《社会科学报》：针对这些问题，要扩大消费，彻底扭转目前的“投资消费”失衡的格局，在国内建立一个比较好的经济“内循环”体系，我们应该做些什么？

迟福林：就深化经济体制改革而言，其核心就是实现从投资出口主导转向消费主导。这涉及一系列的政策调整与体制安排，是一个中长期的过程。从现实情况看：

1. 要有明确的目标选择。在我看来，未来5—10年走向消费主导可以分两步走：第一步，2015年初步实现消费主导。未来5年，最终消费率从47.4%提高到55%以上；居民消费率从33.8%

提高到45％以上，消费贡献率稳定在40％以上，消费初步成为经济增长稳定的内生动力。第二步，2020年基本实现消费主导。未来10年，最终消费率进一步提高到60％以上；居民消费率提高到50％以上；消费贡献率稳定在50％以上，消费基本成为中长期经济增长稳定的内生动力。

2. 要在几个重大事情上尽快取得突破。具体来说，需要做以下几方面工作：

一是推进消费主导的城市化。重点是打破现行行政体制束缚和行政区划壁垒，摒除行政主导下的资源配置方式，充分发挥市场配置资源的优势，打破城乡二元结构，使城市化按照经济社会发展的需求推进，形成新时期经济主导的城市化新格局。在具体发展路径上，走以大城市带动中小城市发展的路子，并充分发挥城市作为服务业载体的作用，促进服务业快速发展。

二是尽快让“农民工”成为历史。2011年，我国仍有2.5亿的农民工并未完全实现市民化，突出表现在户籍制度以及基本公共服务制度的二元化上。客观地说，当前，全面解决农民工市民化问题的条件已经成熟；只要精心谋划，财政也有能力承担农民工市民化的成本。关键在于下定决心，实现政策和体制的突破，尽快让“农民工”成为历史。

三是以公益性为目标调整国有资本配置。2005年国有资本只有23万亿元，目前为53万亿元，不到5年的时间国有资本提高了一倍以上。在公共产品短缺时代，强化公益性应当成为国有企业改革的方向之一。我建议作出两大调整：一是把一部分国有资本从经济领域退出，重新配置到社会领域，为民营经济发展腾出更大的制度空间。二是加大国有资本的收租分红力度，使国有资本尤其是资源性国有资本及其收益成为社会福利建设的重要支撑。

四是走向消费主导的中小企业。中小企业是吸纳就业的主体，也是服务业发展的主体。就业的增长有助于城乡居民收入的增长，服务业的发展有助于增加社会服务供给。从这个角度看，中小企业是走向消费主导的主力军。要高度重视中小企业的发展，不仅要在金融、财政、开放等政策上予以更大支持，更要强化其发展的体制保障。

五是走向消费主导的有效投资。第一，按照需求结构变化的趋势，加大以保障性住房、教育、医疗等为重点的公共性投资，调整投资结构。加大社会领域投资，要初步实现中共十七届三中全会提出的城乡基本公共服务均等化水平明显提高的目标，基本公共服务财政支出年增长率需要达到5%左右，初步估算投资总额达到20万亿元左右。若这个投资能够到位，可明显拉动消费率的提高。第二，优化投资资金来源。一方面，政府投资要调整存量，重点是调整国有资本配置，以公益性为重要目标加大国有资本对社会领域的投入；另一方面，要扩大民间资本投入，尤其是引导民间资本进入教育、医疗、保障性住房建设等领域。这就需要改革现行的财政体制和金融体制，改变国有资本配置结构，降低民间资本投资门槛。

《社会科学报》：走向消费主导仅仅有经济方面的措施可能还不够，还需要形成一个消费型社会。您认为，这对我国社会转型提出了哪些现实需求呢?

迟福林：欧债危机以来，有学者把问题根源归结在这些国家的高福利上，提出我国需要防止高福利风险。我认为，我国仍处于较低的福利阶段。所以，扩大内需，从社会体制上讲：

首先，要加快建立福利社会，加快基本公共服务均等化进程，使所有的社会成员都能享受到制度统一、水平大致相当的基本公共服务均等化。

其次，要以民富优先为目标加快收入分配改革。收入分配改革是走向消费主导的关键所在，也是全社会关注的焦点问题，无论是经济发展方式转变还是破题共同富裕，都要求尽快推进收入分配改革。当前已经到了下决心出台收入分配改革总体方案的时候了。我今年两会提案之一就是“把收入分配体制改革作为‘十二五’改革的重点”，希望年内尽快出台收入分配改革总体方案。

第三，加快以结构性减税为重点的财税体制改革，进一步减轻中小企业以及居民的税收负担。应当说，社会各方面就启动新一轮财税体制改革已有高度共识，问题在于改革的决心和魄力上。

第四，加快消费型社会的社会管理创新。新阶段社会管理创新要适应公共需求多元化、利益多元化的趋势，把反映各方需求，协调重大利益关系作为重大任务。

（记者　汪仲启　徐峻音）

以财政制度建设配套推进整体改革

——访财政部财政科学研究所所长贾康

社会科学报

（2012年3月29日）

贾康：著名财经专家，财政部财政科学研究所所长、研究员、博士研究生导师，中国财政学会副会长兼秘书长，财政部高级技术职务评审委员会副主任，中国国债协会常务理事，《财政研究》主编。

在今年的"两会"上，贾康提出，有关部门应在控制风险的前提下，积极推出国债期货恢复交易的方案，完善国债发行管理体系。他在提案中指出，我国国债存量与GDP的比值显著提高，但在利率下行时，承销商发行市场承销国债面临巨大的利率风险，承销意愿不足，财政部发行压力较大。而国债期货交易可改善国债发行效率，不仅能促进债券一级市场的发展，提高债券融资占全社会融资总额的比重，更好地服务实体经济，而且对于降低国债发行成本、完善国债管理体制、促进财政在"扩内需、稳增长、调结构、促民生"中发挥更大作用，具有重要的现实意义。

记者：我们现在经常听到对地方政府的批评，比如地方保护主义，比如在土地财政上“寅吃卯粮”，导致房价高企，比如牺牲资源环境发展粗放经济，等等。有的人说这是1994年分税制改革后带来的问题，分税制带来了地方政府的短期行为，加剧了地方财政困难等。您怎么看待这种说法？

贾康：这个板子完全打错了地方。分税制是一个适应市场经济体制要求、我们别无选择的体制框架。历史非常清楚地表明，传统计划经济下“统收统支”或“总额分成，一年一定”的体制限制地方活力；改革初期“分灶吃饭”的包干制形成地方保护，损害公平竞争，无法建立起真正的市场经济。真正解决这个问题要靠分税制。分税制使企业不论大小、级别，在法律面前一律平等：该交国税就交国税，该交地税就交地税，税后可分配的部分按照产权规范和政策环境由企业自主分配。这样一来，所有企业在竞争中都站在同一起跑线上。这条公平的起跑线终于依靠1994年分税制改革给划出来了。同时，分税制改革又使过去中央和地方之间一直走不出来的紊乱关系走出了一条新路。在包干的情况下，说起来是一个体制“一定五年不变”，但实际上频繁变动。可举几个简单的例子。一个是1980年“分灶吃饭”后，中央财政发现自己的日子过不下去，很快要向地方借款，借款后第二年又说我借的款不还了，等于中央赖账，不还了还要把借款放入以后包干分成的基数里处理。再往后，日子还是过不下去，不得已开始征收（交通能源）重点建设基金，把所有企业的专项基金、税后留利的15%切下来，中央政府拿来用，这样中央政府才能把日子勉强过下去。再往后，钱还是不够用，又开征预算调节基金，在15%的基础上，又追加了10%。这样一直走到90年代初，中央先后三次向地方借款，日子实在过不下去了。而小平同志南巡后，明确了市场经济的目标模式。在朱镕基同志主持经济工作的情况下，南巡之后一年多时间，就推出了分税制的配套改革，把政府和企业、中央与地方两大基本经济关系的处理，提升到一个可以与市场经济长远发展相匹配的新境界。这样一改，当然非常值得肯定，具有里程碑的意义。

当然，对1994年的改革，在充分肯定的同时，我们不能不指出它仍带着浓重的过渡色彩。因为从1994年直到现在，中国的省以下并没有真正进入分税制状态。中央和省之间的分税制框架虽然存在，但像沿海的江苏、浙江、福建等省，干脆就明确宣布省以下不搞分税制，就搞分成制。其他行政区虽然没有这样明说，但实际上是五花八门、复杂易变、讨价还价色彩十分浓重的分成制和包干制。因此，现在很多对于地方政府和财政体制相关的行为短期化、合理职能不到位的批评的板子，要打就应打在1994年之后已经形成的弊病很明显的分成制和包干制上。现在的问题是如何真正把分税制贯彻到位。

另外，对于基层财政困难问题，应该从有效制度供给不足的角度来理解。其实，这个困难在2000年前后就已闹得沸沸扬扬，为各方面所关注，基层县乡出现了严重财政困难，最严重的时候是有一千多个县发不出工资或欠发工资(全国共有两千多个县)。明明是我们的综合国力在不断提升，分税制改革之后的财政增长非常强劲，地方财政总收入增长也非常明显，基层财政为什么还会出现这么大的困难呢？县乡基层财政出现困难，是整个体制没有理顺、有效制度供给不足的集中反映，要解决它，就要看到整个体制的全貌。突出的矛盾是我们在省以下无法真正落实分税制，实际生活中财权的重心在不断上移，事权重心却在不断下移，最后财权和事权背离的矛盾在基层集中体现出来，而转移支付制度又不能有力地解决基层和欠发达地区的困难。

记者：温家宝总理在今年的政府工作报告中指出，要继续搞好房地产市场调控和保障性安居工程建设；严格执行并逐步完善抑制投机、投资性需求的政策措施，进一步巩固调控成果，促进房价合理回归。另外，要加强地方政府性债务管理和风险防范；进一步清理规范地方政府融资平台公司。这两条政策都会导致地方政府资金来源收紧。在目前的情况下，“事权”和“财权”的矛盾将更加突出。这个矛盾如何化解？

贾康：这种情况下要找到出路，最根本的是要通过扁平化的改革，使原来省以下分税制无法贯彻的难题得到合理解决。扁平化的具体做法其实已经在推进。我们看到，最近几年“乡财县管”的改革实际上是不把乡镇看作县级政府下边的另一个实体财政层级，而是把它看作县级预算下管的一个预算单位——资金还是乡镇使用，但是统编在县级。它隐含的逻辑是，再往后可取消乡镇政府“五套班子”，以后乡镇综合改革的前景，应该是不存在乡镇财政实体层级，不必给它配税基，而且它的领导机关是类似于县级政府派出机构的乡公所、镇公所。另外一个重要改革就是省直管县，这已经明确写入中央文件和国家发展规划。财政部有一个时间表，在2012年之前，除了民族地区，这项改革要在全国实现全覆盖。省直管县在浙江已经有几十年努力形成的经验，最近几年也得到了其他地区的普遍呼应。它最明显的好处在于，在进一步发展市场经济方面，使县域经济得到一个很好的发展环境，同时又解决了前面提到的五层级财政分税分不下去的问题。如果把市县放到一个平台上，再加上乡财县管改革，五层级变成了三层级财政——中央、省和市县，就可以按三个层级来配税基，按三个层级来发展公共财政。

财政的扁平化会拉动行政层级扁平化的综合配套改革，在三级构架下，各级政府职能合理化调整到位，降低行政成本，政府既不越位也不缺位来发挥自己应有的职能，以政控财、以财行政，等等，这样一套运转机制就可能柳暗花明，打开一个新境界。

除此之外，还要加强中央、省两级自上而下的转移支付。原来五个层级转移支付也是一个非常大的难题，有那么多的中间环节，信息不对称会逐级放大。只有中央和省两级自上而下的转移支付，所支持的最主要的就是欠发达地区和基层，而且这个转移支付的预算安排，要有一套透明的计算公式。这种公式是放在桌面上、各有关方面可以一起讨论加以优化的，这样地方也就没有必要以拉关系、“跑部钱进”的方式去追求给自己吃偏饭了。这样，不规范的潜规则决定的分配形式，就可以得到越来越有效的抑制。按照“政权—事权—财权(税基)—预算—产权—举债权”的链接，再加上转移支付，来使各级政府“财力与事权相匹配”。这样的一种分税分级财政体制的框架和中国地方财政演变的一个基本的、和市场经济相呼应的路径，是有必要首先勾画清楚的。

记者：在体制没有理顺的情况下，地方政府特别是县级政府，既要负担巨大的“保增长”的压力，又要承担繁重的公共服务支出，其资金压力可想而知，所以纷纷另辟蹊径去搞融资平台。有数据表明，当前的地方政府债务已经超过了10万亿元人民币，这并不符合我国现行法律，也已经严重威胁到了国家的金融安全。所以清理地方融资平台，限制地方欠债冲动似乎也是迫不得已。

贾康：在清晰的财政体制安排下，对于地方政府融资平台不能一清了之。我认为最为概括的关于中国地方财政的合理分税分级体制的要求，就是省和市县两个层级加上中央这三个层级都应该按照如下原则加以理顺：每一级政权都有合理的事权——事权是指政府应该做什么，在财政上是指它的支出责任；后面跟着要有与事权合理呼应的财权，财权配置最关键的是如何配置税基，即二十个左右的税种，哪些给中央，哪些给省，哪些给市县——如果有一个合理的税基配置，再往后我们就可在三个层级上使每一级政府都构建形成现代意义的预算，这个预算应该是公开透明完整的，尽可能多地充分反映公众意愿，在合理的研究协商过程中，形成预算编制文本，再经过各级人大审批，形成有法律效力的执行文件，并应得到严格执行。这样一个预算，在严格执行的同时就可以追求绩效，通过绩效考评，提高公共资源的综合配置效率，再往下，就可以对官员问责。我们所追求的实现小平同志说的“三步走”现代化战略，要依靠这样一套体制安排来解放生产力，使财政分配最有效地服务于公共利益。在财政体制改革里，按照这样一套原则贯彻，我认为才可以提供出市场经济和现代化国家客观需要的有效制度供给。

按照一级政权、一级事权、一级财权、一级税基、一级预算再往下讲，还要进一步发展不同层级上(地方政府也包括在内)的一级产权。党的十六大的一个突破，就是明确指出中央地方分别行使出资人职责。在原来笼统的国有资产概念下，出问题找不到责任人来承担责任的这种全民资产，按照十六大精神，就要具体量化到中央、省、市县三个不同层级上的具体的产权，而不同层级上需设有专门的管理机关，人格化地来行使出资人职责，来追求在市场经济环境下国有资产即全民所有资产理所当然也应该追求的保值和增值。同时，又要把这个资产的运用和国家的社会目标、政治目标形成必要的呼应。

一级产权后面，还应该有一级举债权。多年来预算法的明规则，是不允许地方政府举借债务，但实际生活里面，大量的地方债务已经采取潜规则强制替代明规则的这种方式形成了，并且是按照天文数字的规模形成了。2009 年和 2010 年，我们看到的一个重要的制度进步，就是在应对世界金融危机冲击的宏观调控过程中，中国的地方债终于登堂入室，每年各发行了两千亿元。2012 年将发行 2 500 亿元。虽然其发行附加了一个条件，就是由财政部代理发行，或财政部代理还本付息，但我认为可以解释为实际上引入了中央政府的一种担保——不是正面宣布的担保，是一种中央政府的隐性担保。同时，它确确实实是地方债，要纳入省级预算，由省级牵头，透明地分配这些举债资金的使用，而且在省级预算全套程序的约束之下，安排它的还本付息。这样一来，规范程度就大大提高了。

改革的关键不是简单废除地方融资平台，而是将已经形成的潜规则变为明规则。地方债“登堂入室”这种制度进步，预示着一个前景，即以后我们应该以越来越多的阳光融资的、规范化的地方公债和市镇债去置换、替代原来以潜规则形式形成的地方隐性债。实际上，政府公债一般会不断处于借新债还旧债这样的过程中。如果我们 GDP 的增长超过债务存量的增长速度，那么在整个 GDP 里面债务存量的比重会逐渐缩小。虽然它现在是天文数字，但是它这种因不规范而造成的公共风险的积累，杀伤力会越来越缩小。而另一方面，我们可以让阳光融资逐渐越做越合理，越做相对份额越大。这种阳光融资是透明的，可以发展越来越有效的公共监督，纳入全套预算程序来加以约束，对它的风险控制问题，以后有把握得到一个更好的解决。

所以我对于地方债和地方融资平台的基本观点，是有堵有疏、疏堵结合，但是从中长期来看，应该是奉行大禹治水的古老智慧：堵不如疏，要把这种地方隐性负债通过“治存量、开前门、关后门、修围墙”等举措逐渐处理掉，最后所达到的结果就是通盘的公共财政构架之下的地方层面的阳光融资。以后可能也要发展到有独立的、有资质和权威的评级机构给地方政府评级。信用等级直接关系到它的市场环境，由市场的力量给它附加上应该有的一些约束。当然，还有我们在民主理财、科学理财、依法理财发展过程中要改进健全的民主化、法制化的全套制度。

记者：财政体制改革在改革总体布局中有非同一般的地位和作用，往往可以成为触发并促进总体改革的“机关”。但现在的困难是，只要讲改革，必然要触动至少一部分人的既得利益。触动既得利益的改革阻力非常大，非常棘手，作为官员来说，更容易多一事不如少一事，绕着走，大家都搞形式主义，因为搞实质性的改革现在毕竟是非常困难的。您认为存在突破的办法吗？

贾康：华裔经济学家杨小凯生前提到一个所谓“后发劣势”的概念。我们过去只知道有后发优势，怎么还会有后发劣势？杨小凯所说的后发劣势，主要指的是制度改造层面。比如我们的渐进改革，“渐进”形成了路径依赖，什么事情都是先易后难，好做的事情做完了，所谓帕累托改进式的只有某些人受益而没有人受损的这种改革，现在已经找不到了。这个问题在中国非常现实。很多人说中国渐进改革可能已经没有多少空间，改革已经进入疲劳期，实际情况可能就是这样。我们在很多场合听到的是，改革的动力现在很难找到了，大家都在既得利益的驱使之下，强调自己的、阶层的、部门的、团体的、某一个利益集团的东西，这就是中国的“后发劣势”。

后发劣势的危害就是，制度方面积累的矛盾到了一定时候会爆发出来，拖累中国进一步的现代化进程。我们要寻求制度建设的进一步推进，实际上就是解决怎样克服杨小凯所说的后发劣势问题，把改革往前推，走出有实质意义的步伐。在这方面有一个非常值得重视的所谓“美国进步时代的启示”。美国在1880年前后开始一个迅速发展的过程，它的经济总量在迅速提高。但是那个时候的美国社会生活图景，看起来跟中国当下的社会图景非常相似：官员的行为受到普遍的指责，不给钱不办事，给了钱乱办事，苛捐杂税满天飞；在社会生活中，震撼大家的一些灾难性的事故接踵而至，社会上很多不满情绪表露出来；在媒体上，表现为对政府的很多批评。美国人是怎么样走出混沌状态的呢？在1880到1920年大概40年左右的时间里面，美国经历了一个所谓“进步时代”，在这个时代，他们并没有正面展开看起来很激进的政治体制改革，而是从逐步建立现代意义的税收制度、预算制度，现代意义的公众意愿表达机制和渠道，以及建立现代意义的一套法律制度约束等入手，走过了这个混沌时期的。1920年前后，美国纽约的GDP占整个国家的一大半，首先形成了现代预算的模板，以后迅速推广到美国其他地方。另外，美国的公众舆论也越来越表现为对政府横挑鼻子竖挑眼，甚至可以说吹毛求疵地对政府进行监督和制约。当然不能说美国的崛起就完全归结于进步时代，但是它显然得到了进步时代的这一系列制度建设的强有力的支持。它给我们中国人的最基本的启示就是，在中国的政治体制改革难以从正面推进的情况下，我们是不是也可以考虑从公共财政建设入手，来推进理财的民主化、法制化。首先是相关信息透明度的提高，然后是这方面一系列相关制度的建设，从而通过理财的民主化、法制化，拉动经济和社会生活的民主化、法制化、现代化。这就是中国今后怎样进一步深化改革方面，我认为非常值得重视的一个打开渐进改革潜力空间的具体路径。

（记者　汪仲启　徐峻音）

为什么说财政是国家治理的基础

财政部财政科学研究所　刘尚希

（2014 年 12 月 25 日）

财政不只是一个经济手段

这次十八届三中全会对财政的重视是无与伦比，史无前例的。《中共中央关于全面深化改革若干重大问题的决定》（简称《决定》）第五个问题的头一句话就点明了财政的重要性：财政是国家治理的基础和重要支柱。作为国家治理的基础，其重要性是不言而喻的。这个重要性是从对财政的认识突破了过去形成的经济学角度来确立的。长期以来，对财政主要是定位在经济领域，主要当作政府宏观调控的杠杆和手段，这次定位已经超出这个局限，而是定位在经济、社会、政治多层面构成的一个立体坐标系中。《决定》明确指出：科学的财税体制是优化资源配置、维护市场统一、促进社会公平、实现国家长治久安的制度保障。这实际上是对新的历史条件下财政职能作用的一个精炼概括。财政的经济作用是优化资源配置，维护市场的统一；财政的社会作用是促进社会公平正义；财政的政治作用是保障国家的长治久安。可见，财政的作用不是单方面的，而是多方面、综合性的。

作为发展中国家来讲，很重要的就是效率与公平怎么有机结合和融合的问题。学术界在这个问题上长期很纠结，到底是公平优先还是效率优先，过去说效率优先，现在说贫富差距这么大应该公平优先。我觉得这是效率和公平有机融合的问题，偏向哪一头都会出现问题。《决定》对财政的定位已经有全新的认识，这意味着财政以后不仅仅是作为政府宏观调控的杠杆来对待。财政作为政府的经济杠杆可以用，但是过度地工具化，那对国家治理意味着潜在的风险。

财政不能被过度工具化

财政之所以被过度工具化，其理论的渊源实际上在凯恩斯，凯恩斯以后财政就变成了政府的手段。而且，在西方国家财政不仅仅是经济方面的手段，也成为搞福利的手段，一种选举工具，成为满足政治家需要的政治手段，所以赤字和债务就不断扩大，最后变成危机。在西方国家的选举政治支配下，财政的工具化趋势很难逆转，只能是通过财政危机才能收敛一点。欧盟定的财政纪律之所以难以执行，这是重要的原因。财政作为国家治理的基础不能被过度工具化，尤其是不能为了短期的目标过度使用财政手段。否则，国家治理的基础就会松动，甚至崩溃。

那么怎么保证这个基础的稳固呢？法治化。《决定》里特别强调要完善立法，这可能吸取了房产税试点时受到合法性质疑的教训，更重要的是，作为国家治理的基础，的确是必须“法”字当头。财政是政治的一部分，也是政权的一部分。征税权是国家很重要的事情。从世界历史看，宪法的产生就与此相关。过去提税收法定主义，现在提预算法定主义，这就是财政法治化，也是现代财政制度的基本特征。这在我国还是弱项。税收既然是法定原则，这在《决定》中也明确提出了，那我们现在有多少税种是真正的法律呢？18 个税种只有 3 个法律，其他都是条例。这方面需要大力推进。有人大代表已经提出议案，建议人大把税权收回去，不要给国务院过多授权。不难看出，财政法治化不只是颁布一些法律条文，而是涉及国务院和人大的关系问题，涉及权力的配置问题，十分复杂。真正实行法定主义，人大和政府关系的改革就是政治体制改革的内容。

预算既可以是政府分钱的工具，也可以成为约束政府的制度。在国外，预算没有被通过政府就会关门，甚至解散。而我国的预算主要是政府分钱的工具，各个部门讨价还价的平台。这两者有质的区别。把预算变成约束政府的一种制度，这也是政治体制改革的内容之一。由此不难理解，为什么说财政是国家治理的基础，它是综合性的，涉及多个层面，涉及权力分割。

财政制度怎么改

从上述意义上讲，这一次对财政的认识应该说很到位。《决定》每一句话都非常重要，牵一发而动全身。“明确事权”，这涉及中央与地方的关系，从而影响中央与地方之间财政关系。“改革税制”，这涉及政府和老百姓的关系，政府和市场的关系。“稳定税负”，这涉及到社会的期望。过去财政收入的增长远远超出经济的增长，老百姓担忧甚至有骂声。最近一年尤其是经济增长下滑以后，财政收入的增长又低于经济的增长。在这种情况下，如果任其这么下去，意味着宏观税负会下来，今年的赤字已经跳跃性增长，明年的赤字若是又跳跃性增长，那肯定不行。在这种情况下，基于现实条件，我认为稳定税负是非常正确的。但问题又来了，稳定税负，那结构性减税是不是要停下来？其实不矛盾，恰恰相反，结构性减税是保证现有条件下的税负稳定，防止财政收入增长进一步下滑的重要措施。所以结构性减税和稳定税负是不冲突的。

还有“透明预算”，究竟怎么透明？这其中有非常复杂的问题。透明预算涉及很多技术性问题和基础性工作，比如说政府收支分类是否科学，还没有资产负债表，不知有多少资产和负债，怎么透明？“透明预算”提出了要求，指出了方向。还有一句话就是“提高效率”。我们在教育、科技方面的投入增长很快。但从效果来看并不是很高。科技方面的投入，就像车挂在低档上使劲踩油门，油耗增加很快，转速表也很快，但车速很慢。科技带动经济的作用很弱。这些年来重投入，轻改革。各个部门把事情干好了，是各个部门的功劳，但如果有问题，就是投入不够，财政给的钱不够。国家怎么样真正形成一盘棋，对提高效率非常重要。

还有一句“建立现代财政制度”，怎么建立？就是法治、透明、高效。这里涉及另外一个问题，即中央与地方的两个积极性。为什么提中央与地方两个积极性而不提五级政府五个积极性？从国家治理的角度来分析，我们实行的是两级治理架构：国家(中央)治理、地方治理，这与五级政府不是一个概念，不能画等号。过去老是从五级而不是从两级的角度来考虑财政体制，是混淆了国家治理级次与政府级次。我国的立法体制就是两级，而不是五级的概念。司法体制也很快要变成两级。这意味着，财政体制也将是两级架构：国家财政体制、地方财政体制。地方可以根据地方的情况实行不同的治理体制、不同的财政体制，甚至包括不同的财政改革。我认为，应该一方面扩大地方的权力，加快简政放权；另外一方面也要强化地方的责任约束。中国这么大，中央都直接管到县乡，那根本管不好。国家治理实行两级分权，这就是主线。至于地方治理，则属于另一个层次的问题。两个层次的问题不能混淆起来，眉毛胡子一把抓。

新常态：对中国未来发展的超前描述

本报记者　徐峻音

（2014 年 11 月 27 日）

中国在经历了十多年的经济高速增长以后，减速是不可避免的，这同时也被国际经验所证明。对于“减速”，有专家认为，台阶式减速和波浪式减速是不一样的，波浪式的幅度会小一点，而我国现阶段的减速就是波浪式减速。这意味着目前的7%甚至更低的增长，在通过未来的改革后有再次达到8%高增长的可能。

我们说中国的新常态，实际上是描绘了中国关于未来的发展趋势，以一种摆脱过去旧的思维方式，主动、超前地适应新发展阶段的变化。

中国的新常态，优势何在？机遇何在？挑战何在？本报对此进行了深入采访并将刊出“中国新常态”之系列报道，用有影响的经济理论解释现在的经济现象，找到政策性的解决方案。

记者：前不久国家统计局公布了今年前三季度的经济数据，1—9 月 GDP 增长 7.4%，第一季度 7.4%，第二季度 7.5%，第三季度

7.3%，第三季度的增幅比前两个季度有所回落，这在社会上产生了一些看法，有人认为当前的经济增速已经创下最近几年的新低。您如何评价当前的经济形势？

张军扩（国务院发展研究中心副主任）：这种看法是有的，尤其是在8月全国工业增速大幅回落至6.9%低位的时候。9月虽然有所回升，但也仅为8%，仍处于近年来的次低水平。对此，有人主张采取更大的需求刺激政策，以刺激经济回升。我不赞成这样的主张。其实，当前的经济形势总体上是正常的，既符合宏观调控政策的预期目标，也符合经济转型时期的发展规律。理由有三：第一，经济增速虽然有所回落，但是经济运行的效益保持基本稳定。第二，经济增速虽然有所回落，但是经济结构有所改变，风险总体可控。今年以来，服务业增长继续快于制造业，成为经济增长的最大来源。消费对经济增长的贡献稳步上升，超过投资成为经济增长的第一动力。节能降耗继续取得新进展，前三季度国内能耗下降7.6%。今年以来，调整大的领域，包括重化工业、房地产泡沫，融资平台去杠杆，也都呈现了有利于促进经济结构优化和发展方式的良性变化。在经济结构和矛盾化解的过程中，中国经济长期积累和潜伏的一些风险因素进一步暴露，但总体而言，还处于可控的状态。当然，当前我国经济潜伏的风险仍然很大，对此，我们应该保持警惕，不能掉以轻心。第三，经济增速虽然有所回落，但是尚处于中国现阶段潜在增速的合理范围。根据国务院发展研究中心课题组去年的一项研究，中高速增长的潜力范围可能会在6%—8%之间。特别需要指出的是，潜在增速是就一定时期的增长潜力而言的，不能将其机械地理解为每一年都能实现或者都应该争取这样的增速。现实当中的增长会受到各种内外因素的影响而出现波动，这是十分正常的。特别是在当前，我们既面临着潜在增速的下降，也面临调整结构化解矛盾和防控风险的任务，这个时候增长力可能会低一些，甚至低于潜在的增长力。

郑新立（中国国际经济交流中心常务副理事长）：三季度公布的经济数据传递了一个重要的信息，也就是说，我们已经持续了三年多经济下行的态势还没有改变，经济下行的压力越来越大，而且还看不到什么时候能够改变下行的状态。虽然说这个下行的增速仍然处在合理区间，但是对这种下行的态势不可掉以轻心。因为在市场经济条件下，经济的主要特征是过剩，产能过剩、供给过剩。我们曾经对计划经济条件下的短缺认识深刻，而且有了解决办法。但是对市场经济条件下的过剩这个基本矛盾、基本规律认识不够，也把握不好，更缺乏应对的办法。

在市场经济条件下，生产能力无限扩张和广大居民有限支付能力的矛盾是市场经济的基本矛盾。马克思虽然分析的是资本主义的市场经济，但对社会主义市场经济来说也是适合的。如果对这个全面的过剩不引起高度的警惕，找不到有效的解决办法，致使经济继续下滑，那么落入中等收入陷阱的危险就会比较大。我国目前的人均 GDP 去年是 6 750 美元，正好处在由中等收入国家向高等收入国家跨越的阶段，世界上许多国家在这个阶段过不了槛，在人均六七千美元上下徘徊，因此我们不能满足于目前经济增速尚处于合理区间，而是要找到解决产能过剩的办法。我认为，当前经济运行的主要矛盾是需求不足，产能过剩。而产能过剩和需求不足是一个问题的两个方面。

记者：当下有个时髦词叫“新常态”，对于这个词每个人有自己不同的理解，有的观点认为，现在三期叠加的情况是新常态，也有观点认为，潜在增长速度的回落是新常态。您的理解是怎样的？又该如何在这个新常态中把握下一步宏观经济的走向或者取向？

张军扩：我个人的看法，三期叠加时期不能看作是新常态。所谓新常态，在潜在经济力下降和经济回落之外至少还有两个特点，一是过去在粗放式增长模式下所积累的结构矛盾和财政金融风险要得到一定程度的化解，二是新的增长动力和增长模式应该基本确立，只有在这种情况之下，经济增长才能有一个比较稳定和稳固的基础，从而达到新的平衡，也才能进入一种新的常态。从这点来讲，我更能够接受“走向新常态”，而不是“现在的新常态”。当前，最为重要的改革是要加快推进那些有利于充分释放我国增长潜力，保持经济稳定增长的改革，主要是三个方面。一是通过改革释放中国本来所拥有的，但是被一些弊端所制约的体制优势。我国劳动力成本远低于美国等前沿发达国家，但是由于政府的管制过多，竞争不充分，使中国在资本成本、能源成本、物流成本等方面远高于美国，这是导致近年来美国企业回归甚至不少中国企业选择到国外市场一个重要的原因。第二，要通过改革释放巨大的国内需求的潜力。实际上，现阶段中国依然具有巨大的投资需求空间，而支撑这些投资需要的生产能力不仅是充足的，有些还存在大量的过剩，就是因为这些领域具有一定的公益性质。如何通过财政、金融制度的创新，建立新常态下可持续的投融资体系，以充分释放国内投资需求的空间，是我们面临的重大的改革挑战。最后，还要通过改革促进创新驱动，新的增长动力的形成从根本上来讲要靠创新，而投资环境要靠政府打造。

记者：郑主任提到了中等收入陷阱，那么，如何使中国避免这个很多国家都陷入的中等收入陷阱？而对于人均收入的问题，我们的下一个目标是什么？将何时实现？

郑新立：要通过改革释放发展的潜力，我想，需要从五个方面打破改革以来形成的新的思维定式，通过改革新的突破释放发展的潜力，为经济的持续健康发展提供强大的动力支持。只要改革到位，把潜力释放出来，到2020年我们就有可能实现人均GDP达到12 000美元，跨入高收入国家行列。这五个方面是：第一是要打破农民工市民化会加大城市公共服务压力的思维定式。通过户籍制度的改革，农民工市民化的潜力释放出来了，如果每年进入城市的人口保持在1个百分点，那么，基础设施、公共服务、个人消费都会形成强大的需求，成为未来十几年中国经济持续增长的最强大的动力源泉。现在留守儿童6千万人，留守妇女4千万人，留守老人4千万人，加上2.6亿农民工，如果帮助他们实现全家团圆梦，将会对现在留在农村的人产生强大的吸引力。第二是打破农村土地改革会冲击农户在农村的经济主体地位和18亿亩耕地红线的思维定式，释放土地和劳动力的潜力。第三，打破一谈发展就上工业项目的思维定式。第四，打破允许民间资本发起设立金融机构必然会加大金融风险的思维定式。第五，打破允许民营企业进入垄断性行业必然会带来无序竞争的思维定式，释放民营资本的潜力。如果在这五个方面有序推进改革，我想，未来十几年我们保持8%左右的增长速度是没有问题的，关键在于改革。

记者：金融是现代经济的核心，离开了金融的改革就只是个壳。如果说金融市场化的重点在利率市场化，那么金融国际化的重点是否就是人民币的国际化？人民币的国际化是不是未来中国金融改革的一个重点？

魏建国（中国国际经济交流中心副理事长）：今年5月28日，奥巴马在西点军校发表演讲时说，美国要再领导世界 100 年。奥巴马说，美国必须成为一如既往的世界舞台的领军者，发挥领军作用。接下来，拜登又说，当前全球经济处在一个拐点，美国现在做未来世界的全球领导角色是游离观望。美国是继续发挥领导的作用，还是在新兴经济体形成之前袖手旁观？我认为，新兴经济体关键时刻是机遇和挑战并存，这时候中国必须要发挥作用。具体有四点：一是应该加速改革。当前我们正在全面深化改革，但是有两个改革滞后，即金融和财税改革。首先是金融改革，这是这次改革的关键。中国金融改革最重要的是三步，第一步是推动中国金融体系的宽度改革。这是相对于中国金融体系太狭窄而言的，要让投资者有充分的自由选择权，扩本融资的渠道，宽度改革的核心是证券化。第二步是推动中国金融体系的市场化。第三步是推动中国金融体系的国际化。财税改革一定要加快，中国的收入要做大，中产阶级的消费要形成。其次是加快结构调整。我不太同意有些专家说把产业转移出去，形成产业的核心、优势、强项，而是要在原有的基础上进行传统产业的改造。第三是扩大消费，如生产的消费、服务消费、养老保健消费、文化消费。第四是加大人民币的国际化进程。一个国家成为世界第二大经济体，却没有一个强有力的货币支持是不行的。中国要加快布局，不仅是 21 世纪海上丝绸之路，而且要建设丝绸之路经济带，更重要的是要加大对金融机构的支持，建设好金砖银行。

记者：美国亚洲再平衡战略不是经济战略，而是文化战略、政治战略，就经济看经济是不现实的。请您侧重于国际贸易体系改革的角度，谈谈中国在经合会议上提出的亚洲自由贸易区的体制。这种贸易对新常态经济的改革，不仅仅是在上海建设自由贸易区，还在于，整个中国的贸易体系能否重新构建出一个良好的、能促进中国经济发展的新常态。

魏建国：美国是这样看待不平衡的：如果把全球的不平衡算做一个平衡，边缘的国家向中心靠拢，中心的国家向边缘靠拢。韩国、以色列从边缘往中心走，因为个体小，所以产生的影响不大。当然，也有从中心往外走的，比如英国。但是，美国看到的是，中国正在向中心走。对此，它们会采取三个措施：能不能抵制，能不能暂缓，能不能全面阻止。通过我们智库的研究，美国采取的是阻止，能阻止多少就阻止多少。

如何在原有的基础机制上建立适应中国新常态的全球平衡机制？我认为就是把我们的“10＋3”、“10＋1”、“10＋6”做好，路径非常清楚，正如习近平总书记所说的，希望大家分享中国发展的成果。[本稿采访感谢中国(海南)改革发展研究院支持]

贾康:“新常态”下宏观调控更要有所为

社会科学报

（2014 年 12 月 11 日）

编者按：2014 年 5 月，习近平总书记在河南考察时指出，“我国发展仍处于重要战略机遇期，我们要增强信心，从当前我国经济发展的阶段性特征出发，适应新常态，保持战略上的平常心态。”如何告别过去的经济模式和调控思路，在新常态下继续“打好一手牌”，成为当下必须面对的问题。

记者：在过去的三十年中，我国年均 GDP 增长率这一龙头指标，处于 9.8%左右的高水平，邓小平“南方谈话”后的二十余年均在 10%以上，而目前不论是国内还是国外的学者，大多认为这一高增长速度不可能再维持下去，很可能要下降到相对较低的区间。对此，您是如何判断的?

贾康（中国财政学会副会长）：关于新的增长速度区间的量值，目前还没有形成共识，但是，在“新常态”概念下我国经济运行的下一阶段的表现，可以认为是要完成一个以增长速度指标为代表的运行态势的探底过程。关于这一探底过程中我国所面临的现实状态，中央已经有了“三期叠加”（经济增长速度换挡期、结构调整阵痛期和前期刺激政策消化期）这样的提法。事实上，这几个期间的客观存在都是无可否定的，但我认为，在“三期叠加”之上，更需要注意到的是“改革攻坚克难的推进期”的又一重叠加。这意味着在正确处理和对待目前的探底过程中，将过去的状态与相对稳定的“新常态”衔接时，我们能够选择的最关键变量即为制度供给变量。而选择制度供给变量，并伴随着打造中国经济“升级版”的一系列努力，即优化结构、提高质量，“稳增长、调结构、促改革、惠民生”。如果处理好“促改革”的问题，将有望相对顺利地趋稳，并通过结合调动各种上行因素来对冲下行因素的努力，就能够完成一个“蓄势”的阶段，进而迈入能够追求一个长期的次高经济增长速度区间的阶段。

现阶段我国在城镇化和老龄化等大的演进趋势面前，所具有的潜力、活力的释放空间依旧是清晰可见的。譬如，在经历此前若干轮的建设与升级换代改造后，我国的基础设施目前依然存在着较为迫切的、进一步换代升级的需求。从我国高铁客运所经常面对的“一票难求”的旺盛需求，或者其他领域并不鲜见的“局部短缺”现象，我们不难观察到未来通过进一步激发产能的利用能力、增长空间和需求释放以后，由供给的回应所能够形成的支撑未来继续增长的条件。

因此，我国在人口红利消失、劳动力成本上升、常规投资活动边际收益下降的过程中，依然具备了通过改革释放制度供给红利的巨大潜力。通过改革来放松供给约束，以制度供给来激活供给潜力，是目前最值得争取的未来增长前景。通过改革来达到经济增长“趋稳”、“蓄势”，把“新常态”和需要调动的“新动力”，以及在认识上特别需要强调的“新供给”有机结合，应是未来我国进入长期的次高增长速度区间状态的最重要着眼点。

记者： 2014年被称为中国“全面改革元年”，宏观经济运行状态的调控具有为全面改革的展开提供条件配套的特殊意义，而年初经济运行一度表现出的较明显的下行压力，亦使宏观调控当局的动向与举措备受关注。新的经济形势必然要求新的宏观调控思路。这方面您有何建议？

贾康： 在“新常态”下，我国的宏观调控管理政策也需要从思路上调整，结合“促改革、调结构、稳增长、惠民生”，达到使经济增长完成“趋稳”、“蓄势”和进入“新常态”的次高速增长区间的目的。当前，在维持积极的财政政策和稳健的货币政策不变的同时，我国宏观调控总体贯彻了“相机抉择”原则。

一是一以贯之地“让市场充分起作用”，加快发展方式转变，打造中国经济升级版。哪怕在年初经济下行压力较明显、市场预期较悲观，甚至有境外新一轮“中国经济崩溃论”舆论抬头的情况下，宏观决策层坚持明确地给出信息：只要中国经济运行处在可接受的区间之内，政府决不启动大规模经济刺激方案——这是在7.5%引导目标量值加上“左右”二字的情况下，清晰宣示了“使市场充分起作用”的空间，而市场竞争中的“优胜劣汰”，正是挤压、排解过剩和落后产能、促使企业和产品升级换代的有效压力与动力机制。这一点表明中国宏观调控当局与社会主义市场经济发展相匹配的调控哲理，在复杂局面和压力时段中，具有其稳固的逻辑和坚强的定力。

二是在维持积极财政政策和稳健货币政策框架不变的同时，成功地贯彻宏观调控的“相机抉择”原则，以所谓“微刺激”有效推进了“稳增长”，并提振市场信心。从宏观运行状态的“区间掌握”出发，宏观调控当局在认为无需对财政、货币两大宏观政策“积极—稳健”搭配这一基本框架和各自定位作出调整的同时，又审时度势、灵活运用了经济调控理论的“相机抉择”原则，在政府投资安排、财政支出重点和支出进度、货币政策力度和定向等方面，作出了一些必要的“稳增长”举措。

三是在宏观调控中鲜明地运用“供给管理”方式和手段，注重区别对待，突出重点，强调结构优化，兼顾一般。在所谓“微刺激”的投资事项上，通过适当对高铁工程、棚户区改造和保障房建设项目、农村水利设施项目等作出重点支持，既能对经济运行产生适当的景气提升作用，又能体现在改善民生、支持城乡基础设施升级并培育经济社会长期发展后劲等方面的综合效应；在财政“结构性减税”事项上，特别注重对于中小微企业的减税支持，既有利于鼓励“草根创业”和民间资本释放潜力活力，又有助于增加就业、改善民生、“雪中送炭”式扶助低端；在货币政策几轮适当掌握的“定向降准”中，颇具中国特色地把存款准备金率这一总量调节型政策工具加以结构化运用，支持三农、小微企业等“弱势”领域。

四是把宏观调控与深化改革有机结合，把短期与中长期目标有效衔接。在调控中，坚定地实施减少行政审批、简化企业工商注册程序、压缩政府“三公经费”等行政成本、扩展“营改增”改革的行业覆盖面、推进反腐廉政建设、进行上海自贸区“先行先试”等改革举措，并为下半年即将正式展开的财税配套改革、公车制度改革等作了很好铺垫，体现了在宏观调控中把短期状态掌握与中长期“攻坚克难”配套改革过程衔接起来，寓调控于改革的全局协调和长远追求之中。

记者：“新常态”下财政与货币政策应该如何体现针对性？

贾康：“新常态”下的财政、货币政策，必须立足于服务全局，努力促进国民经济运行的基本稳定与提高质量，并在加快发展方式转变，稳增长、调结构、促改革、惠民生中，把短期的、年度的调控与中长期实现“五位一体”全面改革目标衔接起来。财政、货币两大政策的优化，至少需考虑把握好如下要点：

一是两大政策协调搭配的框架，要坚定不移地贯彻“使市场充分起作用”的调控哲理。只要宏观经济运行状态处在可接受的区间之内，就决不贸然启动财政、货币两大政策的“双松”搭配。目前以积极财政政策与稳健货币政策来作“一松一紧”的搭配，总体上适应“新常态”进入期的调控需要，有利于在景气水平、就业率水平可接受的底线上，让市场更好发挥“优胜劣汰”、调整结构的资源配置决定性作用，加快发展方式转变。只要经济运行不出现可能穿破底线的重大特征变化，对此决不轻易改变。

二是两大政策在总量调控与结构调控、需求管理与供给管理互有侧重、优势互补的同时，总体上需更多考虑强化与优化“供给侧管理”。通常，货币政策的调节势必带有总量调节特征，而财政政策在配合、策应货币政策时，理应把现阶段的总量扩张（以赤字规模和举债安排为代表）与明确的“区别对待”结构导向政策相结合，突出重点，兼顾其他，以财税政策手段倾斜支持三农、社保、小微企业、科教创新、教育文化、战略性新兴产业等领域。另外，2014年货币政策方面“定向降准”等把总量型政策工具结构性运用的操作，也值得及时总结经验，加入“供给管理”的区别对待式政策组合。以财政、金融相互协调机制支持的政策性金融和开发性金融的发展，亦需放入“供给管理”框架充分发挥作用。更好地在供给侧发力，有助于结合中国国情与特定发展阶段，在“新常态”下把从保障房建设、小微企业创业支持、环保产业发展等，到重大项目建设等的一系列重要事项做好、做实。

三是两大政策的设计与运作必须积极有效地服务于、配合于推进财税、金融等方面改革的展开和深化。财政改革作为在被称为“全面改革元年”的2014年率先启动的重头戏，将在预算管理、税制和中央地方体制关系三大方面推出一系列举措，也将在财政信息透明度、跨年度预算编制、资金绩效提升、转移支付、地方债务、具体税种改革和中央地方分配关系等方面产生众多与新制度供给相匹配的新政策供给需求。金融改革的一些重要事项，如存款保险制和中小金融机构兴办、人民币“走出去”与汇率机制的优化，特别是关键性的利率市场化改革等，亦都摆上了改革议程，需要政策配合。两大政策还要在深化改革中于国债发行、公开市场操作、国库现金管理等“结合部”方面创新机制。以财政政策为主支持公车改革、司法改革、资源产品价格改革等，亦是无法回避的重要任务。政策的设计和优化，需要服务改革、寓于改革。

以上关于两大政策的松紧适度合理搭配、供需管理结合而更加注重供给管理和服务支持改革，其内在逻辑都是在于要适合“新常态”的“趋稳”“蓄势”与“创新”需要而服务全局。

（记者　汪仲启）

新常态：打响结构调整攻坚战

本报记者　潘　圳

（2014 年 12 月 25 日）

编者按：过去三十余年，由经济飞速增长写就的“恢宏篇章”，让世界感受到强劲的“中国震撼”，而今，全球经济波谲云诡，局势错综复杂。步入新常态，中国经济减速换挡已是大势所趋。2014 年 12 月 5 日，中共中央政治局召开会议，强调“主动适应经济发展新常态，保持经济运行在合理区间，把转方式调结构放到更加重要位置”。9 日，中央经济工作会议举行，“新常态”被定位为“当前和今后一个时期我国经济发展的大逻辑”，这表明中国经济新阶段的大幕正式拉开。

我国经济转入新常态，不仅意味着经济增长速度“下台阶”，更意味着经济结构出现趋势性新变化，发展质量“上台阶”。过去十年是经济快速发展但结构有所失衡的十年，从产业结构到地区结构诸多方面都存在不同程度的问题；未来十年，必须通过加快转变经济发展方式以优化经济结构来缓解失衡。据人力资源和社会保障部数据，前三季全国城镇新增就业人数 1 082 万人，同比多增 16 万人，提前完成全年就业 1 000 万人以上的预期目标。据国家统计局数据，全国居民人均可支配收入同比名义增长12.1%。

中国经济新常态的内涵在于主动调整，推动经济结构转型升级，这既有利于中国自身，更将为全世界的均衡、高质和可持续发展提供宝贵机遇。

结构调整才能实现经济复苏

随着经济增长继续放缓，中国作为全球第二大经济体，第三季度GDP同比增长了7.3%，增幅创下近六年新低，与政府设定的“7.5%左右”的2014年全年增长目标相距不大。当人们面对近年来几乎最低的经济增速数字，于忧虑与从容之间彷徨不定时，在一长串的经济数据中，我们惊喜地发现经济结构所发生的微妙变化，读出了愈发精彩的内容。

“我们去年开始创业，主要针对办公楼做节能改造。节能环保是经济发展大方向，目前我们正在洽谈的储备客户有十多家，市场前景很不错！”在80后重庆小伙周冯锐铖眼中，新常态便是这样一道风景，当他对《人民日报》讲述他的创业感触时，难掩兴奋之情。事实总是大大不同于一些人的“唱衰”论调和“看空”预测。就业水平未滑出“下限”，物价涨幅未超出“上限”；全国居民可支配收入增长率跑赢GDP增速……新的发展成绩，凸显着新常态的鲜明特征，长期以来被孜孜以求的结构调整与转型升级正在悄然提速。

结构性改革，总的来说，就是要调整经济社会中不适应发展要求的体制、机制等结构性问题，推动经济社会结构向有利于未来发展的方向转变。“之所以突出调结构，是因为中国已进入结构大调整的关键期。”中国人民大学经济学院副院长刘元春向本报表示，近年来，伴随着经济增速放缓，中国产业结构等一系列的结构参数都发生了重大变化。在这个阶段，只有抓紧调结构，从制度上为经济增长添加新动力，未来才会有更多的机会。

目前，结构调整的紧迫性也是世界范围的，尽管地区差异明显，但各国经济发展所面临的结构失衡问题却大体一致。国际货币基金组织在最新一期《世界经济展望》报告中再次呼吁，各国务必落实结构性改革，切莫口惠而实不至。对于发达国家主要体现在就业，教育、社会保障、主权债务等领域，对于新兴和发展中国家则主要体现在产业结构、地区结构、城乡结构以及收入分配等问题上。

美国当前突出的结构性问题之一是虚拟经济过度膨胀，资金在金融交易与实业间的传导不畅；欧洲的问题则是社会福利较高与竞争力偏低的矛盾；日本的问题是政商紧密结合引发的利益僵化；对印度经济影响较大的结构性问题是贸易结构失衡；巴西则是贸易和通货膨胀的困境未得到根本性改善。各国已经逐渐形成共识：结构调整是实现经济稳定复苏的最佳方案。

在新常态下，中国的结构性调整很大一部分体现在从增量扩产转为存量优化升级，包括产品结构、出口结构、贸易方式改善升级，值得特别注意的一点是我国的投资构成调整。商务部国际贸易经济合作研究院研究员梅新育在专访中对本报记者强调道，这些年我国固定资产投资中，新建、扩建占比很高，至今我们大规模的新建、扩建投资将初步告一段落，重心要较多地转向已有设施的不断改建、技术改造，以保证设施的不断改进，保持世界先进水平。为实现这一点，税制等方面给企业“放水养鱼”是必不可少的，这样才能保证企业有自我更新发展的能力。

结构合理均衡方可“稳”住经济

我国经济在第一季度“爬坡过坎”和第二季度“温和改善”的基础上，第三季度经济增长速度实现了“有质的回落”，主要经济指标均处在合理区间，表明我国的结构调整取得了阶段性成果。作为结构调整的重要“手段”，区域结构调整和产业结构调整尤为引人注目。

当张骞出使的西域和郑和造访的西洋遥相携手，欧亚大陆与太平洋海岸东西两望，雄心勃勃的“一带一路”（丝绸之路经济带和21世纪海上丝绸之路）为新常态下中国经济的爬坡过坎寻求着新的出路。有观点认为，2015年经济工作的“题眼”便是“一带一路”战略。

目前，京津冀、长江三角洲、珠江三角洲等城市群，以2.8%的国土面积集聚了18%的人口，创造了36%的国内生产总值。民生证券研究院副院长管清友认为，当前国内外形势发生了深刻变化，新一届领导层再一次把区域发展提升为国家战略。核心思路是打破过去的“一亩三分地”思维，顶层设计、协同发展。

“一路一带”战略将推动我国产业和企业“走出去”进入中亚、俄罗斯、南亚、东亚、西亚及北非。梅新育向本报透露，李克强总理近日出访哈萨克斯坦、塞尔维亚和泰国，在哈萨克斯坦要签署大约三十份文件，“一带一路”正在逐步落实。“其中，重点之一应该是互联互通，即公路、铁路、油气管道和电力、电信网络建设改进。中国西气东输三线工程对中亚和俄罗斯能源对华出口很重要。”

世行报告分析，今年前三季度，中国服务业对GDP的增长有近一半的贡献，对GDP的拉动为3.6个百分点，而工业对GDP增长的拉动仅为3.3个百分点，其中制造业仅为2.7个百分点。随着经济增长结构继续从工业向服务业转变，服务业保持了良好的增长势头，成为中国经济增长的亮点。产业结构如何实现转型升级，已成为中国经济能否顺利找到新动力的关键。

上海社会科学院世界经济研究所原副所长徐明棋在接受本报采访时谈到，在三大产业的结构转型中，第二产业应进一步转向创新驱动，如高新技术产业。但产业调整是一个十分复杂的过程，要适应新常态下，初期经济增速下降的情况，加大对战略性产业的投入。另外，金融体制要为产业调整创造条件，对处于成长期的新兴产业要给予支持。通过简政放权、结构性减税、解决中小企业融资难融资贵等政策措施，激活民间投资，让企业顺利上市。

服务业绝大多数属于劳动密集型产业，所以它对就业的带动作用更强，同样每亿元国内生产总值，第二产业容纳的就业量为1 058人，第三产业为1 348人，后者超过前者约30%。这就是为什么经济增速放缓，就业状况反而有所改善；经济并不景气，人员工资仍在增加的奥秘所在。

到2020年中国能否从工业大国走向服务业大国，成为转型与改革的历史任务和重大挑战。中国(海南)改革发展研究院院长迟福林指出，13亿人的服务需求释放的规模与速度，在很大程度上决定了经济结构、利益结构、城乡结构调整的进程。把结构调整到合理均衡状态，是达到经济总量“稳”的内在要素。中国社会科学院金融研究所货币理论与货币政策研究室主任彭兴韵告诉本报，调结构涉及国民经济的各个方面，不仅包括产业结构、地区结构的调整，也包括需求结构、国民收入分配结构，甚至金融结构的调整。

“积极稳健”的财政货币政策护航新常态

当前，慢复苏成为全球经济的新常态，美日欧主要发达经济体政策走向开始明晰，新兴经济体在市场剧烈波动后也逐渐恢复了元气。明年，主要经济体执行的一系列政策能否转化为延续增长态势的“新动能”，已成为全球经济领域的最大疑问。

结构性改革一方面能够激发内生的可持续的增长潜力，有效增加需求和提升经济增长预期；另一方面能够拓展财政和货币政策的空间，加强其政策效果。2015年是我国全面完成“十二五”规划的收官之年。当下的任务是如何运用税收和财政支出工具，做出适应经济中速运行的财政政策选择，发挥对此轮世界经济结构调整的引领作用。

与前两年直到中央经济工作会议才透露财政和货币政策的取向不同，此次中央政治局会议提前敲定了这两项宏观政策的主基调。对此，中国人民大学财政金融学院副院长赵锡军表示，官方提前公布将继续实施积极的财政政策和稳健的货币政策，有利于明确和稳定社会预期，而保持宏观政策的连续性和稳定性，也是适应新常态下经济发展的现实需要。

前不久，央行两年多来首次出手降息，引发了市场对“稳健的货币政策是否会转向宽松”的猜测。央行明确表示，此次利率调整的重点是有针对性地引导市场利率和社会融资成本下行，促进实际利率逐步回归合理水平。然而，让货币政策承担结构调整重任，有学者对其效果表示担忧，认为货币政策过多承担结构改革之责，有固化结构性矛盾的风险。

财政政策选择当如何从经济增长新常态为前提，为长期制度建设做好铺垫？中国社会科学院财税研究中心执行副主任闫坤总结道，税收的任务主要是进行结构调整取向的税制改革。财政支出的任务是实现“事权与支出责任相适应”的目标。具体而言，要提高所得税和财产税的比重，扩大税基，推动社会保障费改税。同时，在事权划分清楚的基础上，科学划分财政支出责任并与其事权相适应。

为者常成，行者常至。“质量更好，结构更优”的经济新常态并非一片坦途。“三期”叠加之下，产能过剩，劳动力成本上升，资源环境承载压力加大，“中等收入陷阱”必须跨越等新旧问题交织，不容我们丝毫掉以轻心。通过强化改革力度不断化解“成长的烦恼”，中国经济必然会打开崭新的局面。

三、市场经济：风险不小于机遇

改革开放以来的实践充分证明，多种经济成分不仅应该、也完全可以在市场竞争中发挥各自优势，互相促进、互相依托、互相竞争、共同发展。正是由于我们比较好地处理了公有制经济与非公有制经济的辩证统一关系，我国国民经济才得以创造出许多新的经济增长点，得到质与量的飞跃。正如王家范教授所言，市场经济发展的轨迹一定是一种波浪形的曲线，熟悉市场经济的“历史过程”，就可能获得一种历史通感，能以长时间段、大局面的眼光与智慧来把握发展的时机和发展的“变”。

近年来，民营中小企业受金融危机等因素影响，困难重重，钢铁、地产等行业频现民营企业因经营困难而被国有企业收购的案例。非公经济作为社会主义市场经济的重要组成部分，现在所遇到的困难对我国未来改革路线的走向将会产生何种影响？本章采择 1986 年《产品经济向商品经济转变之后》、1994 年《对固有市场经济模式的大胆挑战　中国将形成“区域发展导向型”市场经济模式——张幼文研究员访谈录》、2001 年《入世后我们怎么应对挑战——经济学家厉以宁谈加入 WTO 后的中国经济机制转换》、2009 年《总结与反思：民营经济六十年》、2013 年《发展劳动力市场成为资本市场——访著名经济学家周叔莲》等文章，考察中国市场经济历经的阻碍与突破，存在的风险与机遇。

产品经济向商品经济转变之后

蒋华健

（1986 年 5 月 9 日）

“有计划的商品经济”就是商品经济，只是当我们在需要强调一下这种经济与“无计划商品经济”的对比意义时，才加上这个限定词。当我们在说“一只红苹果”时，并不改变这只苹果的性质。通常情况下，我们只要说“一只苹果”就够了。

在社会这个大系统中，经济、政治、文化（狭义）这三大子系统之间的关系错综复杂，社会变革尽管往往以某个子系统中的支系统作为突破口，但是如果以为只需要某个新子系统来取代某个旧子系统，而不触及旁的旧子系统，以为新旧子系统在一个大系统中能和平共处，那至少是一种幻想。

从产品经济向商品经济转变，实际上是一次社会大革命，其意义超过中国历史上任何一次社会变革。产品经济与商品经济是两种性质绝然不同的社会形态的经济形式，有着不同质的政治系统和文化系统与其相配套。商品经济的一个最基本特征或者叫作这个系统的基本“密码”是“等价交换”。货币面前人人平等是这种社会中人与人之间最基本的经济关系。不论你是国家元首还是无业游民，每一分钱所能换取的消费对他们是等量的。由于人们物质利益的多少主要取决于能得到多少货币的机遇(遗产、才能、机会),而才能与机会的运用主要依据市场,因而人身依附关系相对很弱,基本上能保证个人的独立性;同时,由于财产、才能和机会具有极大的可变性,谁也不能认定自己或自己的家庭一辈子富有或贫穷,因而从人格上来说保证了人无贵贱之分的可能。所有这些表现在文化上就是自由、平等的观念,不迷信权威和独创性;表现在政治上就是民主、自主、分权和官民无常。产品经济的基本"密码"则是"平均分配"(这里的"分配"是"分发配给"之意),由政府将消费品统一收拢后平均分发给每一个人是这种社会的基本经济关系。(尽管也有"货币",但产品经济中的"货币"已经失去了"货币"的原有含义,只是个人或单位用来兑换政府分配物品的定量凭证,其职能与粮油票证大同小异。)由于国家政府与每个公民之间相距遥远,为了加强联系,于是形成了逐级分配机构。在这个宝塔型的静态系统中,一个人的物质利益主要取决于政府(实际上是它的代理人),因而存在极强的人身依附关系。所有这些表现在文化上就是服从、平均观念、"述而不作",因循守旧、平庸;表现在政治上就是官僚主义、集权和等级制。

在超前发展的经济体制和部分文化前,现有政体和总体文化已经隐隐透露出一种失重感,有的表现得还相当明显。为此,中央已经作出一些相应的转变措施,如政治上废除干部终身制,观念上承认物质鼓励和暂时收入差别,等等。但也有相反的情形:有些人把已经感觉到不适应性的一些旧东西误以为社会主义的必然产物而大加宣扬,以此来设置禁区,唯恐改革的触角伸进这些圈子。其实这样做等于为改革划定了一个有限的小圈子。这种不触及大系统的小改小革是难以成功的,最终,一切还得恢复原样。中国近代社会之所以风波迭起，复辟频繁，其根源就在于改革的不彻底。苏联、东欧也有不少现成的教训。

思想上暂时的局限性不足为怪，也不足虑，危险的是当经济改革以触角向前拓展，与各种旧政体旧文化抵触时，不是明智地踢开障碍物，而是固执地抱住这些旧东西，以为是社会主义的命根子。

且举两个例子，如档案制度与户口制度。这两种人口管理制度实际上是产品经济特有的附属物，它们的职能是便于分配和管制。可是，当今后一旦形成商品经济必不可少的劳动力流动机制时，它们的抵触性可想而知。可以说，只要现有的户口与档案制度存在，就不可能实现劳动力竞争，因而也成不了完整意义上的商品经济。

又如“伯乐制”（上级指派的干部任用制）。如果一个企业主要的决策人——经理要由政府指定的话，那么企业又如何真正成为自主经营，自负盈亏的商品生产者或经营者？显然，只要企业的经营活动不合上级要求，上级就可以撤换它的经理——不还是“直接控制吗”？这样的经济实际上还可以同时是上级机关的一个什么委员——经营权在谁手里？

这只是两个一般的例子，实际上现有政体和文化中还有一些关系更为重大但可能较为间接的支系统表现出对商品经济的对立性，只是人们还没有认识到或没完全认识到，或是认识到了而又缺乏一种适当的表达方式，改革之所以艰难，就在于此。所以，不是要慢，而是能快的要当机立断。不然的话，可能就是在举棋不定之间，眼睛一眨，又是半个世纪过去了。

薛暮桥评说社会主义计划与市场

社会科学报

（1991年2月7日）

所有社会主义国家制订的计划价格都背离价值，只有放开价格，让价值规律自发调节，才能真正发挥其作用。在缩小了指令性计划范围后，我们还必须把指导性计划建立起来。在宏观调控中，金融手段的作用应该大大超过财政手段。

经济学前辈薛暮桥最近完成长篇论文，就社会主义经济理论的诸多争议问题向学术界坦陈己见，本报专此发表其中部分论述。

价值规律能“自觉利用”吗？

薛暮桥曾主管过多年的物价控制，他的结论是：各类产品在生产中所消耗的社会必要劳动的计算非常复杂，现在没有一个社会主义国家能够正确计算出来，所有社会主义国家制订的计划价格都背离价值，所谓“自觉利用价值规律”实际上是抛弃价值规律，难免要遭到客观经济规律的惩罚。把价格放开，让价值规律自发调节，才能真正发挥价值规律的作用。

应该限制物价还是管住货币?

人们往往觉得市场混乱是放开价格所引起的，因而往往采取严厉管住价格的办法，结果却使价格更扭曲，产业和产品结构更不合理，市场更乱。薛暮桥认为，从世界各国的经验看，正确的对策应是管住货币、放开物价，从而理顺价格，平整市场，以此促进改革的深化。在宏观失控、市场供应严重短缺时，对某些商品定量供应难以避免，但需要加强宏观控制，在这个条件下逐步调整价格，最后使得尽可能多的商品价格放开。

为什么社会主义总要患“投资饥饿症”?

薛暮桥认为这是因为计划与市场关系始终没有处理好。他说，必须赋予计划与市场以新的涵义。即使是列入指令性计划的产品，也应该逐渐从计划分配过渡到商品交换。国营企业的生产也应该从面对计划转向面对市场。其实，计划和市场都是覆盖全社会的，包括过去所说的市场调节部分。20 世纪 70 年代以前，我们只会利用指令性计划，不会利用指导性计划，以致把经济管死了。1978 年以后，我们缩小了指令性计划范围，而指导性计划又没有建立起来，以致宏观失控。我们现在应把指导性计划建立起来，针对社会主义经济特点，预防“投资饥饿症”卷土重来。

如何以经济手段实施宏观控制?

薛老先生坦言这仍是我国经济管理体制最薄弱的环节。从财政和银行这两大宏观调控工具看，银行的作用今后应该超过财政。目前增减货币发行数量，主要还是依靠行政命令，以后需要逐步改用利率政策。特别在物价上时，存贷利率必须按物价的上涨幅度灵活变动，这是宏观调控的重要手段。此外，银行贷款还应该执行产业倾斜政策，对国家扶持的行业多贷款、低利率，并且时时注意企业经营状况，迫使企业改进经营管理。

加紧建起市场取向新型体制才能真正稳固社会主义经济

吴敬琏谈理论界犹疑不决争论不休的市场经济问题

社会科学报

（1991 年 4 月 4 日）

经济学家吴敬琏在这里说，我国推进市场取向的体制改革在去年丧失了一个大好时机，造成这种局面的根本原因是由于一些基本理论的含糊混乱、纠缠不清。

这位兼任四川省府顾问的学者来成都作学术报告时，批评了那种以为推行市场化就是实行私有化，就是削弱社会主义经济的观点。他说，对治理整顿过程中出现的市场疲软，是否应该大量发放银行贷款，学者们是有不同看法的。一种观点要求大量发放贷款以启动市场，另一种则强调发放贷款需分清结构并适可而止，要求瞄准时机及时转向以加强市场取向的体制改革来继续治理整顿。后一种观点在当时引起许多争论和非议。

吴敬琏认为，如果不深化体制改革，一味靠发放贷款去启动市场的办法，倒是在走向私有化。因为贷款实质是贷出国家财产，假如贷出的款变成了工厂、商店库存的堆积，甚至变成了烂账、呆账的累积，变成了居民储蓄的增加，结果将是国家资产的日益减少。

近年一些企业已经出现了产值上升与市场销售额不变甚至下降等反常现象。而要是及时采取加大市场取向的体制改革，让不同的生产者公平竞争，情形就会不同了。

毫无疑问，在这种公平竞争中，只要国家把握好宏观调控，国有企业能凭其技术、设备和人员优势发挥其巨大的潜能和效益，就能增加国家资产，稳固社会主义经济成分。

吴敬琏举了四川粮食价格的例子。前年和去年，全国尤其是四川省粮食获得大丰收，这本来是调整粮食价格、推进粮食市场化改革、促进全国统一粮食市场形成的好时机，可是四川乃至全国丧失了这个良机。

在论及未来十年的经济发展方向时，吴敬琏主要考虑的还是如何扎扎实实打好基础，尤其是内地省区。他的依据是，由于对历史性深刻转变中的一些客观规律的认识和经验的积累都很不足，前十年的发展在质量方面留有很多欠缺。从全国看，经济体制总体上仍处于新旧交替期，真空带还十分明显；从地区看，沿海一带新体制开始起主导作用，而在内地旧体制的束缚还很大。不能不尽快补上这一欠缺。经济结构合理了，新体制框架竖起来了，才有望实现经济的稳步发展和腾飞。

对进一步推动市场取向的体制改革，吴敬琏陈述了目前的两个有利因素：一是通过治理整顿，至少缓解了通货膨胀、总量失衡等矛盾，二是“八五”计划建议和十年规划构想肯定了过去十年改革的基本方向，澄清了一些模糊观念，现在就看我们如何总结经验教训，拿出勇气，把握火候了。

（蓝定香）

社会主义应当扬弃而不是照搬“市场经济”

——李家镐谈访录

社会科学报

（1992 年 8 月 27 日）

社会主义经济制度需要市场和市场机制是一回事，把社会主义经济制度命名为“市场经济”又是另一回事。因为这种命名并未科学地反映商品经济新发展阶段的本质。

记者：加快发展社会主义市场经济，已成为当前经济工作和理论研究的中心。《社会科学报》最近刊登的《为市场经济“正名”的时候到了》一文中发表了吴敬琏、童大林、于光远等经济学家对社会主义市场经济的一些观点。得知您对那篇文章有不同观点，能否请您谈谈您的具体看法。

李家镐：好的，《社会科学报》是一张我经常看的报纸。我的看法是这样的：社会主义是在扬弃资本主义的基础上建立起来的。那么，显然社会主义的经济制度应比“市场经济”高一个层次。即：既要容纳市场经济调节经济的作用，又要克服它的缺陷，来发展我们的有社会主义特色的经济调节机制。也就是说，既要自觉运用价值规律，又要实行按比例、协调发展的计划调整，在更高层次上调节全社会的经济。这样的经济形态，不能简单地称为“市场经济”，而是比市场经济高一个层次的社会形态。

所以，不是该不该为市场经济“正名”的问题，因为市场经济本来有它自己的名称和涵义。现在的问题在于：社会主义经济到底是市场经济，还是扬弃资本主义市场经济之后的一种新型的经济制度。如果照抄市场经济的话，就用不着搞社会主义了。

社会主义经济制度需要市场和市场机制是一回事，把社会主义经济制度命名为“市场经济”又是另一回事。因为这种命名并未科学地反映商品经济新发展阶段的本质。

记者：现在有越来越多的人，包括不少经济学家认为，社会主义中有市场机制，资本主义中也有计划机制。对此您有什么看法？

李家镐：确实，现在有一种说法，市场经济与公有制是可以兼容的。那么，“公有制条件下的市场经济”到底是什么内涵——计划机制起什么作用？市场机制又起什么作用？哪一个是起主导作用的机制？公有制的实践形式如何响应市场调节的讯号？公有制的实践形式又如何响应计划调节的讯号？

市场经济和计划经济，应该说都是经济制度；而市场机制和计划机制才是手段。在社会主义和资本主义中，笼统地可以说都有市场机制和计划机制。但进一步具体分析可以看到：由它们构成的经济调节体系的结构是不尽相同的。譬如两帖中药，虽然组分相同，但由于组分的“君、臣、佐、使”配伍不同，会是两帖药性大不同药，管治不同的疾病。中医、中药的奥妙就在于此。

因此，决不能忽略市场与计划在整个国民经济调控体系中的“配伍”。市场机制和计划机制在整个调控体系结构中的地位不同，就会体现社会性质的不同。如果，把这种不同结构的调控体系，同它所处的所有制关系结合起来考察，那就能够区别不同社会经济制度的性质。如果以为社会主义和资本主义都有计划和市场，因而两者并无差别的论点，是不正确的。

记者：以往几十年经济建设中的波折，或者说是大起大落，使不少人有这样一个疑虑：在我们原来的旧体制上能否产生出科学、高效的计划调节机制？

李家镐：由于历史的原因，我们的社会主义不是从市场经济脱胎而来的；我们的计划经济是从半封建半殖民地、小生产占很大优势的社会上建立起来的。所以，从党的领导到人民群众都缺少市场经济的经验。只有小生产方式的经验，而没有社会化协作大生产资本主义生产方式的经验。因此，当时阶段形成不了真正现代化的社会主义计划体制。当时主要受了苏联影响，而苏联本身也是在封建性很强、资本主义不发达的条件上产生的。形成了高度集中的计划体制，用行政的手段来加快重工业和军事工业的发展。所以，我们形成了一种粗放型，过度集中，排斥市场调节机制，小生产方式的计划经济体制。

记者：用公正、客观和实事求是的态度来评价在当时历史条件下形成的计划经济体制，可以得出哪些结论？或者说，它是否有一个曾起过一定积极作用到逐步不适应生产力发展的过程？

李家镐：在当时的历史阶段，它也并非一无是处。甚至可以说，建国初期在发展经济、调整产业结构方面起了相当大的作用。例如：上海在建国初期只有八大行业，全国也没有多少。我们依靠计划经济把大量的资源和财力用来发展许多过去没有的东西。尤其是1958—1962年期间的产业结构大调整，初步形成了工业化的基础。所以不能讲没有一点效果。

但是，这种计划不能适应群众对消费增长和消费结构变化的要求；也不能适应消费增长和消费结构变化所需的生产结构的调整。如电风扇，消费者喜欢什么牌子、型号，谁能搞得清楚；今天喝雪碧，明天要七喜，千百万种东西，顾此失彼无法调控。这个只能靠市场调节。所以我们应当引入发达资本主义国家的市场经济的那套机制，来发展我们过去旧社会没有，新社会也没有的那样一种市场机制。

应当指出，这种计划经济的缺陷又为党政不分、政企不分、领导主观意志违背国民经济有计划按比例的规律所放大。表现为：一面是过度集中控制，另一面是党政领导随意干预经济运行，而这种主观随意性却又以过度集中的指令性“计划”形式出现。有时甚至还辅以群众运动，实际上瓦解了计划机制，这就使我国社会主义经济建设发生多次折腾。

记者：您认为应当怎样完善现存的经济体制？或者说，怎样在扬弃市场经济基础上，达到商品经济发展更高的新阶段？

李家镐：当前的紧迫任务应是把这种极其初级的计划经济，通过改革，吸收发达资本主义国家市场经济的有益经验，培育市场体系，发展市场机制；同时改革计划体系、经济杠杆体系，采用近代科学技术成就，创造性地建立国民经济的信息、计划、综合平衡、监测、调控的科学方法，以及相应的计划与调控的组织体系；提高计划、计划调控、经济杠杆调节的素质，发展出一种集约型、多层次综合调控、社会专业化协作大生产的计划经济。

记者：您认为这种“有计划商品经济”或者“中国特色社会主义计划经济”应有哪些本质特征？

李家镐：名字毕竟是次要的，重要的是它的内涵。不论给它取什么名字，我以为，新型的、中国特色的社会主义经济制度应有以下本质特征：

（一）具有以全民所有制为主导和主体，包括全民所有制、集体所有制和私人所有制、中外合资、合作所有制、个体所有制等的多种所有制结构。

（二）国民经济有计划按比例规律和价值规律是这种社会经济制度中两种相互作用着的经济规律。它们的联合作用，使社会主义宏观经济和微观经济机制，以计划调控和市场调节两种方式更有效地配置资源。

（三）在这种社会经济制度中，多层次综合调节体系的结构是以计划调控为主导手段，处于支配地位。市场和市场调节是这个体系中对资源配置的初次调节；计划和计划调控则是对资源配置的高次调节。国家通过计划和计划调控制定经济政策、协调经济杠杆，以间接调节的方式，引导市场调节的结果尽可能符合社会、经济、科技发展计划的目标；同时，为更有效地达到发展目标，根据需要，通过指令性、指导性调控手段直接调节资源配置和调整过度偏离目标的经济运行。

（四）根据国民经济各子系统（社会、人口、消费、工业、农业、能源、内外贸易、运输、国土开发与生态平衡、科学技术、教育、劳动与人员、财政、金融、信贷……）协调发展要求所反映出来的国内外市场需求和各种需求动态，制订发展战略、中长期规划、短期计划，从而确定分阶段的社会、经济、科技总体发展目标和各子系统的发展目标。并采取一系列政策和措施，通过“国家调节市场”的间接调节下的市场机制和计划机制中的直接调节来加以实现。

（五）有一个完善、发展了的，健康运行的与世界市场“接口”的全国大市场体系。这个体系的任务是使消费品、生产要素和各种资源能够在社会生产和再生产总过程的各个环节中充分灵活地流动，使市场机制在配置资源，促使供给结构与消费结构协调、平衡等方面，发挥广泛的调节作用。

这个体系包括消费品市场、中间生产资料市场、基础原材料市场、金融市场、劳务市场、智力产品市场等。从交易方式看，有现货市场、期货市场、零售市场、批发市场，并配以高效、发达的物流系统。在这个体系里，各种所有制企业应处于平等竞争环境之中。但国家商业主管部门的首要任务是：首先搞活国营内外贸易主渠道，掌握好国营批发商业，以发挥对市场的调节作用。从调节方式看，有由供求稀缺原则调节的自由市场，和在不同程度上由价值规律与有计划、按比例规律交错作用的有组织市场。其中国营批发市场、期货市场、金融市场等应办成计划调控与市场调节的结合部。即：一方面成为近期、中期市场动态信息的来源，另一方面成为计划调控市场的环节之一。不应全盘照搬资本主义“惯例”，使它们成为主要是“卖空买空”的投机场所。

（六）具有能使国内科学技术成果有效转化为现实生产力的技术创新机制，和消化、鉴别、吸收、发展引进先进技术的二次技术创新机制，使社会生产力的素质不断飞跃，在提高生产力素质基础上增加生产力的量。

（七）按劳分配应是这种社会的主要分配方式，应发展多种鼓励多劳（包括劳动的质量和数量）多得的分配形式。但也允许存在一定范围、一定程度的剥削收入。要有多种方法限制、调整社会分配不公。从长远看，最终是要“消灭剥削”。

（八）政府职能、政府机构设置应体现社会主义经济体制和政治体制的实际需要，不应脱离体制，仅仅以“小政府、大社会”这个模糊概念去指导“精简机构”。凡必须由政府承担的政权职能、经济管理职能、社会行政职能、全民所有权代表职能，该加强的应当加强，该集中的应当集中；相当部分的经济调节让经济杠杆体系和市场体系去做；行业管理委托行业组织去做；企业经营决策、投资决策应当绝大部分由企业自己去做。

（九）社会主义、共产主义道德观、价值观、人生观、世界观，应是这个社会精神文明的主导意识形态。反对借口“商品经济意识”，宣扬资产阶级腐朽的价值观、人生观、道德观、世界观。要发扬中华民族优秀的道德、文化遗产；要吸收世界各国优秀的道德、文化遗产。

（十）有一套体现社会主义制度的全民所有制产权实现形式，多种所有制结构，经济体制和政治体系各个方面，精神文明各个方面的配套、系统的法律体系，并依法治理社会主义国家。

记者：根据以上这十个方面的本质特征，那么，您认为用什么名称来命名我国社会主义经济制度更为确切呢？

李家镐：社会经济制度的演化是：小商品经济→市场经济→有计划商品经济。这种“有计划商品经济”显然根本区别于以往粗放型、过度集中控制、抑制市场机制的小生产方式的计划经济。因此，以此为目标模式根本不存在“倒退”问题，而是一种史无前例的创造。在这个创造过程中，既要扬弃资本主义，以学习市场经济中有用于社会主义经济制度的“人类社会创造的一切文明成果”，又要扬弃以往的“计划”经济，看看还有哪些值得保留、提高、科学化的东西。

学习资本主义是为了创造性地发展社会主义，因为社会主义本是由资本主义脱胎而来的。但这并不意味着必须回归到比社会主义经济制度低一个层次的“市场经济”，以致有必要“摒弃”而不是“扬弃”计划经济了。

所以，我认为把我国社会主义经济制度命名为“社会主义市场经济”是不确切的。这种命名并未科学地反映商品经济新发展阶段的本质，倒有可能为某些内心想搞资本主义市场经济的人开了方便之门。

记者：谢谢您在繁忙的工作中接受我的采访。

（记者　舒汉锋）

市场经济与效率

复旦大学　华　民

（1993 年 1 月 14 日）

市场经济之所以能够有效地促进国民财富的迅速增长，从而大大缓解人类所必然面临的商品稀缺问题，主要是因为这一体制具有其他体制所不可与之相比的巨大制度效率，这些效率是：

一、市场经济中的产权效率

市场经济的基本前提是要求一种明确界定的、可以自由转让的和受到社会保护的所有权制度。在这样一种产权制度中，至少包含着产权界定、产权交易和产权保护三种效率：1. 明确界定的所有权或产权有利于确定社会经济活动的责任者和受益者；2. 可以转让的所有权使得人们可以借助于产权交易而将资源集中在最善于经营的人的手中，或最具有生产率的使用方面，从而可以大大提高资源的使用效率；3. 不是由个人，而是由社会予以保护的产权，可以获得产权保护的规模经济。

二、市场经济中的交换效率

有了明确的所有权就可以进行市场交换。交换是生产的社会过程的一个决定性阶段，正是通过交换生产才获得了它的社会特征，并形成生产和消费之间的直接反馈。但在集中计划体制下，交换就其依赖于计划而非市场而言，已被降为生产过程的一个技术性阶段，因而它是无效率的。市场经济能大幅度提高交换效率，是因为市场经济存在着用作共同尺度的货币和人们普遍遵守的认定与测定规则，从而可以大大简化交换过程，减少交换次数，节约交换成本。

三、 市场经济中的信息效率

市场经济中的信息是通过价格来传递的。价格作为市场经济的信息传递机制具有以下几个特点：第一，它几乎集中了所有市场行为的信息，从供求关系到成本费用与利润收益无所不包；第二，它提供的信息极其简单明了；第三，它传递信息的途径为横向无级，所以信息传递既简便又快速。价格机制的以上特点使得市场行为者为获取经济活动决策所必需的信息而付出的成本费用可以大大降低，从而具有集中计划经济所没有的信息的经济。

四、 市场经济中的决策效率

首先，市场经济是一种建立在所有权基础上的分散决策体系，由于这一决策体系是在产生信息的地方进行决策，因而能够充分利用经济中供求机会的信息，而使决策效率大大地提高。其次，市场经济又是一种利用价格信号来进行决策的决策体系。由于经由价格传递的信息简单、明了、准确、全面，因而利用价格信号进行决策既快速又准确；由于价格具有揭示成本与收益之间关系的功能，而这一关系又是各个市场主体进行合理的经济核算的基础，因此，利用价格体系进行决策可以实现理性的决策。第三，各市场主体可以更多地根据经济上的考虑，而不是政治上的考虑进行决策，从而使它们的经济决策更有可能符合实际的经济情况。最后，市场经济中的分散决策由于能够给予个人与企业以自由的决策权，因而易于发挥它们的主动性，与此同时，也可以避免由中央决策失误所造成的全局性损害。

五、 市场经济中的创新效率

首先，集体很难成为创新者，即使集体中的每个成员都是天才，但由于集体总是采用全体成员因果认识的“平均值”，因而必然抹煞成员彼此之间的独特之处。相反，强调个体性与异质性的市场经济却是相当有利于创新的，因为它在创新决策中从不取社会成员因果认识的“平均值”。其次，对需要耗费相当数量社会资源与个人劳动(发明劳动)的创新活动来说，必须有明确的所有权，以确定创新的责任者与受益者。如果没有一种明确的所有权制度来保证从事革新人可以获得其革新的主要利益，那么就不会有革新者和社会的创新活动。再次，在市场经济中，企业技术进步之所以比较快，第一是来源于企业内部的利润动机；第二是来自外部市场的竞争压力；第三是出于企业家的行为本能。按照熊彼特所下的定义，企业家就是创新家，他只有通过不断的技术创新才能体现他的存在价值，才能为各种要素的所有者所聘用。

六、 市场经济中的分配效率

利用物质利益和差别收入这一激励机制，市场经济可以充分调动人的干劲，并在此基础上导致财富的涌流与人们收入的持续增长。但是，在传统的集中计划体制下却没有这样的分配效率，这是因为在那种体制下，个人的物质利益是受到鄙视的，人们的收入不是根据其对社会产出的贡献大小来决定，而是由国家按照平均主义分配原则来决定的，因而必然导致人们去追求“闲暇”而不是选择“努力”。

七、 市场经济中的竞争效率

市场竞争的效率可以从以下三个方面来分析：第一，就竞争是力图获得别人也在力图获得的东西的行为而言，它是一种创造效率的行为。第二，就竞争是一个形成意见的过程而言，它是一个产生节约的过程。因为它可以创造出人们对于什么是最好的和便宜的看法。第三，就竞争的结果总是优胜劣汰而言，竞争还是市场经济中的一种择优机制，依靠这一机制，市场经济不仅可以带来节约而且还可以阻止浪费。

八、 市场经济中的企业组织和管理效率

在市场经济条件下，企业是面向市场的，因而它在组织结构上必然是将其最优秀的人才安置在生产、销售、市场调查、产品设计以及售后服务等企业生产与经营的第一线，并且还会将其管理的重心置于生产经营方面。从而既有企业的组织效率，又有企业的管理效率。但是，在传统的集中计划体制下，企业组织上只能按上级要求设对口机构，其管理的重心必然不在经营上，而是在行政上，必然效率低下。

九、 市场经济中的大规模生产效率

市场经济之所以有利于大规模生产企业的形成与发展，是因为

它有企业兼并机制，利用这个机制，在市场竞争中处于优势的企业可以通过兼并劣势或破产企业而在很短时间内发展成为规模巨大的企业，从而获得规模经济。相反，在集中计划体制下，由于企业的部门为地方所有，因而不存在企业的兼并机制，企业的规模大小主要取决于政府原始投资的规模。

对固有市场经济模式的大胆挑战
中国将形成“区域发展导向型”市场经济模式

——张幼文研究员访谈录

本报记者　舒汉锋

（1994年5月12日）

著名中青年经济学专家张幼文博士，现任上海社会科学院研究员、世界经济研究所理论研究室主任、博士生导师。他主持的《市场经济模式的国际比较与借鉴》被列为上海市重大经济社会决策咨询研究项目，其成果引起了政府有关部门和国内外学术界的高度关注。在其研究报告甫成之际，张幼文博士与本报记者作了一次长时间的访谈，较深入地阐发了他在此领域的创新见解。

记者：中国在建立市场经济体制的过程中采用何种经济模式，是一个令世界关注的重大经济课题。据悉在一项上海市重大研究课题的成果中，您对我国的市场经济模式提出了一种新的看法。能否请您简单地介绍一下？

张幼文：为了探索我国社会主义市场经济的目标模式和建立市场经济运行机制的思路，我们对国外各种市场经济模式进行了广泛的比较研究。经过分析归纳，我们得出结论：当今世界上有多种市场经济模式，如果从政府与经济运行关系的角度来看主要是两类，一类是以美国为代表的“稳定调节型”市场经济，其体制安排侧重于调节波动稳定周期；另一类是以日本为代表的“发展导向型”市场经济，其体制安排侧重于调节结构，推动发展。中国由于其特定的经济、政治等原因，将会形成一种可称为“区域发展导向型”的市场经济。这种模式是美国模式与日本模式的特殊结合。

记者：这一经济模式的主要特点是什么？

张幼文：“区域发展导向型”市场经济有三个要点：1. 经济体制以政府推动经济的高速发展为主要特点，政府对市场运行有较多的指导和较强的干预。2. 实行这种发展导向的职能主要由地方政府来承担。3. 中央政府的职能是在全面高速增长中保持稳定，抑制通货膨胀，协调地区间发展的不平衡和对经济波动进行宏观调控。如果多用几个字表达得更完整一点，可称为“稳定调节下的区域发展导向”模式。

记者：这确实是一个令人感兴趣的新的提法。现在对各种模式有不少概括和提法，至于对我国应如何借鉴的看法就更多了。您是从什么思路上得出这个与众不同的结论的呢？

张幼文：目前对各国市场经济模式的研究确实不少，许多结论和概括也都有一定的科学性。例如：“德国的社会市场经济”“法国的有计划的市场经济”“美国的有调节的市场经济”“北欧模式”“东亚模式”，等等。但是这些概括分别是从不同的角度出发的。由于各种模式之间缺乏可比性，也就很难启示我国借鉴的思路。

就体制模式来说，在结构总体上要回答的一个基本问题是“政府与市场运行的关系”，这是比较研究的第一个考虑。第二个考虑是，在对国外模式的分析借鉴中存在着一个倾向，即试图找到一种现成的模式可以基本上为我所用，而这是不可能的。各国的模式都是各国特定政治、经济、文化和观念等历史发展的产物，如果说该种模式有效，只能说是在该国条件下有效。不存在离开国情普遍有效的抽象模式。中国模式必须从国情出发，根据市场经济运行的一般要求，在借鉴各种现实模式中去探索。第三个考虑是，从各国模式的特点来看，历史条件或曰模式形成的历史起点具有决定性的影响，模式是不可能脱离历史去自由创造的。在各国模式中都可以看到其各种特点的历史原因或曰痕迹。可以说，在模式的选择上“自由度”很小。对中国市场经济模式的探索本质上是对体制演变的预测和判断，是研究客观现状与市场经济原则结合会产生什么结果，而不是到国外去寻找或在理论上去设计一种最完美的结构。

记者：您刚才说了，在模式的选择上，我们的“自由度”很小。这是否意味着在中国目前这样的社会和经济条件下——当然包括改革开放所产生的新的变化——我们要发展市场经济，只能选择“区域发展导向型”的模式？

张幼文：在一定程度上可以这么说。通过历史的和国际的比较分析，我们发现“发展导向型”模式一般出现在起步进行发展时在国际上相对落后的国家或地区，因为落后，要积极赶超和在国际市场上进行竞争，政府的首要任务就是指导发展，推动发展。日本和“四小龙”都是这样。另一种情况是，如果市场经济发展较早，在已经得到相当发展以后出现了危机和波动等问题，要求政府进行干预调节，这就会形成“稳定调节型”模式。通俗地说，“先有政府后有市场”会形成发展导向型模式，而“先有市场后有政府”则形成稳定调节型模式。这里“政府”和“市场”分别指较强的政府经济职能和较发达的市场经济水平。

运用这样的思路来研究中国，可以发现中国是在相对落后的条件下开始发展市场经济的，所以“发展导向”必然是中国模式的基本面。中国尤其特殊的一个情况是，改革是从一个高度集权的计划经济体制出发的，改革的过程是一个合理分权的过程。通过分权，地方政府获得了发展本地经济的主动权，推动本地经济发展成为地方政府的首要职责。从中央集中进行计划决策到地方分别推动本地市场运行无疑是一个巨大的历史进步，也是我国体制变迁的历史轨迹。中国是一个大国，引导和推动经济发展这种相当具体的中观经济干预只能主要由地方政府来承担而很难主要由中央政府来承担。这就是中国形成“区域发展导向”体制的基本原因。

与此同时，在各地政府积极推动本地经济发展的时候，也必然产生一系列全局性的问题，如市场机制建设中的规范化、地区间发展的不平衡和利益摩擦等，需要由中央政府进行统一协调，从长期发展看更是这样。各地积极推动发展很容易在宏观上形成过热，造成通货膨胀的压力。地方政府无法调控货币供应量等宏观变量，只能由中央政府来调节。市场逐步成熟以后，周期性波动的规律也将开始作用，也必须由中央政府来进行调控。这就是“区域发展导向”体制中的中央政府的职能。当然中央政府也应实施某些全国性的产业政策，进行一些大项目投资，但这些相对地说是中央政府的第二职能，却是地方政府的首要职能。

记者：经济发展一旦形成体制上的特征，总会在一个较长的时期中保留下来。我国经济体制改革中，由中央向地方分权的改革方式，与正在形成中的体制模式的特征是否也有其必然的内在关系呢？

张幼文：各国体制模式的比较，确实显示了这样一条规律，即体制形成的历史起点的某些因素会作为体制模式的基本特征长期保留下来。也就是说，体制一旦形成其特征就会是相对稳定的，而决定这些特征的则是历史条件和发展过程。日本明治维新时的相对落后和战后留下的崩溃的经济都对其发展导向型体制的形成起了决定性的作用。尽管日本现已建成最发达的市场经济，但其体制特征仍未变化，日本政府在引导经济发展中所起的作用要比其他发达国家都大。

从中国的情况来看，我们搞市场经济是在政府特别是地方政府的积极推动下进行的。政府大力培育市场机制，鼓励市场主体的生长，在新产业、外来投资、地区开发上积极促进，在市场规范尚未完全形成前以行政管理积极补充等，都决定了我国的市场体制从形成之初就包含了政府积极的发展导向。地方政府的职能正在从原来的传递计划指令转到组织地方市场，原来的政府职能不是抛弃而是转换，转到积极的对市场的服务与引导，这些形成过程都决定着目标模式的特点。改革一方面是分权，但它同时包含了权力性质的变化，即从行政控制为主转为以市场引导为主。中国要改变落后面貌还是一个很长的过程，地方政府积极引导发展的作用将始终是需要的。

记者：指出中国的市场经济将是区域发展导向型模式，在当前具有怎样重要的现实意义呢？

张幼文：从总体上把握我国市场经济模式的特征对于理顺深化改革和体制建设的思路是十分重要的。从以上分析可以看到，我国体制模式走向区域发展导向型不是一种主观的设计，而是对客观趋势的一种判断，也就是说是一种具有内在规律的必然性。既然是这样，那么我们的改革和建制就有一个明确的框架。其中一是中央政府与地方政府在职能上的基本区别；二是就地方政府来讲，目标并不是割断与经济的联系，政企要分开，但政经不能分离，政府要积极进行发展导向。在改革和建制过程中，地方政府应根据本地经济发展的水平和经济结构，建立一套有利于引导发展的政策工具、调控机制和行政机构。有这样一些机制对于发展导向是十分重要的，如产业政策实施机制、政府企业协商机制、市场动作服务机制、信息传递引导机制、竞争效率保障机制、国有控股调节机制，等等。

记者： 毋庸讳言，目前国内一些地区地方保护主义比较严重。在此情况下，提出区域发展导向是否会在客观上鼓励“诸侯经济”的发展，而不利于全国统一大市场的形成呢?

张幼文： 这是一个值得我们重视的问题。首先应当指出，区域发展导向与地方保护主义并不是同一概念，也不存在必然联系。正如在国际上，一国政府要积极推进本国经济发展，它可以采用封闭式战略即保护主义，也可以采用开放式战略即在扩大对外经济技术合作与贸易中加快发展。实践证明，当今世界上开放式战略比封闭式战略取得了更好的发展实绩。国际上是这样，一国国内地区间也是这样。前些年一些地方保护主义严重，其中也有改革不充分的原因——如价格结构不合理、外汇留成、财政包干等。应当十分明确地指出：比起中央集权下地方没有积极性来，地方政府积极推动本地经济发展无疑是中国社会发展中巨大的历史进步，也是我国经济能高速增长的主要原因之一。地方保护主义不利于其他地区，也不利于本地区，因为本地也不能充分发挥比较优势。随着我国市场机制的成熟，各地的比较优势更充分显示出来，市场的力量会冲破人为的市场分割。因而，各地依据比较优势进行的分工将不断加深。

在国际上，经济越是发展，市场越是要求统一，分工越是要求加深。国际上是这样，国内政治、货币等统一的情况下更是这样。中央的政令、全国的统一市场立法还可以加快这一过程。

记者：从中国经济发展的历史过程来看，“区域发展导向型”模式将占有怎样的位置？换言之，它自身的发展形态和终极目的又是怎样的？

张幼文：从中国经济首期发展的历史过程来看，有一定保护的区域发展导向，只是中国市场经济模式形成的前期，开放性的互补的区域发展导向才是它的完成形式。到那时，地方政府仍将积极引导区域发展，深化区际分工，全国经济的统一性会不断加强。从国外情况看，发展导向型经济一般从体制上决定了较高的发展速度。可以想见，中国的体制模式将是一个有多个发展动力来源，同时又在一个稳定系统控制之下的有效运行的高速经济。这就是我对中国市场经济模式的基本看法。

什么是“社会主义市场经济”的本质内涵，张克难博士如是说——

社会主义市场经济的实质是公有制与市场的有机兼容

社会科学报

（1996 年 2 月 8 日）

什么是社会主义市场经济的本质内涵？在近日由上海市经济学会举行的学术报告会上，张克难博士提出了他独到的见解。他认为，“社会主义市场经济”一是指这种市场经济以公有制为基本制度前提，二是指公有制以市场为基本实现机制。社会主义市场经济要求同时满足“社会主义”和“市场经济”两方面的规定性，故而它的实质也就是公有制与市场的有机兼容。公有制能与市场有机兼容，张克难从四个方面进行了论证：

一、作为制度的市场和市场背后的制度。市场不仅仅是“交换的场所”，更是“交换的制度”。市场制度本身又是一系列更为基本的经济、政治、文化制度的函数，是“制度的混合体”。马克思把市场背后的一系列制度又归结为经济制度或“产权制度”，把市场交换关系归结为“生产关系”，进而又把市场及其背后的制度统一于社会的物质再生产。这样，制度变迁和市场的演进、特定制度结构中的市场运行及其发展指向，均归结为有客观规律可寻的“自然历史过程”。从制度的角度看市场，我们才能深刻理解为什么小平同志把改革称为“一场革命”。所谓“发展市场经济”，最根本的是要创设出一系列可使市场顺利生成和正常运转的制度条件，其中最要紧的又是产权制度创新。

二、传统公有制经济模式与市场经济。公有制可区分为不同的历史存在形式：（1）经典公有制；（2）传统公有制；（3）现代公有制。经典公有制是马恩创建的关于未来社会公有制经济的理论模式。传统公有制是以经典公有制为构建蓝本，但已和前者发生重大偏离，而演变成为非单一公有制基础上的“不完全计划经济”。实践证明，以“政资合一”的行政化产权为特征的传统公有制，是在本性上排斥市场的。排斥市场的传统公有制模式，超越生产力，束缚生产力，导致制度效率递减，终于成为改革对象。现在我们要下大力气探寻构建的是现代公有制之路。

三、对公有制经济市场化改革的回顾与反思。张克难在充分肯定前十几年的改革特别是承包制改革，已使市场化进程取得实质性进展的同时，指出在现存的各种经济成分中，仍存在一种公有化程度与市场化水平呈反比例的现象，尤其是国有经济与市场经济仍是“弱相关”的。究其原因：一是由于没有注重理顺“全民”与政府的权利关系，政府执掌的所有权仍是政资合一的行政化产权。二是企业并非经由要素市场交易自政府手中获得资产权利，经营权不完备和行政干扰使要素市场发育滞后，企业难成市场主体。三是把职工片面定位为劳动者，而未清楚界定职工个人的劳动力产权和资产权利的界限，导致劳动收益与资产收益相互混淆、侵蚀。在政府、企业、个人三方各自的利益驱动下，这就容易产生“收益内部化、成本公有化”的行为，使国有经济内部存在一个很大的共同产权区域。宏观层的资源“利用效率”、中微观层的资源“配置效率”和

"生产效率"，均缺乏制度保障，同时还导致了严重的资产流失，综合表现就是国有经济过快的不正常相对萎缩。

对现有的股份制改革方案，张克难在肯定其创新意义时，也指出其存在着依然未能更自觉全面地调整国有经济内部的行政化产权关系的重大缺陷。深层次的原因则是未能摆脱原有"两权分离"的思维定式。无论是政企分离还是所有权与法人财产权分离，都忽略了从全民与政府的关系这个最基础的产权关系层面上做文章，从而忽略了从根本上解决政资不分、塑造资产人格化主体的问题，也未能充分注意职工个人劳动力产权、资产产权从而劳动收益与资产收益的界定问题。这样就有可能形成一种更有悖于公有制和市场经济之理的三段式："国家是终极所有者，企业是法人产权拥有者，职工个人是雇佣劳动者"，从而进一步制约公有制与市场的有机兼容，降低公有经济潜在的效率优势。

四、深化改革，实现现代公有制与现代市场的有机兼容。现代公有制，是指能够保持、阐扬公有制本质，又能与市场有机兼容的公有制。两者兼容的标志：一是价值形态的资产公有制成为最基本的产权客体；二是要使全民、政府、企业、个人均成为全民资产的经济所有制主体、权利的市场交易主体，并通过权利交易结成一种相互促动又相互制衡的机制。为了促使公有生产要素普遍资产化和高效率增值，必须塑造出公有资产人格化代表，必须塑造出比私人资本关系中远为众多的增值原动力主体。为此，要进一步理顺全民与政府的委托代理关系，进一步明确区分个人的劳动者与所有者的双重纠纷，使职工个人成为具有强大资产增值动力的公有资产经济所有者，以及无所不在的权利约束主体。

依据上述论点，张克难的构建现代公有制的总体思路是：通过公有资产权利的排他性分解，使全民、政府、企业、个人四者均成为公有资产的权利-责任主体，经由其间的权利交易，实现公有产权扩大再生产。通过权利交易，国有产权在不同主体间的分布格局将是：全民——资产最终所有权主体；政府——资产价值所有权主体；个人——资产使用价值所有权主体；企业——法人产权主体；经理——企业经营权主体。上述权利分布格局经市场交易形成，也就为市场体系的形成完善提供了条件。

王家范教授提醒国人补上“历史”一课——

市场经济：风险不小于机遇

特约记者　秦维宪

（1996 年 8 月 29 日）

华东师范大学历史系教授、博士生导师王家范在学术理论界以观点新颖，做学问注重经世致用而著称。王家范悉心研读中国古代史 30 余年，尤对明清经济史花费了大量心血，曾多次率领学生全面考察诸多江南古镇，故对明清之际的市场经济状况具有独到见解；同时，王家范博览群书，对西方市场经济的形成过程作了悉心思考。在此基础上，王家范对应如何看待市场经济在我国的发展，提出了令人深思的见解：市场经济是机遇与风险并存的一道难题，在转型期我们更要注意它的风险。

王家范以焦虑的心情呼吁学术理论界应尽快为公众切实补上“历史”一课，让全社会了解、重视市场经济的历史过程。因为在我国，由于经历了从计划经济体制到市场经济体制的历史曲折，这一人为的时间间隔，使不少人对市场经济显得新奇而陌生，误以为这是一种“新生事物”从天而降。王家范认为，中国人终于觉悟到发展市场经济是历史的必然，是摆脱千年传统的困扰的历史机遇，这是可喜的；然而，我们因步履匆忙而无暇深思，在浮躁情绪中不愿细细品味先行者经历的意蕴。

王家范借此指出，从世界范围来看，英美等国是属于市场经济体制的“先行者”，而我国则明显属于“后来者”。后来居上的国家和民族，历史上确不乏其例，我们完全有理由自信中华民族也有这种可能。但是，后来者的成功必定是有条件的、相对的。其中一个不可或缺的前提，首先必须能够通盘熟悉先行者的全部历史经历（包括成功的和失败的经历），并且融会贯通，合理消化，然后依据自身的情况和特点，加以创造性的转换，才有可能走出一条具有自身特色的成功之路；反之，则会产生一是期望值偏高，二是心理承受能力偏低的“浮躁症”。

王家范提醒人们，欧美之所以能率先成功地确立起市场经济体制，是由许多综合因素凝聚而成的，它们成功的条件近乎苛刻，其中也有一些条件和机遇是特殊的。仅以中国而言，就有两种情况无法与欧美攀比：第一，市场经济拓展的国际环境。由于中国不可能重蹈欧美如马克思所揭示的血与火交恶的殖民掠夺、“资本原始积累”的覆辙，因而我们缺少发展市场经济所需要的广阔空间。在日趋成熟、发达的国际市场面前，在诸多为别人捷足先登的领域，我们的拓展竞争，好比是轻量级与重量级“拳手”之间的较量，我们的资本积累也将比先行者更多地仰赖于自身的积聚。

第二，市场经济拓展的内部社会生态环境，其中人口负荷尤其突出。由于特殊的“机遇”，欧美历史上人口负荷状况比中国好。而我国现在的人口负荷过重，无疑将对市场经济的发展带来长期的深远的制约。在社会转型期，社会各子系统之间的协调能力相当脆弱，城市化受到流动人口的冲击，日益尖锐的就业问题，社会的治安稳定等，再加上超负荷的人口压力，稍一失控即会产生震荡，延缓发展进程。

正是从中国的特定的历史条件出发，王家范着重强调，市场经济的历史还显示，每发展到一定阶段，必然因遭遇“瓶颈”而呈紧张，此时便跌入两难境地：倒退则功亏一篑，前功尽弃；迎面而上必须承担风险。然而历史一再说明，柳暗花明的新境界只有在冲击“瓶颈”后方能豁然开朗。市场经济发展的轨迹一定是一种波浪形的曲线，熟习市场经济的“历史过程”，就可能获得一种历史通感，能以长时段、大局面的眼光、智慧来把握发展的时机和发展的“变”。

对我国市场有序化程度的基本判断

中国人民大学　顾海兵

（1996 年 10 月 31 日）

市场有序化是建设社会主义市场经济制度的基本条件。伴随着我国的改革、开放、稳定与发展，我国的市场有序化程度在趋势上是不断提高的。如果说市场经济成熟之时的市场有序化程度为 90%—100%，那么，目前处于由计划经济向市场经济转轨的我国，其市场有序化程度究竟量值几何呢？在此，笔者将进行综合分析，并给出虽非精确但力求准确的基本判断。

为了便于分析，我们把市场有序化程度依据分值作定性划分：极度有序（95—100 分），高度有序（85—95 分），中度有序（70—85 分），低度有序（60—70 分），弱序（55—60 分），无序（55 分以下）。市场有序化程度的判定是一个复杂的经济（社会）问题。它与很多经济问题一样，可以说仁者见仁，智者见智，不可能寻求到唯一的终极答案。笔者以为，判断市场有序化程度需要解决两个层次问题：第一个层次是用哪些指标来刻画市场有序化，因为市场有序化本身是一个抽象的指标，需要进行具体分解；第二个层次是结合我国实际情况确定各个指标的量值，之后再进行加权结合。第一层次是解决问题的基础，第二层次是解决问题的关键。

关于第一个层次问题，笔者认为，市场有序化可以用两类指标描述。一类指标为制度性指标，一类指标为运作性指标。所谓制度性指标是指能够反映市场“制度”状况的指标，表现市场的公开性、公正性、公平性，从内在本质上体现市场的有序化。所谓运作性指标是指能够反映市场“运行”状况的指标，表现市场的稳定性、繁荣性、改革性（或由改革所带来的可持续性），从外在形态上体现市场的有序化。就我国国情而言，制度性指标主要有：（1）经济立法的密度（已经立法的法律个数÷应该立法的法律个数）。（2）市场管理机构的违纪率、腐败率（市场执法人员中贪污腐败人数所占比重、贪污腐败金额增长率等）。（3）市场管理机构的勤政率（由被管理者评分确定）。（4）市场管理各个部门之间的协调程度。（5）交易主体受歧视程度（如个体户因受歧视而争戴红帽子）。（6）交易主体进入市场、退出市场的阻碍程度。（7）市场垄断程度。运作性指标主要有：（1）商品市场、金融证券市场、劳动力市场、土地市场创建与运营的合法程度。（2）重要商品或敏感商品的短缺率。（3）敏感地区的市场有序化状况。（4）假冒伪劣产品的发生率（假冒伪劣产品价值÷正品价值），缺斤少两产品的发生率，合同履约率，各类经济主体的诚信程度。（5）社会就业率。（6）通货膨胀程度。（7）市场主体收入分配的公平程度。以上两类指标划分不是绝对的，在一定程度上有交叉。两类指标的基本区别在于制度性指标更直接、更突出地受制度、体制影响，运作性指标主要受非制度性因素影响，反映不同国家之间较为共性的问题。

关于第二个层次问题，笔者认为，我国制度性指标的有序化程度在总体上处于弱序水平（55—60分），我国运作性指标的有序化程度在总体上处于低度有序水平（60—70分）。具体情况是（因篇幅有限，这里仅给出结论）：

制度性指标的实际量值及对应的有序化分值（括号中的分数）：（1）我国经济立法的密度为低水平（60—70 分）。（2）我国市场管理机构的违纪率处于高水平（55—60 分）。（3）市场管理人员的勤政率为低水平（60—70 分）。（4）市场管理的各个部门之间协调程度很低，机构林立、政出多门、互相推诿的情况比比皆是，协调成本高昂（50—55 分）。（5）我国有经济主体，特别是数千万个体工商户、私营企业在诸多方面仍受歧视（50—55 分）。（6）市场主体进入市场、退出市场都有阻碍（55—60 分）。（7）市场垄断程度较高（60—70 分）。

运作性指标的实际量值及对应的有序化分值（括号中的分数）：（1）各类型市场的合法程度很低（60—70 分）。（2）重要商品的短缺率较低（70—85 分）。（3）敏感地区的市场有序化程度偏低（60—70 分）。（4）假冒伪劣产品、缺斤少两、不履行合同比较严重（55—60 分）。（5）社会就业率难以乐观（60—70 分）。（6）通货膨胀率仍在高位运行（55—60 分）。（7）市场主体的收入分配不公程度相当严重（55—60 分）。

综上所述，我国制度性指标所反映的我国市场有序化程度为弱序水平（55—60 分），我国运作性指标所反映的我国市场有序化程度为低度有序水平（60—70 分），两者综合，我国市场的有序化程度为低度偏弱水平（60 分左右）。因此，尽快提高我国市场有序化程度刻不容缓！笔者建议，立即开展市场有序化程度的全方位、多层次监测、预测，加快市场有序化的制度建设，加强对市场运作的调节、引导和管理。

市场经济将推进当代中国的政治体制改革

包心鉴

（1997 年 7 月 31 日）

社会主义市场经济的建立，必然要求在政治上层建筑领域设置一套与之相配套的运行机制。江泽民最近在中央党校省部级干部进修班毕业典礼上也强调：“经济体制改革要有新的突破，政治体制改革要继续推进，精神文明建设要切实加强，这三个方面围绕现代化经济建设这个中心，相互配合，相互促进。”我国在建立人民民主专政的基本政治制度之后，在致力于实现经济现代化的基础上，现实地面临着推进政治体制改革、实现政治经济发展一体化的艰巨任务。这是由于：

（1）我国社会主义制度是在生产力很不发达，基本上属于自然经济、半自然经济的基础上建立起来的，政治上层建筑缺乏现代社会化市场经济的物质基础。这就不能不使社会主义民主政治在实际发展过程中受到极大制约，甚至遇到来自落后的生产方式和社会结构的严重障碍。（2）我国社会主义制度脱胎于半封建半殖民地社会，因而在社会各个方面特别是政治上层建筑中存在着比较严重的封建主义残余，严重阻碍政治现代化进程。（3）我国社会主义发展在很长一段时期还受到“苏联模式”以及“左”的路线的影响，从而导致某些方面存在弊端，官僚主义、专制主义、官本位等制度和体制，与社会现代化形成强烈的反差，成为经济社会发展的严重滞障因素。

当代中国之所以面临着一个政治体制转型的历史性任务，归根到底是经济改革在深层的社会层面上提出的内在要求。由于传统计划经济体制向社会主义市场经济体制转变，把一系列深层的社会矛盾提到社会发展的重要位置上来。这些矛盾主要包括：

（1）市场机制与某些政府行为的矛盾。适应现代市场经济规律的政府宏观调控机制建设远远落后于市场经济改革，有的甚至尚未迈出传统计划管理体制的樊篱，这就导致“一统就死、一放就乱”的矛盾现象以及一系列特有的经济、社会问题。（2）政治权力公共性与少数权力腐败的矛盾。由于权力监督机制和制约机制薄弱，在发展市场经济过程中，少数政治权力利用市场的弱点和体制转型中的缝隙，对经济生活进行非正常渗透，导致某种程度的权力商品化行为，造成某些经济领域的严重不等价交换，对正在建立之中的社会主义市场经济体制产生着不可估量的破坏作用。（3）利益分化与坚持共同富裕方向的矛盾。当前我国转型性社会发展时期，利益分化方面的矛盾，不仅直接影响到相当一部分社会成员对经济改革的认同度和承受力，而且深刻地影响到政治上层建筑的正常运行，乃至对社会稳定产生巨大的震动波和冲击力。（4）文化价值多元化与社会主义共同理想的矛盾。转型性社会发展时期，价值取向上的差异和矛盾，尤其深刻地影响到人们对社会变革和社会发展的认同与参与，对社会共同理想的建构与导向产生严峻的挑战。（5）社会主义民主政治的开放性与西方政治渗透的矛盾。随着对外开放的全方位扩大，有损于社会主义民主政治制度巩固发展的所谓西方民主观念也会随之而来，会对我国的政治体制和政治意识产生不可忽视的渗透、影响作用。

上述种种主要矛盾，仅仅靠经济改革的深化和经济体制转型的推进，显然是不可能完全解决的，由此迫切要求适应市场经济的需要，加快政治体制改革的步伐，推进传统政治体制的自我更新与自我超越，从而实现经济发展与政治发展一体化。

中国民营经济的现状与展望

北京天则经济研究所　茅于轼　张玉仁

（2001年10月25日）

民营经济已经打破了坚冰，中国具有近乎无限的劳动力，又有充足的资本，看来它会得到很大的发展机遇。

民营经济促进国企改革

参加世界贸易组织有助于建立公平、开放、有效的市场

一般认为中国参加WTO之后，市场规则将更加完善。有些地方政府颁布的条例是出于地方保护或垄断利益，因为不符合WTO的原则将被取消。中国的民营经济原来受到一些不公平的待遇，虽然WTO讲的是国际贸易，WTO的规定对民营经济肯定会有良好的影响。有些双边或多边合约直接涉及民营企业，例如中美入世谈判中规定，中国粮食进口中必须有一定的比例由民营企业来做。国家计委已经宣布，凡是对外开放的行业也都将对内开放，这就给民营企业带来了更多的商机。入世以后由于关税降低，国内的经济结构会经历较大的变动。基本形势将是国有垄断行业和资本密集型行业会受到强烈的冲击，但是民营经济大多数在劳动密集型行业，所以对它们是利大于弊。

民营经济对国企改革的意义

国企改革已经被公认为我国经济中最紧迫的问题之一，其实国企改革的前景与民营经济的发展有密切的关系。首先，国企改革必然有大量职工下岗，能够吸收这些下岗人员的唯一地方就是民营企业。1997—1999 年的三年中，国企加上政府部门有 2 700 万人下岗，另外有 2 100 万人从集体等单位下岗。其间，新吸收的就业人数是 2 200 万人，其中 95%以上是民营企业吸收的。如果没有民营企业的帮助，国企改革造成的大量下岗人员将诱发严重的社会问题。要想使国企改革顺利进行，必须加速民营企业的发展。这是不容置疑的事实。

国企改革若要成功，它必须是有效率的、有竞争力的，必须和民营企业竞争。从更大的范围来看，国企和民企又是互补的。它们的经理、职工、资金、信息都应该和民营企业有充分的交流。此时国企和民企的行为是相似的。西方国家有许多办得很好的国企，正是在这种条件下产生的。相反，如果国企和民企永远在两条轨道上运行，互相不交流，不沟通，国企不参与竞争，靠软约束支撑，国企永远也不会出效率。

开发西部给民营企业带来的机会和问题

西部有丰富的土地和自然资源，也有很大的市场。现在中央提出开发西部，提供一系列优惠政策，国内外民营企业都有意进军西部。中国发展银行将在几年内投资 4 000 亿元到西部，用于高速公路、铁路、机场、油气田、电力、通信等基础设施的建设。这无疑会促进西部经济的发展，也给民营经济带来机会。

但是西部经济落后的原因并不是缺乏资金或人才，因为过去有大量资金和人才从西部流向东部。西部落后的真正原因是市场没有发展起来，政府仍然在资源配置中起着主要作用。西部开发要想获得成功，必须将资源配置的主导权从政府转向市场。这次西部开发如果仍然是政府手中掌握着大量资源，并且由它去从事资源的配置，只会加强政府的作用，削弱市场的作用，其结果很可能是事与愿违。

改进治理放宽政策

保护私有产权

一般认为保护私有财产是富有者的口号，其实不然。社会中的富有者往往不是弱势群体，他们的财产并不缺乏保护。如果他们的财产得不到保护，也就成不了富人，相反他们有时候是靠侵犯别人的财产而致富的。所以需要保护的人恰好是穷人，当前最需要保护的正是农民，他们的财产得不到保护，或者为了保护自己的利益要付出极大的代价。以此可以看到保护私有财产的迫切性。从西欧的历史看，自从提出了保护私有财产的口号以后，个体工商业才能免于特权贵族的侵犯，逐渐繁荣起来。所以有人说，保护私有财产是道德之神。

对于逐渐成为有钱人的企业家，由于缺乏政治上的信心，不少人想方设法把钱汇往国外，造成大量资本外逃。估计每年在170亿美元到400亿美元之间。资本外逃的原因是多方面的，但是缺乏对财产保护的信心应是其中之一。要完善对财产的保护，不但要有政府的努力，也要有国际国内各方面的配合，而且需要较长的一段时间，才能消除过去发生过的对私有财产的多次侵犯的影响。

改善投资环境

除了保护私有财产，政府对投资环境的改善同样十分重要。现在大家都明白基础设施是投资环境，很重要。但是目前更为重要的是投资的软环境，包括政府管理部门对企业的服务，法律纠纷的公正审判，企业之间相互关系(竞争或互补)的处理，劳资关系的规范化，等等。当前，这些方面无一不是问题丛生，企业运行困难重重。

发展中介组织，改进企业治理

民营企业的内部治理可以通过发展中介组织帮助它们来改进。中介组织是指会计师事务所、律师事务所、审计所、咨询公司、商会等。会计师事务所和审计所可以帮助公司做到财务透明，有利于吸引投资，建立信用。咨询公司可以帮助企业选准市场，确定投资项目，设计内部管理和激励机制。商会则能帮助企业得到信息，建立行业标准。目前我国这些组织都还很不发达，过去对它们也不够重视，所以发展缓慢。

改善社会信用，减少资金流动的阻力，扩大经营范围

最近的统计数字表明，我国有将近 2 万亿元的银行存款没有贷出去，同时又有大量失业人员。资本和劳动不能结合，是当前中国最大的经济问题。造成这种现象的一个主要原因是社会信用不良，不敢轻易地把钱借出去，或者说资金流动很不通畅。信用不良不但影响投资，也影响商品交换，造成市场缩小。改善信用，需要政府、企业、司法系统和人民群众共同的长期的努力。

改善私营企业的融资

如果问私营企业的老板，你最大的困难是什么，回答多半是资金困难。统计表明，1999 年银行借给个体户和私营企业的贷款仅仅为 580 亿元，不到借出的全部短期贷款 63 890 亿元的百分之一。这和私营经济的产值占 GDP 的 13%完全不成比例。银行不愿意借钱

给民营企业是有原因的，因为贷款的数额小，相对的成本就高。而且万一发生坏账，银行可能要负刑事责任。国有银行的这一套做法很难改变，所以解决私营经济融资难的最好办法是发展民营银行。这已经为浙江的民营信用合作社所证明。它们对当地的情况很熟悉，能够以较低的信息成本保证运行的安全。尽管在一系列不合理的限制条件下，仍然能够生存而且获利。我国进入 WTO 五年以后，外资银行将享有国家银行同样的条件。在这种情况下，没有理由不让民营银行开业。但是民营银行会遭遇不少问题，首先是存款保险，还有风险管理。此外，地方股份公司股票的柜台交易应该有管制地恢复，这将有利于民营企业的融资。

国际帮助

中小企业从来都是就业的主力军，但是融资困难，这并不是中国所特有的情况，而是全世界共性的问题，所以国外有相当多的研究，我们可以拿来参考。世界银行、亚洲开发银行等国际金融机构有不少改进融资效率的经验，可供参考。

民营经济有很大的发展空间

大部分国家的国有经济都不到 10%，而中国的国有经济则大大超过这个比率，所以中国的民营经济还会有很大的发展空间。

民营经济发展的要素供给——资本和劳动

据估计，中国的 9 亿农村人口中大约有 2 亿富余劳动力。在完成中国工业现代化时，大约有总数为 5 亿的人口要进城。所以发展民营经济并不缺乏一般的劳动力，问题是技术工人和高水平的专业人员很欠缺。近年来高水平专业人员的工资迅速上涨，因为需求增长很快而供给增长很慢。另一方面，一般劳动力的工资没有上升。

所以发展民营经济在劳动力供应上不是数量问题，而是匹配问题。解决的方法是加速培养高水平的专业人员，同时从国外引进人才。

一般发展中国家的失业多半是因为缺乏资本，但是中国的储蓄率接近40%，银行中有2万多亿元的存款未加利用。如果这部分资金能够变成投资，按私营企业平均每人注册资本5万元计算，可以解决4 000万人就业所需的资本。如果按个体户人均5 000元资本计算，可以解决10倍于此的就业资本。可见资本不是就业的约束条件。问题在于如何把储蓄变为投资，把资金从家庭转移到企业家手中。这是迄今为止中国尚未解决的重大问题。

公正的法律环境

公正的法律环境不但是社会安定所需要，也是经济发展所需要。企业家需要法律的保护，合同需要执行，违约要受到制裁。国内外的历史经验还说明，保护私有财产是经济发展的重要条件。中国加入世界贸易组织以后，法律的实施要受到检验。这将进一步帮助我国改进法律环境，国家的治理逐渐转移到民主法治的轨道上来。

入世后我们怎么应对挑战

——经济学家厉以宁谈加入WTO后的中国经济机制转换

特约记者　王君琦

（2001年11月22日）

记者：我们经过长达十多年的努力，终于加入了世界贸易组织。我们为什么要加入世界贸易组织？这对中国究竟有什么好处？权衡得失，对我们究竟是利大于弊，还是弊大于利呢？怎样才能趋利避害？厉教授，您怎样看待这些问题的？

厉以宁：对这样的问题，绝不是简单的几句就能概括的，而是应当从当前的国际经济形势谈起。当今科学技术迅速进步，科研成果转化为现实生产力的时间间隔不断缩短，市场竞争程度加剧，公司经营全球化已引起各国企业界的关注，国际资本市场与货币市场日益完善与发展……这一切都是无可否认的事实。在这种国际经济形势之下，任何一个国家如果不能适应这种变化，不能利用国际的先进技术与资本市场、货币市场，都会赶不上形势，都会落伍，本国同国际先进水平的差距也会越来越大。加入世界贸易组织不仅符合实现现代化的目标，也是实现现代化的迫切需要。

在认识了当前的国际经济形势之后，应当把加入世界贸易组织看成是一种机遇。机遇是什么？国际上有资本可以利用，有技术可以利用，国际市场上有发展余地，这都是机遇。抓住了机遇，就有利于发展；错过了机遇，发展就会被耽误。机遇和挑战总是并存的。国内一些原来处于被保护地位的行业必然会受到冲击。

一是金融业，包括银行业、保险业、证券业等。以银行业来说。比如，存户会不会把钱存到外资银行中去？中国的企业会不会向外资银行申请贷款，而使中国的银行有钱贷不出去呢？再以保险业来说，在面临外资保险公司进入的条件下，中国的保险公司会不会失去不少客户呢？证券业的情况也类似，外资证券公司在承销业务、经纪业务、资产重组业务、投资咨询业务等方面会同中国的证券公司展开竞争，使中国的证券公司丢掉一些阵地。

另外，商业，包括批发业务、零售业务和进出口代业务、加工制造行业尤其是汽车工业、通信业、农业等不可避免地也会受到一些冲击。

记者：现在在金融业就有这样两种观点：（1）认为当前中国有可能发生金融动荡。国有商业银行不良资产比例比较高。（2）中国很多农村信用社已资不抵债，农村金融基础非常薄弱，中国农村金融已经到了相当危险的时候了。另一种观点认为中国目前不会发生金融动荡。一是人民币汇率稳中有升，外汇储备继续增加。二是尽管政府增收了利息税，多次降低利率，但是老百姓继续往银行存钱，没有发生从银行取钱，抢购商品的现象。您怎样看待这两种观点？

厉以宁：我认为这两种观点都不准确。第一种观点的第一个理由是银行的不良资产比例较高，确实如此。但我们应看到中国的老百姓不懂什么是不良资产比例，他也不去了解。中国的老百姓只认为反正银行是国家的，怎么会倒闭呢？所以如果你对任何一个中国的老百姓说："别再往银行存钱了，不良资产这么高。"不会有人听，也不会有人信。外国的银行是私人投资办的，一旦银行的不良资产比例高，就不会有人往里存钱了，中国没有这个现象。

第二个理由：很多农村信用社资不抵债，但这也可以缓解，因为农村信用社的问题是一个一个出现的，问题一暴露，省市就会调集一些款子去解决当前的问题，这就是说，它那个问题，不会波及蔓延全局。影响中国金融大局的是城市金融而不是农村金融。

第二种观点为何也不准确呢？因为他们看到的是表面现象、暂时现象。人民币汇率稳定，对外贸易正常，外汇储备增加，老百姓没有提取存款，但这并不等于中国金融不存在潜在危机。潜在危机什么时候会公开化，要在中国加入 WTO 之后。加入 WTO 两年以后，外资银行可以在中国进行企业放款，五年之后可以吸收老百姓的存款。现在老百姓之所以还到国有银行里存款，是因为他们没有可供选择的余地。如果外资银行利率高、服务质量好、保密性强，他们就会选择外资银行。中国的国有银行虽然不怕不良资产比例高，但更怕老百姓不存钱。如果存款来一个大搬家，金融危机就会发生，国有银行不良资产问题这时也会总爆发。所以提高国有银行的质量，提高银行的保密性，提高银行工作人员的素质，是当前最需要解决的问题。

记者：面临 WTO 对我们的挑战，那我们怎么加快改革呢？

厉以宁：首先，必须走一条国有经济重组的道路，只有对国有经济实施战略改组，才能适应这个变化。国有经济在中国将会长期存在下去，但除了特殊行业以外，纯粹的国有企业将不再存在，多数国有企业将转变成混合所有制、多元投资为主体的企业，重要的骨干企业是国家控股的，这样一种多元投资主体的建立，即意味着国有经济将长期存在，因为重要的企业是国家控股，一般的是国家参股。此外，改成投资多元化以后，企业的决策就会走向科学化。这样，董事会内部就会有争论，就能作出符合投资者利益的投资决策。资金从哪里来呢？内部资金先来，国内有一些人是持币待投资，没有投资渠道，因此，要先让他们进来，进来以后，能加快中国经济的发展，重要行业国家控股不就行了吗？

在这个过程中，大力发展公共投资基金是国有经济战略性改组的重要措施，一旦中国能够建立几百个公共投资基金，每个公共投资基金吸纳几十亿、上百亿元的民间资金，进入到各行各业去，企业的面貌就会发生很大的变化。除了资产重组以外，产业要升级，只有产业升级才能够使技术水平提高，才能使我们不以单纯的廉价取胜，而以更多的技术含量取胜。但产业升级中，并不是说我们每个地方，每个城市都要建立高科技产业，高科技产业是有特定含义的，比如说，微电子、生物工程、航天、新型材料等行业，这些叫作高科技产业。在产业升级中，有条件的地方去建立高科技产业，其他的各行各业也都有高科技，就看你能不能在技术上有所突破了。

记者：既然机遇与挑战并存，那么我们在三五年的过渡期内应该采取怎样有效的措施，才能抓住机遇，应对挑战？

厉以宁：首先，必须加快国有企业改革，使企业体制能够适应国际竞争的要求，国有企业的资产重组也必须加快进行。这是因为，制度创新与技术创新要结合，而技术创新是需要大量资金投入的，引入资金的最佳选择是实现投资主体多元化，吸纳非国有的投资主体进入，组成混合所有制的企业或企业集团，重要的企业由国家控股。这样，新组成的企业必然把投资盈利率放在首要位置，必须努力争取盈利，依靠技术创新来开拓市场。它们也就可以成为有竞争力的市场主体了。这项改革既适合加工制造业的企业，也适合金融业、商业、通信业的企业。

其次，必须大力开展市场营销工作。这是以往长时期内中国企业工作中最弱的一环。要知道，转入社会主义市场经济之后，尤其是加入世界贸易组织之后，企业的营销工作就显得非常重要。一方面，中国的国内市场是广大的，各地区的发展是不平衡的。加入世界贸易组织后，外资银行、保险公司、商信公司、通信公司等将进入中国市场，外国的加工制造业产品也将增加对中国的出口。但它们只可能先在较大城市中扩展自己的销售量或营业额，不可能把广大的内地、农村、中小城市全都置于自己的营销范围内，这是做不到的。再则由于消费者的收入不同，他们需要的消费品也分为各个档次，这就为中国的企业留下很大的空间。只要国内企业的营销工作开展得好，就不怕外资企业与外国商品的竞争。另一方面，中国加入世界贸易组织后，中国的企业、中国的商品同样有条件进入国外市场，这方面的机遇要靠我们自己去争取。如果我们放松了市场营销工作，这样的机遇就会丧失。

再次，农业的结构调整与产品质量提高工作必须加紧进行。为了应对加入世贸后外国农产品的涌入，应当大力提高国产农产品的质量，调整农产品的品种结构。为此，在农业新技术、新品种的培育与推广方面要加大投入。与此同时，必须进一步改革农产品的流通体制，发展“订单农业”，培养农产品贸易的经纪人，以便农产品销售渠道通畅。对农村中富余劳动力的转移，应有足够的重视，要尽快取消城乡户口界限，加快中小城市的建设速度。这是提高农民收入的又一途径。

发展多种经济成分适逢其时

全国政协副主席　经叔平

中华全国工商业联合会副主席　程　路

（2003 年 1 月 16 日）

1 月 9 日、10 日，上海社会科学院邀请全国政协、全国工商联领导与众多经济学家汇聚沪上，探讨中国多种经济成分发展方向，为推动中国经济改革出谋划策，使中国经济更加符合市场发展的原则，最终达到全面建成小康社会的目标。

公有制经济与非公有制经济不能偏废

党的十六大报告对坚持和完善社会主义市场经济的基本经济制度做了更进一步的阐述。江泽民同志在报告中明确指出要两个“毫不动摇”，即“必须毫不动摇地巩固和发展公有制经济”，“必须毫不动摇地鼓励、支持和引导非公有制经济发展”。公有制经济与非公有制经济不能偏废。

确立社会主义市场经济体制以来的十多年中，公有制经济实力不断增强，结构不断优化，整体素质明显提高。它作为国民经济主体的地位没有变化，也不可能变化。另一方面，非公有制经济作为改革开放的产物，正在成为社会主义市场经济的重要组成部分，并对充分调动社会各界的积极性、加快生产力发展发挥了重要作用。

建国以来的经验教训提醒我们，不能对立地认识多种经济成分，不然国民经济发展就会受到制约。改革开放以来的实践充分证明，多种经济成分不仅应该、也完全可以在市场竞争中发挥各自优势，相互促进，互为依托，互相竞争，共同发展。在改革开放以来的实践中，正是由于我们比较好地处理了公有制经济与非公有制经济的辩证统一关系，我国国民经济才得以创造出许多新的经济增长点，得到质与量的飞跃。

非公有制经济面临大发展

我国非公有制经济将面临极好的发展机遇。首先是我国将推行一系列新的理论和政策，从而为我国非公有制经济的发展提供良好的政策环境。一是更加明确个体、私营等各种形式的非公有制经济是社会主义市场经济的重要组成部分。二是对包括非公有制经济人士在内的其他社会阶层给予了新的社会定位。三是确定了劳动、资本、技术和管理等生产要素按贡献参与分配的原则，并完善按劳分配为主体、多种分配方式并存的分配制度。四是明确提出了要“完善保护私人财产的法律制度。”

从现实社会经济环境来看，我国非公有制经济的进一步发展开始具备前所未有的市场条件。一是中国经济的持续稳定发展为民营经济的发展提供了一个良好的宏观环境和广阔的市场空间。二是国有经济有进有退的调整为非国有经济的发展展示了广阔的空间。三是创造公平公开公正的市场竞争环境。四是中国加入 WTO 也为非公有制经济的发展创造了有利条件。

非公有制经济人员需要增强三个意识

2001年3月，江泽民同志在参加全国政协工商联界代表的讨论会时，曾对非公有制经济人士指出，希望他们做到“三个结合”，即把企业的发展与国家的发展结合起来；把个人富裕与全体人民共同富裕结合起来；把遵循市场法则与发扬社会主义道德结合起来。“三个结合”抓住了全面提升我国非公有制经济发展质量的关键。当前在广大非公有制经济人士中要特别强调增强三个意识：一是大局意识，二是法制意识，三是诚信意识。三个意识与三个结合密切联系，是非公有制经济发展的关键。

坚持公有制经济为主体、促进非公经济发展

中国共产党召开的十六大强调了根据解放和发展生产力的要求，坚持和完善公有制为主体、多种所有制经济成分共同发展的基本经济制度。必须毫不动摇地巩固和发展公有制经济，必须毫不动摇地鼓励、支持和引导非公有制经济发展。坚持公有制为主体，促进非公有制经济发展，统一于社会主义现代化建设的进程中，不能把这两者对立起来。各种所有制经济完全可以在市场竞争中发挥各自优势，相互促进，共同发展。这一论断，使我们对社会主义初级阶段基本经济制度的认识有了进一步深化。

改革开放以来，非公有制经济取得显著成效

改革开放特别是中共十五大以来，我国非公有制经济从无到有，已经取得显著成效。截至2002年6月，个体工商户的注册资金和产值分别比1996年前的2 165亿元和3 539亿元增长了63%和

15%。十一届三中全会召开时的1978年，我国的私营企业一户都没有。到了1996年我国的私营企业达到82万户。而到了2002年6月，全国的私营企业已经增长到221.52万户，从业人员增加到2 930.61万人，注册资金增加到21 042.79亿元。

非公有制对国民经济的贡献越来越大

实践证明，中国发展非公有制经济起到了促进经济增长，扩大就业和活跃市场等方面的作用。非公有制经济把各种潜在的社会危险和不利因素化解于无形之中，客观上缓解了社会主义初级阶段的矛盾和压力，对国民经济的贡献越来越大。

同时，必须清醒认识到当前非公有制经济面临的问题和困难，民营企业总体规模还比较小，有资料表明，民营企业的平均注册资本比国有企业少一半以上，更不到中外合资企业的十分之一。民营企业的管理水平普遍比较低，产品科技含量还不高，产业结构还不合理等，在全球化竞争中处境严峻。从外部发展环境来看，广大非公有制企业还面临着融资渠道狭窄，市场准入领域不宽，与国有企业和外资企业相比还存在税费不公平等问题。这些都需要社会各个方面、各有关部门认真贯彻落实中共十六大精神，对非公有制经济给予更多的扶持，加快其发展的步伐。

民营企业家要承担自己的社会责任

中国的民营企业家也一定要认清自己的社会责任，要对国民经济发展和社会进步负责，把企业的生产经营实践同建设中国特色社会主义事业紧密联系起来，一定要做到“爱国、敬业、诚信、守法”，使自己的企业持续、健康地发展壮大。

最近召开的中央经济工作会议确定了明年经济工作的总体要求，我国经济仍将保持良好发展势头。非公有制企业应该主动配合中央经济工作总体要求，把握我国加入世贸组织的机遇，加强学习各国企业先进经验，积极发展民营高新技术产业，练好内功，增强非公有制经济整体竞争力，发挥自己的优势，为扩大内需，发展经济，扩大就业，改善人民生活，以及合理调整地区经济布局，继续推进西部大开发做出新的贡献。

积极发挥工商联和商会组织的作用

过去的二十多年，工商联在为非公有制经济争取平等发展环境，引导非公有制经济健康发展和非公有制经济人士健康成长方面发挥了积极的作用。上个月刚刚召开的全国工商联第九次会员代表大会，非公有制经济代表人士第一次超过了全国工商联执委的半数，包括香港、澳门特别行政区工商界，共有 11 位来自非公有制经济领域的人士进入了全国工商联副主席领导层。在新世纪新形势下，我们将继续通过调查研究、参政议政、建言献策，为非公有制经济的健康发展争得平等的竞争环境。并将通过逐渐完善商会职能，探索、拓宽服务领域和服务渠道，为非公有制经济的发展提供包括融资、维权、信息、培训在内的各种优质的服务，并为民营企业走向国际搭设平台。还要对优秀的民营企业和企业家进行表彰。我们希望各级党委和政府在指导经济发展时，更多地发挥工商联的组织优势和传统优势，共同促进多种经济成分的协调发展。

总结与反思：民营经济六十年

（2009 年 12 月 31 日）

编者按：近年来，民营中小型企业受金融危机等因素影响，困难重重，钢铁、地产等行业频现民营企业因经营困难而被国有企业收购的案例。4 万亿元投资扩大内需计划及中央和地方政府的 9 500 亿元财政赤字，民营企业较之国有企业受惠颇少，民营企业的流动性、市场和政策空间受到进一步挤压。有观点认为，这是“再国有化”、“国进民退”，此种现象的出现，大大压缩了民营经济发展的空间，是改革的倒退。

对“国进民退”这种说法，我们应作何理解？国企-民企关系、公私关系在我国现有体制内的某些摩擦，是意识形态之争还是利益趋向所致？非公经济作为社会主义市场经济的重要组成部分，现在所遇到的困难对我国未来改革路线的走向将会产生何种影响？

在近期由中央社会主义学院、中国经济体制改革研究会、中国民（私）营经济研究会、开达经济学家咨询中心联合举办的“中国民营经济六十年研讨会”上，多位经济学家力挺民营经济，对国有-民营在现阶段的共同发展提出建议。本报刊发主要观点，同时也欢迎不同观点参与深入、多角度的讨论。

兼并重组要真正成为企业行为

成思危（全国人大原副委员长）：

在市场失灵时，宏观调控是必要的，但是不能借宏观调控的名义干涉企业的微观运行。政府这只看得见的手和市场这只看不见的手要相互配合，如果政府和市场较劲，最后的结果肯定是两败俱伤。宏观调控不能违反市场经济的三个基本原则：一是不能违反价值规律；二是不能违反供求规律；三是不能违反竞争规律。限价和补贴都只能是应急的措施，绝对不能够长期这样做。如果不尊重市场规律，那么发挥市场在资源配置上的基础性作用就是一句空话。

在国有企业和民营企业的关系上，最近有一些关于“再国有化”或者“国进民退”的议论。我个人的看法是：公有制为主体，多种经济成分共同发展不是你打你的，我打我的，而是你中有我，我中有你。放开市场准入应该形成这样的局面。在这种情况下，民企兼并国企、国企兼并民企都是企业行为，不能说只准国企兼并民企，或者只准民企兼并国企。

十五大以后，我国确定的战略是国有经济从竞争性行业逐步退出，现在却有国有经济更进一步地进入竞争性行业的情况，比如最近出现的“地王”。当前的一些反市场化的思潮，是造成国企大胆地进入竞争性行业的原因之一。

实际上，国企和民企相互融合甚至变成股份制公司、上市公司是个大趋势，在一个上市公司里，可以民企控股，也可以国企控股。关键问题是兼并必须要自愿，如果不自愿就有问题，这牵涉到市场准入问题。最近工信部《现有钢铁企业生产经营准入条件及管理办法（征求意见稿）》明确规定，2008 年度普钢企业粗钢产量必须达到100万吨及以上，特钢企业50万吨及以上。在规定期限内整改无望的企业将退出钢铁行业。这导致85%的钢铁企业都将面临生存问题，而且85%的企业多半都是民营企业。有一定的门槛是必要的，但设立门槛以后还要考虑怎样让门槛外的企业转行，如果不能转，把85%的企业都砍掉，造成的社会问题谁来负责，原来的资产怎么办？

所以，还是要通过兼并重组、组合做大来解决这个问题，而不能用一刀切的办法来解决这个问题。兼并还必须要依法，因为民营企业的财产是私有财产，得依法处理，不能采取强制剥夺的办法。

民族复兴离不开民营经济

叶小文（中央社会主义学院党组书记）：

当前，我们要加大投资来刺激经济增长，但投资的取向偏好大型国企，中小企业融资难的问题难以改观。然而吸纳就业的主力军是中小企业，因此需要激发目前不活跃的民间投资，进一步拓展消费增长的空间，以增强经济增长的内生动力和活力。无论是中小企业还是民间投资，民营经济都是最重要的载体。针对当前民营经济存在的出口难、融资难、人才引进难、产能过剩重复建设的问题，国家出台了《关于进一步促进中小企业发展的若干意见》等一系列扶持政策和措施。刚刚闭幕的中央经济工作会议，决定在市场准入等方面给予民营经济更大的帮助和支持。我们相信，未来民营经济发展的环境会越来越好，扶持政策会越来越多，投资空间会越来越大。

应对金融危机要加强政府的作用，政府往哪里使劲？非公有制经济面临转型升级，去哪里寻求支持？我注意到贾庆林主席提出了

“四个着力”：着力完善治理结构，提升非公有制经济的发展活力；着力实施走出去战略，提升非公有制经济的发展层次；着力加强自主创新，提升非公有制经济的核心竞争力；着力优化产业结构，提升非公有制经济的产业质量。我相信，中国的民营经济有了这“四个着力”的支持，一定会进入“柳暗花明又一村”的境界。而政府在自己宏观调控手段增强的时候，强调“四个着力”的政策导向和政策取向，可以说从一个方面显示了当代中国确实要放手让一切劳动知识技术管理资本的活力竞相迸发，让一切创造社会财富的源泉充分涌流的大气魄、大手笔、大气象。民族复兴的基础是经济振兴，经济振兴中离不开民营经济的振兴。

民企自律与维权需健全行业组织

宋晓梧（中国经济体制改革研究会会长）：

民营经济问题是改革开放以来变化比较大、争论比较多的问题。从是不是要开个口子搞民营经济，到对民营经济的定位是补充还是重要组成部分，再到现在关于“国进民退”的争论，历来争议不断。

关于“国进民退”问题，我和一些地方的市长交换过意见。对于现在地方政府为什么青睐国企央企，是意识形态变化还是实际的经济利益变化？我得到的答案是：不是意识形态问题，他们认为这些年的实际结果是感到民企不如国企和央企好打交道。当然，这里面有些政府行为的问题还需进一步分析，但这种看法也是值得考虑的。

因此，当前重要的是在下一步的发展中如何给民企进一步的发展创造更好的宏观条件和环境。利好政策都有了，关键是如何落实。我们一直提对中小企业、民营企业在金融上给予比较好的支持，但政策落实上有折扣。我在东北地区工作时，连续对民企搞了三年的问卷调查，连续三年排名第一的问题都是融资难，这个问题到现在也没有解决。民企自己解决这些问题很困难，应该有国家大政策的支持。

另外，要真正使民营经济走上一个比较好的发展方向，除了民营企业自己努力外，也需要政府改变相关的关于社会组织的管理制度。

过去是计划经济，政府既是资源配置的主体也是供给的主体、需求的主体。搞市场经济需要培育市场主体，让企业成为主体，企业真正发展起来不是单个的零散企业，有共同利益的相同行业企业需要组织起来，只有组织起来才能维权和自律，如果组织化程度很低，都是各自零散地和政府打交道，权钱交易的空间就会非常大。国外的各种雇主组织和行业协会在市场经济下发挥的作用比较大，国内的企业也有行业协会，但是行业协会是官办、官管、官运作，所以企业不把行业协会作为自己利益的代表，还是一个一个找政府谈。这是发展民营经济的重大缺陷。比如劳资纠纷，国外都是行业协会来管，政府不出手，而我们都是政府在忙，这是因为缺少了一个非常重要的环节——市场主体的组织行为。形成健全的市场主体组织，对民营企业发展尤其重要。

“创新难”是民企面临的新问题

王忠明[民(私)营经济研究会常务副会长]：

经济学界对于民营企业、非公经济普遍认同，因为这是市场经济最基本的原理。人们发现保就业和实现其他的经济价值，离不开中小企业，离不开非公经济、民营经济。因为市场经济发展到今天，不可能逆转非公经济的发展，无论是这中间出现了某些波折，还是出现某种极端现象，但是作为一种普遍的态势，这是不可逆转的。

市场经济为什么需要成立？在某种意义上就是对于传统国有体制的一种否定。我们应该充分肯定的是国企改革而不是国有企业。我们从央企的业绩变化、国有企业的业绩变化，应当肯定的是改革，而不是国有企业这种体制安排。

非公经济一定会迎来一个新的发展阶段，尽管还会有波折，尽管在认识上还有不同意见，尽管还会遇到既得利益集团的一些顽强抵抗，但是作为人类社会进步、中国社会进步的必然趋势，它是无法避免的一种必然选择。

在新的历史条件下非公经济的时代担当会出现哪些深刻的变化？这些问题都是值得梳理的。作为一种研究，特别要避免停留在感性认识的层面上。

要客观描述今天民营企业面临的问题，除了融资难之外并存的至少还有一个创新难。这将是今后民营经济出现更加激烈竞争的一个核心要点。当国有企业改革深化到了越来越多的国有企业退出，竞争的主体将更多地发生在非国有企业之间的时候，我们的这些民营经济和私有企业拿什么竞争？给你那些钱如果再重复应该淘汰的产能范畴，这样的钱还值得融吗？因此，对于相当一部分民营企业来讲今后更难的是创新。

解决“国进民退”要靠改革

吴敬琏（著名经济学家）：

长期以来，认为“我国主要矛盾是无产阶级和资产阶级的矛盾，要消灭私有制”的思想还是不时地冒出来。

当前确实存在问题，不管如何讨论，统计局的发言人和统计局长都说并不存在“国进民退”，但这是一个不可否认的事实。为什么会发生这种问题？我想主要有两个方面：第一，从2003年底、2004年初开始，旧体制、旧路线的回潮一浪高过一浪，又重提阶级斗争。如果说我们的基本矛盾就是无产阶级和资产阶级的矛盾，那么它的基本任务就是消灭资本主义。这种思想是有一定的社会土壤的。我们选择了一种双轨过渡的改革方式，它虽然有很多好处，但也有很大的问题，就是会造成一种寻租环境，这种寻租环境的强化使得腐败滋生，结果在大众中就形成了一个对于腐败深恶痛绝的舆论。这种舆论如果指向了一个正确的方向，他们对腐败的声讨应该是正义的、完全有理由的。但是如果被一些人所利用，用民粹主义煽情，很快就会形成一种所谓的仇富浪潮。仇富浪潮从本质上说其实是有利于腐败分子作为权贵继续腐败的，因为这样就转移了目标。它可以引导一些人去加强无产阶级对资产阶级的斗争，也就是对一般富人的斗争。

第二，金融危机发生以后，救市措施使得国企有大量的钱，而客观上中小企业融资越来越困难。这个问题，尽管国家一再号召要注意中小企业贷款，不能光给大企业，但只要我们仔细与银行操作人员交流就会发现，很多基层银行行长在强大的放贷压力下，为避免烂账，唯一的办法就是给国企贷款。这个机制是有客观规律的，不是某种经济号召或者某种表态所能解决的。于是就产生恶性循环。

这两个问题使得这些年来“国进民退”问题变得越来越大。如何面对和解决这个大问题？从根本上说是要改革，要通过改革铲除腐败产生的基础。政府要转变职能，政府的职能是提供公共服务，而不是介入微观经济。

另外就得靠企业家自己。企业家应当具备两条：一条是利益自觉。企业家的根本利益在于搞好企业服务社会、创造社会价值，从中也使自己得到好处。另一条是要有公民精神、公民意识。这个国家是你的家园，你是这个国家的主人。不要光有别墅、豪华车。如果这个国家搞不好，归根到底你也是搞不好的。

史正富："三维市场体制"解析中国梦

社会科学报

（2013年6月27日）

编者按：过去三十多年，中国式超常增长创造了史无前例的"中国发展奇迹"，对于这一奇迹背后的支撑与动力，全球的经济学家有着不同的解读。不少经济学家仍固守西方经济学的窠臼，迷信西方现代化道路，认为中国的发展最终会走上西方的道路，而复旦大学新政治经济学研究中心主任史正富教授则跳出西方经济学范式，立足近二十年的实践和理论探索，构筑自己的理论体系，来全面解析中国未来的经济。

近日，史正富教授著写的《超常增长：1979—2049年的中国经济》由上海人民出版社出版发行。同时，由上海世纪出版集团和上海市经济学会联合主办，上海人民出版社承办的《超常增长》出版座谈会在世纪出版大楼举行。在他看来，中国经济能够超常增长的根本原因，就在于中国现在特有的中国特色社会主义经济体制。他将其称为"三维市场经济"。对此，史正富教授为本报进行了具体的分析与解读。

记者：过去三十多年，中国式超常增长创造了史无前例的"中国发展奇迹”，对于“中国发展奇迹”的产生，有人认为是压低消费的原因，有人认为是依靠过度投资所致，还有人认为是中国人口红利的结果等，各种说法不一而足。对此您怎么看？您认为中国式超常增长的根本原因是什么？

史正富：过往 34 年，中国 GDP 中的消费占比约 59%，投资占比约 38%，相比常规市场经济国家，中国的消费占比低，投资占比高。然而，中国消费规模或消费水平的增长却是令人惊异的。同一时期，中国的社会消费总额从 1979 年的 2 000 多亿元，上升到 2011 年的约 23 万亿元。以 1990 年不变价计，则年均增长率高达 9.0%；按人均消费计算，年均增长约 7.9%，在中等规模以上的国家中名列前茅。中国的投资率确实显著高于西方发达国家，也超出东亚其他储蓄率较高的经济体。但是，以资本产出比这一综合指标来看，改革开放之初的 10 年，中国的资本产出比为 3.38，近 10 年达到 3.95。横向来看，这一数据并不高于一些发达国家，如美国 1965 年到 2010 年的资本产出比是 5.29，其中 2005 年到 2009 年受金融危机影响，更是达到 22.64；日本从 1980 年到 2010 年的资本产出比为 14.69，其中 2000 年到 2010 年更是高达 37.16。纵向来看，中国资本产出比虽然在提高，但并非过度投资所致，而是国家重型工业化和大规模城市化这一历史进程背后的客观经济规律的反映。随着这一阶段的深入和第三产业的成长，资本产出比将趋于稳定或微降。的确，中国巨大的人口规模保证了劳动力的有效供给，人口红利对中国经济增长贡献巨大。但是，人口红利同样先后作用于日本、韩国、新加坡、泰国、马来西亚、印度尼西亚、菲律宾和越南等亚洲各国，观察这些国家，不难发现其在经济发展水平方面的巨大差异，这意味着人口红利并不必然导致经济增长。

我认为，中国式超长增长缘于中国特色社会主义市场经济体制。中国特色社会主义市场经济体制是一个包含了战略性中央政府、竞争性地方政府和竞争性企业系统的三维市场体制，是把中央政府的战略领导力、地方政府的发展推动力与企业的创新活力有机结合的新型经济制度。中国特色社会主义市场经济体制下特征性制度安排的形成与演进，标志着中国已初步形成一种与西方常规市场经济有着系统性差异的、新的经济制度类型。

在这样一个三维架构的社会主义市场经济中，竞争中的企业着力创新、谋求发展，是资源配置的微观主体；竞争中的地方政府通过招商引资等多种方法构造了可持续的“投资激励体系”，降低企业投资创业的投资成本，从而提高企业均衡投资水平，并通过提供类似“总部服务”的职能，帮助企业突破部门官僚主义的障碍，造就了中国经济的超强投资驱动力；中央政府在制定国家长期发展战略的基础上，一方面总揽全局，把握发展与稳定的平衡，另一方面抓住全球化契机，审时度势地果断融入全球分工体系，有效吸纳了美国消费赤字、财政赤字、贸易赤字提供的“国际超常购买力”，从而为中国经济高投资和高增长创造了额外的市场机会。正是这样一种中国体制产生的超强投资驱动力和国际市场的超常购买力，使中国的经济增长得以避免常规市场经济中必然存在的周期性经济危机，在1994年后的二十年中持续高位运行，创造出超常增长与超低波动并存的奇迹。

记者：在常规市场体制中，政府和企业是两大经济主体，两者的关系构成市场经济的主轴，而在您谈到的“三维市场体制”中，除了中央政府和竞争性企业两大主体外，还存在竞争性的地方政府体系，请您具体解释一下这个“竞争性的地方政府体系”。

史正富：在我看来，一个竞争性的、自谋发展、自负盈亏的地方政府体系，在纵向体制上，是受制于中央的，是一元化的国家政权体制中的一个层级。但从横向来看，各个县、市，比如昆山和上海，互相之间都是平等的竞争关系，而不是上下级关系。这样一来，全国 2 000 多个县、市、省就变成了平等竞争的经济主体。对地方政府来说，交够中央的，留下都是自己的，因此就有推动本地发展，增加财政收入的积极性，地方政府实际上变成了一个控股型的企业集团。因此，中国的地方政府就具有了双重性，一方面它是政府，是中央政府的一层，受上级政府任命和领导；另一方面它是企业家，是企业控股集团的董事会和总裁班子，它要组织本地的资源，规划本地的发展，履行诸如融资、投资、创业、招商、扶持企业增长、帮企业卖产品、征地、雇工等职能。

中国有一个竞争性的企业机制，有一个中央政府，这和西方的市场经济是一样的，而一个竞争性的地方政府体系，是中国的市场经济和西方的不同之处。企业进行投资决策、资源调配、人员招聘、产品出口、技术开发，这都是市场行为，国家并不干预企业的市场行为；中央政府也管着长期规划、宏观调控，这在美国和欧洲也有。但是，西方没有竞争性的地方政府体系，而在中国，竞争性的地方政府和企业并肩作战，两个轮子，两个发动机，同时推动经济增长。查一查历次有关改革的辩论，就会发现这种话语是来自地方政府。在东欧和前苏联，中央领导人本来是支持改革的，但是领导改革的各部委不支持。但在中国情况不一样，地方政府在改革进程中能扮演很重要的角色。在人事上，地方和中央之间不断轮换，官员之间互相影响，在政策制定过程中可以平等交流，因此拓宽了中国的政治空间，推动中国的改革在危机中前进，遇到困难不是后退，而是休息一下继续往前走。改革的“弯弯绕”变成了改革的“螺旋式上升”，这是中国改革成功的关键。

记者：相对于西方常规市场体制，中国现行的“三维市场体制”有何优越性，又存在着哪些问题？

史正富：我认为，多了一个竞争性的地方政府，增加了中央政府的决策空间，使中央政府从当年计划经济下微观地管，集中到宏观地管，现在最多是行业管控。中央政府的职能由此发生了改变，我把这叫“长期国家发展管理”，区别于美国和欧洲那种短期的宏观调控。竞争性地方政府体系的出现又导致了第二个变革，产生了一系列西方市场经济不存在的经济规律，或者说改变了西方市场经济固有的规律。

首先，中国这种市场经济的投资率，长期来看显著地高于西方。原因何在？中国操心的问题从来都是经济过热，而在西方是经济反周期，需求不足是它最大的问题，凯恩斯经济学出笼的背景就是长期的经济大危机，需求不足。而在中国，从来只有经济过热的问题，为什么？因为这个“三维”市场经济之中的“一维”，即地方政府，在企业分散性的投资建设中提供了一个起始性投入，导致了在同等规模的创业行为中，中国企业的投资规模低于西方，因此投资回报率高于西方。经济学上很容易证明，在其他条件一致的情况下，中国经济整体的绝对投资率要高于西方。其次，中国这种市场经济的第二种交易费用低于西方。交易费用在欧美国家的市场经济中，表现为交易、合同、财务咨询、法律服务、政治游说，等等。而在中国，竞争性的地方政府帮助投资者创业，因此它们提供了不可替代的中介服务，而且免费。这种中介服务效率高、速度快，有时候引发不公正，比如征地问题等，但这些不公正只能通过不断发展来解决。简单地说，第二种交易费用决定企业创业和成功的概率、速度，而在这个问题上，中国的市场经济显著高于西方。

当然，中国三十多年的发展，是一个复杂的多面体。辉煌的背后也面临诸多亟待解决的问题，如所有者缺位与垄断经营、收入差距过大与收入分配不公、政府规模过大、市场失序、官员腐败、环境污染等。这些问题或者中国当前发展阶段的伴生现象，或者市场经济运行的内生结果。这些弊端的克服和解决不可能通过进一步市场化，而只能诉诸政府行政改革。如果说前三十多年改革的主题是解构计划、创造市场的话，那么，下一轮改革的主题就是政府部门的组织变革和业务流程再造。

记者：对中国经济未来的改革发展，您有何具体的建议？

史正富：随着改革的进一步完善，在新的增长阶段中，中国特色社会主义市场经济体制作为中国经济超常增长的制度基础仍将有效运行，但是，国际超常购买力随着国际金融危机的蔓延将消失殆尽。长期来看，虽然消费升级、产业升级、城镇化、信息化和农业现代化等预示着未来巨大的市场需求与发展空间，但它们只是市场经济常态运行下的需求，对应的只是市场经济的常规经济增长。如要实现前述超常增长，则需要市场体系之外的某种第三方需求。过去，它是以美元超发为基础的国际超常购买力；今后，有什么类似的长期购买力可以替代它呢？

一方面，市场经济的常规运行下，中国的储蓄规模必然过大；另一方面，未来增长的供给方面存在着诸多约束，从能源保障、生态环境建设，到人力资本积累和技术创新等各个领域，都需要长期巨大的资金投入。相对自然环境良好的欧美国家而言，这是打造国家基础资产所必需的“额外投资”；相对国民幸福和国家长治久安的目标而言，这是构造和谐社会必需的基础工程。所以，实现未来超常增长的关键，在于寻找到能使过度储蓄与额外投资相联结的恰当机制，从而使两方面的难题同时解决。

为此，设立综合性的国家发展战略基金就不失为一种选择，即实施对生态资产与战略性资源的长期投资，在为常规市场运行注入超常购买力的同时，建设并永续运营国家战略性基础资产。可以说，对生态建设、国土整治、能源资源、人力资本等战略性瓶颈要素的投入，即这些作为超常购买力出现的投资并不是可有可无的“公共工程”，而是中国长期发展与人民长期福祉所必需的战略性基础工程；只要运作正常，它极有可能成为回报较好的长期投资。可以充分预期，到中华人民共和国百年华诞之时，在GDP总量和人均GDP上，中国都将成为世界领先国家。届时，中国特色社会主义市场经济体制必然在全球范围的制度竞争中，显示出巨大的制度优势；作为有别于西方经典模式的发展道路，它在为中华民族的伟大复兴奠定最重要的制度基础时，也为人类制度文明提供了一种可供选择的替代方案，从而为世界范围的文明和制度多样性贡献出中国智慧。有了这样的道路自信、理论自信、制度自信，中国自己的路就一定能走稳、走好，中国梦的实现就不会遥远！

（记者　潘　圳）

发展劳动力市场成为资本市场

——访著名经济学家周叔莲

社会科学报

（2013 年 7 月 25 日）

《社会科学报》：劳动力市场是商品市场还是资本市场？

周叔莲：在资本主义市场经济中，劳动力市场是商品市场，在社会主义市场经济中，劳动力市场现在仍是商品市场，但应该发展成为资本市场。

所谓劳动力市场是商品市场，是指劳动者的收入是劳动力的价格，即工资。所谓劳动力市场是资本市场，是指劳动者的收入除了工资，还有利润，即劳动者制造的剩余价值经过分割后，一部分也成为劳动者所得。这里讲的劳动力，包括一切创造价值的劳动力，除了通常说的工人农民的劳动力，还包括从事经营管理科研开发的劳动力。企业家参加经营管理的劳动力，工程技术人员参加科研开发的劳动力，也都创造价值，他们也应该作为劳动者得到收入。这部分收入和凭物质资本以及土地得到的收入不同，是劳动收入，不是不劳而获。

《社会科学报》：为什么社会主义市场经济中劳动力市场应该是资本市场？

周叔莲：首先，这是由社会经济制度的性质决定的。根据劳动价值论，只有劳动才会创造价值，利润利息地租都是剥削。从理论上说，社会主义应该消灭剥削，就是说劳动者创造的剩余价值应该全部为劳动者所得，不应该再像资本主义社会那样归资本所得。由于中国现在还处于而且还将长期处于社会主义初级阶段，不能完全消灭剥削，不能不让资本得到利润利息。不过既然中国已经是社会主义社会，劳动者创造的剩余价值也应该有一部分直接归劳动者所得，就是劳动者既要有工资收入，也要有利润收入。劳动力市场应该由商品市场发展为资本市场。劳动力市场成为资本市场，应该是社会主义市场经济和资本主义市场经济的一个根本区别。这也是实现社会主义按劳分配原则的要求，是防止贫富悬殊的要求，有利于增加居民消费、扩大内需，有利于提高劳动者积极性、创造性和提高劳动生产率，也是中国可以称为社会主义国家的一个标志。

其次，这是由劳动性质的变化决定的。马克思分析过简单劳动和复杂劳动的关系，认为复杂劳动者的工资要高于简单劳动者。由于科学技术的进步和劳动者文化技术水平的提高，现在的劳动和马克思时代的劳动相比，已发生了根本的变化。那时还是蒸汽机时代，现在已是电脑时代，那时的劳动者文化水平很低，现在的劳动者已有相当高的文化水平。中国的劳动者大多是中学毕业生了。这是劳动力市场成为资本市场的物质技术基础。事实上，资本主义国家的劳动力市场也在逐步变为资本市场，人力资本研究已成为经济学的重要内容，人力资本这个概念已为人们普遍接受。中国是社会主义国家，理所当然应该使劳动力市场由单纯的商品市场尽快发展为资本市场。至于有些对文化科技要求不高的劳动，由于它们一般是重体力劳动，或者是劳动条件特别差的劳动，根据商品交换的原则，物以稀为贵，这类劳动力市场也应该成为资本市场。

《社会科学报》：怎样使劳动力市场成为资本市场？

周叔莲：最主要的是使劳动者除了得到工资还得到应得的相应的利润。就是在分割剩余价值时，应使劳动者得到其中的一部分。需要强调的是，劳动者所得的利润，即劳动力资本的利润是劳动者自己创造的价值的一部分，不能因为劳动者得到利润而提高产品和服务的价格。

在公有制企业，经营管理人员、工程技术人员和其他员工都是劳动者，都应得到工资和相应的利润。公有资本所得利润可能因此减少，但公有资本仍应得到利润。在市场经济条件下，公有的生产资料也必然要资本化。

在私有制企业，雇佣的劳动者除了工资外也应得到利润。这不仅是因为中国是社会主义国家，劳动者的地位作用起了变化，而且这样才能使公有制企业和私有制企业实现公平竞争。如果私有制企业雇佣的劳动者得不到利润，一来和公有制企业劳动者的关系不好处理，二来私有制企业由于多分得剩余价值而使利润率高于公有制企业，从而使公有制企业在这方面的竞争中处于不利地位，不利于公平竞争。

外资企业雇佣的劳动者也应得到工资和相应的利润。由于工人参与剩余价值分配，将会影响外资企业的利润，从而影响引进国外投资。由于中国是社会主义国家，市场经济必须公平竞争，外资企业也应该使工人在剩余价值中分配到一部分利润。现在中国也不是要降低门槛吸引外资的时候了，而且劳动者分得利润并不影响外国资本家得到应得的利润。

使劳动力市场由商品市场成为资本市场，首先要解决思想认识问题，建立科学的劳动力资本市场理论。其次是要在政策上和法律上规定劳动者除了得到工资还应得到相应的利润，参与剩余价值（利润）的分配，并制定科学可行的法规，贯彻执行。再次是要发挥工会和职代会的作用。还要发挥党的领导作用。党是工人阶级的先锋队，是中国人民和中华民族的先锋队。劳动力市场成为资本市场有利于提高劳动者的福利，也是健全和发展社会主义市场经济的需要。

金融篇

一、金融风暴可能是我们的转折点

中国崛起这一恢弘本纪是由千千万万普通人成就的，拥有十三亿人口的国度在众目睽睽之下，以不可逆转的姿态向商业社会投奔。金融中国犹如悬浮于汪洋大河中的岛屿，在激荡的狂澜下，时而沉没时而昂发，三十年风云积聚飞散，沉浮间悲喜渡尽，依然奋力泅向不断的跃升。中国已经开始全面实行金融改革，包括国有商业银行上市、处理不良债权、消除金融犯罪、完善汇率形成制度和控制货币发行量。能否解决堆积如山的金融课题，这关系到中国争取实现的经济稳定增长路线。对我们来说，改革是背水一战，必须下大决心来保证改革成功。

美国金融危机不能说明搞市场化是错的，只能说明市场化过程当中必须要加强对市场的监管。但人们既怕政府过度的干预束缚了市场，又怕政府不作为放任了市场，在这样的两难中，把握政府作为的度成为一个永恒的命题。本章收录从 1985 年《论金融对我国宏观经济的作用》、1998 年《看得见的手在东亚——透过东亚金融危机看政府对经济的干预》，到 2008 年《经济危机中国之应对》系列文章、《虚拟经济不能离实体经济太远——次贷危机对金融市场发展的启示》，于金融风暴中反思中国改革路径，通过纷繁芜杂的微观活动，为金融改革培育所需的土壤，从而建立“适者生存”的市场规则。

论金融对我国宏观经济的作用

王　强

（1985 年 10 月 15 日）

现在，有些经济学家提出要以金融为杠杆来调节我国的宏观经济，这一理论能否成立？

在资本主义市场经济中，宏观经济主要是指国民收入、物价、就业和国际收支平衡等项目，政府对这些项目的管理，主要是通过财政和金融两种手段的交替或共同使用来达到的。而在社会主义计划经济中，尤其在中国，如果说可以借用宏观经济这个名词的话，其内容也已经改变了，因为事实上首先要求的是经过综合平衡的有计划按比例的协调发展。一般说来，社会主义的宏观经济的内容，包括以下七个比例关系：1. 积累和消费之间的比例关系；2. 农、轻、重之间的比例关系；3. 生产和基本建设之间的比例关系；4. 商品可供量和社会购买力之间的比例关系；5. 地区之间以及地区内部生产协调发展的比例关系；6. 物质资料生产和人口生产之间的比例关系；7. 经济建设与文化教育、国防建设之间的比例关系。由此可见，社会主义宏观经济的内容从理论上讲，要比资本主义的广泛得多，全面得多，并有着本质上的区别。

因此，对它要运用各种手段进行综合管理，包括像控制人口增长这样的行政措施，而不能仅仅运用金融这根杠杆或片面夸大它的作用。从目前我国的经济体制实践来看，金融对宏观经济的作用是间接的，而对微观经济的作用却是直接的，即金融是通过微观经济来影响宏观经济的。

所谓微观经济，我们社会主义国家与资本主义国家的区别不大，一般都是指各个经济实体和生产部门。以现在的管理来看，只要经济效益好，总能筹措到贷款，因而金融要使微观经济活起来也是较为容易的。但问题在于，所有微观经济效益的总和是否等于宏观经济效益？根据上述七个比例关系来看是不能等于的。况且，在一些国家 Gross Nationai Pollution（国民总污染）居然成了 Gross Nationai Production（国民生产总值）的代名词，而且还可能有其他的负效益，这是不能不引起人们注意的。

因此，如果要使金融对宏观经济起作用，哪怕是间接的作用，首先要重视金融对微观经济的直接作用，加强金融对微观经济的管理，使微观经济的发展符合社会主义宏观经济的七个主要比例关系，从而在运用直接调节手段的同时间接地影响宏观经济。

国际金融创新与国际金融中心的发展

上海社会科学院　黄仁伟

（1992年8月20日）

20世纪80年代以来，从西方发达国家开始、延伸到新兴工业化地区的国际金融创新潮流不断高涨，引起世界经济结构的重大变化。就西方经济大国而言，金融创新是摆脱80年代经济滞胀的重要途径，又是改变国际资金流向、加速国际经济互相依存的重要条件。在新兴工业化地区，金融创新是吸引外部资金、加速本国经济发展和区域经济一体化的主要手段。从整个世界金融市场而言，金融创新推动了各种金融中心向更高水平发展，使全球范围真正形成了“无国界经济”。

所谓“金融创新”，可以概括为金融自由化和国际化，即“利率自由化、业务自由化、市场自由化”。主权国家即政府对金融活动的干预大大削弱，通过各种金融自由化的实施来打破“金融国界”，使资金需求者的融资市场跨越国界而构成多国或全球市场。资金的运动不再被国家控制却随着市场需求的轨迹自行循环。而金融业与信息技术的高度结合，为金融自由化和国际化提供了有力的物质技术保证。在金融创新浪潮的推动下，国际资金不仅高频率地进行跨国、跨州流动，而且在各种不同金融市场（外汇、股票、债券、黄金、期货等)之间迅速转移。由此带来更加激烈的国际金融市场竞争，推动各金融中心加速实现金融自由化，以避免被淘汰的厄运。

日新月异的金融创新极为纷繁复杂，但仍可概括为以下若干方面：

其一，放松政府的各种金融管制，其中包括对货币兑换、利率和汇率、黄金买卖、股票债券交易、票据发行的国家控制；尤其是加大外币兑换、国际证券交易、外国存放款、开设金融机构的自由度，成为从国内金融市场转变为国际金融市场的主要标志和手段。

其二，各种金融机构业务全能化和综合化，放弃金融机构“专业化”分工明确的过时体制，促使银行、保险、证券等金融机构业务交叉，从而为资金在各种市场上互相转移创造条件。

其三，建立离岸金融市场，增大非居民在境外从事金融交易的自由度，保证国际资本不受限制地流入或流出本国市场，从而使国内金融市场成为国际金融市场的有机组成部分。

其四，证券市场“国际化”，其中尤其以国际债券市场迅猛发展为显著特征，国际融资活动极为频繁而活跃，国际资金调动和转移异常迅速，资金流向变化已较少受各国政策干扰。

其五，金融工具多样化。股票和债券新品种层出不穷，如可转换为股票的公司债券、无面值股票、双重货币债券等；与信托业务有关的金融工具特别繁荣；各种组合式工具大为发展，使存款、债券、保险、信托、投资等金融业务连为一体；金融期货交易大规模兴起。

其六，跨国银行的融资国际化水平大大提高。美元、日元、马克已成为国际金融工具，为各国在国际市场筹资、发行债券提供便利。各国商业银行国际业务由此迅速膨胀，主要跨国银行的海外资产飞速增长甚至超过其本土资产。

其七，国际金融业务电脑网络化。随着信息技术发展，金融业务已形成全球性的自动化电脑网络系统，各主要金融中心均可在全天24小时内向世界各地提供高度复杂和创新的金融产品服务。

金融创新对世界经济和国际关系均产生了深远影响。任何金融中心若在这次创新浪潮中滞后，就有失去其中心地位的危险。因此，各中心竞相发展自己独特的创新工具以保持足够的吸引力，造成有利于本国或本地区的金融资源配置，最终在国际市场竞争中占据有利位置。

正因为如此，这次创新浪潮造成了空前规模的“象征性经济”，即与实物商品经济相分离的符号商品经济，从而使世界经济前景更具有不可预测性。它造成后起的新兴工业化国家必以更高水平的金融创新来保证自己需要的资金来源。这可能产生下列后果：一是资金流动速度和规模大大超过商品流动，从而使各国的市场保护政策功效大为削弱。二是全球金融市场一体化速度快于商品市场一体化，迫使各国政府不断加强金融政策的协调。三是金融自由化实际上是国家主权与市场关系调整，随着金融创新的普及和发展，国家主权概念亦将得到更新。四是国际金融组织、跨国银行、国际金融中心等将发展为世界经济的神经中枢，但这是与垄断资本主义初期的金融寡头有着重大区别的新的经济运动方式。凡此种种，亟待我国理论界对国际金融创新现象作出更深入的分析研究和抽象概括。

更重要的是在实践中，我们面临着更加复杂的市场环境。中国的金融市场和金融体系将在什么样的基础上和范围内发展金融创新；上海作为未来的国际金融中心如何在较高的起点上跨入国际金融市场；中国对外开放是否还应停留在出口导向的外贸经济和市场保护的低级阶段；一旦中国实现与国际金融市场的接轨，将会出现哪些观念上、制度上的摩擦和断裂；等等。这些问题已经逼近到我们最经常的经济生活中来了。

故笔者认为，中国改革开放的新起点应该是金融创新和跨入国际金融市场，而上海地区尤应充任中国金融创新的“龙头”。

香港国际金融中心地位展望

本报记者　陈　桥

（1997 年 7 月 3 日）

香港回归后，国内外都关注其经济发展，关心其在“一国两制”下能否保持国际金融中心地位。为此，记者走访上海社会科学院世界经济研究所有关专家，请他们就香港国际金融中心地位的现状及其前景作一些分析，现据以简要综述。

香港是当前世界上经济发达的地区。在推动香港经济的发展和繁荣中，香港的金融业功不可没。

现在，香港已成为仅次于纽约、伦敦和东京的国际金融中心。其国际金融中心地位主要体现在：（1）银行业高度密集，体制完善。据统计，截至 1996 年 6 月，香港共有 185 家挂牌银行，其中 154 家为外资银行；另有 64 家有限制牌照银行，129 家接受存款公司及 154 家外资银行驻港代表办事处。（2）股票市场兴旺。据统计，截至 1996 年 6 月，上市公司 552 家，上市证券超过 1 000 种，总值达 27 158 亿港元，在亚太地区仅次于日本，居世界第 8 位。（3）外汇市场发展迅速，不仅有港币可以自由兑换的外币市场，而且形成了以美元为主的各种外币相互自由兑换的市场，目前日均成交额为 600 亿—800 亿美元，在亚洲仅次于东京和新加坡，居世界第 6 位。(4) 保险业十分发达。据统计，截至 1996 年 6 月底，香港共有 221 家保险公司，其中一般性保险公司 159 家，长期保险公司 43 家，综合保险公司 19 家。这些保险公司中有 100 家在当地注册，其余为外资公司。(5) 与伦敦、苏黎世和纽约并称为世界四大黄金市场，其金市交投量日均 80 余万两，总值约 2 亿美元。(6) 债券市场相当活跃。据统计，截至 1995 年 6 月，香港金融管理局累计发行外汇基金票据及债券共 508.4 亿港元，日均交易量 206 亿港元。

由于香港金融业务不断创新，金融运行充满活力，香港还是国际上金融市场和金融工具创新和传播的一个重要基地。

根据《中英联合声明》和《基本法》规定，“香港特别行政区将保持国际金融中心的地位”。这充分表明，中国政府对香港作为国际金融中心地位的重视。香港作为国际金融中心地位的前景一定会更加美好。这是因为：

第一，《基本法》和《联合声明》从法律和制度上保证了香港国际金融中心地位的不变。按照《中英联合声明》，香港享有除外交和国防事务以外的高度自治；而根据《基本法》，香港特别行政区政府提供适当的经济和法律环境，以继续保持香港的国际金融中心地位，如香港特别行政区自行制定货币金融政策，保障金融企业和金融市场的经营自由，并依法进行管理和监督；港元作为香港特别行政区法定货币，继续流通，现行的货币发行和管理制度不变；港币自由兑换；不实行外汇管制；继续开放外汇、黄金、证券、期货等市场，继续保持香港货币当局的相对独立性，使香港金融管理局继续行使其类似于中央银行的职能，居于香港金融体系的主导地位并负责拟订和执行货币政策等。

第二，香港经济的继续发展是香港国际金融中心地位的有力支撑。香港的人均生产总值已居世界前列，超过不少西方发达国家的水平。当前，香港基本建设大兴土木，推动各行各业发展，就业率维持较高水平；房地产业经过近年来的调整后，呈现旺盛的发展趋势；金融业规模不断扩大，外资银行有增无已。所有这些，可以预见香港经济将保持持续发展的态势，使香港国际金融中心的地位得到巩固和加强。

第三，中国改革开放的深入和经济的持续快速健康发展，对香港的国际金融中心地位提供坚实的基础。香港回归后与祖国大陆的经济关系更加密切，其经济的发展离不开内地经济的发展。从“九五”规划来看，在此期间我国经济年均增长速度将保持在 8%—9%，计划吸收外商直接投资 1 500 亿美元；全社会固定资产投资将高达 15 万亿元，年均增长 38%。在此同时，祖国大陆将进一步加快经济体制改革，预计到 21 世纪初可以基本建成与国际经济接轨的社会主义市场经济体制，其经济有望以较快的速度稳步发展。因此，香港的金融业无疑将获得一个更为发展的空间和更为广阔的市场。中国人民银行必要时还可应香港金融管理局的要求，对香港的货币稳定提供配合和支持。

看得见的手在东亚

——透过东亚金融危机看政府对经济的干预

车　波

（1998 年 4 月 9 日）

政府和市场作为“看得见的手”和“看不见的手”，同时操纵着当今世界各国的经济。几乎所有的人都知道应该把这两只手放在同一个方向盘上，让它们共同把持经济发展的方向。然而遗憾的是，这两只手却很少能协调用力，不是“看得见的手”伸得太长，就是“看不见的手”泛滥失灵。这次东亚金融危机的深层次原因就是：长期以来，东亚各国使惯了“看得见的手”，而让“看不见的手”靠边站，“看得见的手”好心或者恶意地扭曲了整个市场，最终导致了这场危机。

大多数东亚国家奉行的是政府主导型经济，企业和政府保持着密切的联系，并受到政府的直接控制，政府通过企业将“看得见的手”伸到经济领域的每一个层面，每一个角落。这只手曾在特定的时期、特定的条件下制造了亚洲奇迹，然而今天看来，这种干预已和日益成熟的市场机制越来越相抵触，严重地扭曲了资源配置。并且，由于企业严重地依赖政府，导致自身竞争能力低下。最糟糕的是，这种模式给官商结合、政治腐败创造了条件，从而又形成了

“权利的手”，这种由于体制原因而变异出来的手，不仅破坏了经济效率，而且给社会带来了不公正。

由于有了“看得见的手”的作用，东亚各国始终能保持政府和企业之间的“良好”默契，这曾一度被许多人羡慕不已。然而，仔细研究这层关系，则不难发现，正是这种默契，使得东亚国家的企业陷入了今天这种尴尬的局面。韩国前30位大型企业集团中有7家已经破产，曾经一度掌握着经济命脉的经济巨人居然在短短的几个月之内纷纷倒下，这迫使人们思考这样一个问题：“看得见的手”该如何起作用？

政府干预经济的效率问题，一直是经济学争论的焦点，直到今天仍然没有定论。然而不争的事实已经表明：在东亚，政府过度干预经济已付出了沉重的代价，货币大幅度贬值，股市狂泻，大型企业纷纷倒闭，人民生活陷入了灾难。用马来西亚总理马哈蒂尔的话说：“我们的经济倒退了20年。”

适者生存是自然法则，也是市场规则。一个企业濒临破产，政府可能出于种种原因去挽救这家企业，殊不知政府挽救的是一个企业，破坏的却是整个市场经济的竞争规则。前一段时间，很多地方政府纷纷设想，欲在20世纪内培育出一两个世界500强的企业。这种想法不无道理，但问题的关键在于我们应该怎样培育出有资格跻身于世界500强的大企业集团？是用看得见的手，还是用看不见的手？韩国的教训告诉我们：不经过激烈的市场竞争，靠用蜂王浆喂出一个蜂王的办法，是培养不出有国际竞争力的企业和企业家的。企业的生存和生物体的生存一样，需要在激烈的市场竞争中战胜对手。如若通过人为的力量促使本不应该联合的企业联合，其结果就只能是“联而不合”。

从这个意义上来说，政府从纷繁芜杂的微观经济管理活动的圈子中跳出来，为经济发展培育所需的“土壤”，既不破坏自然法则，又可使游戏按规则进行，这是更大意义上的“有所为，有所不为”。“政府制订规则，但留在游戏之外”，东亚金融危机要告诉我们的正是这一点。

中国金融体系如何配套产业结构

林毅夫

（2002 年 12 月 5 日）

林毅夫：1986 年毕业于美国芝加哥大学经济系，获博士学位。1994 年创立北京大学中国经济研究中心，同时受聘于香港科技大学任经济系教授。林毅夫教授是中国较早运用规范的现代经济学方法研究中国问题的学者，也是国际经济学界公认的研究中国问题的权威学者之一。本文根据林毅夫在本年度复旦汇丰经济论坛的演讲录音整理而成。

在包括中国这样的欠发达国家，劳动力相对丰裕，资本相对稀缺的要素禀赋结构决定了最具比较优势的产业是劳动密集型产业，最具自生能力的企业是劳动密集型的中小企业。与这种产业和企业结构相对应的金融结构应该是以主要面向中小企业的中小银行为主体的间接融资占主导地位的现代金融体系。

中国金融体制改革回顾

改革开放前中国的金融体系确实存在许多问题，它是计划经济体系的一个重要组成部分，主要表现在三个方面：1. 财政代替金融，银行成为财政部的账房；2. 中国人民银行在全国形成独家垄断的局面；3. 银行内部实行统收统支。在近些年中，我国的金融体制发生了许多变化，原有的计划体制也转变为市场经济体制。在银行业，逐渐恢复了中农工建四大专业银行，组建一批股份制银行和股份制非银行金融机构，引进一些外资金融机构，同时明确了人民银行作为中央银行的职能；在货币市场，1979 年开始逐渐建立商业票据承兑贴现市场、同业拆借、交易所债券回购、银行票据贴现、商业票据贴现、银行间债券回购；在资本市场，1990 年在深圳和 1991 年在上海设立了证券交易所，但银行仍是企业中长期信贷的主要来源。

中国金融体系的主要问题

现在的银行体系中涉及的金融制度基本上以现有的四大专业银行为主，其中的呆坏账问题比较突出。在今年的中国发展高层会议上，戴行长曾指出银行的呆坏账比例超过 23%，相比之下，1997 年金融危机爆发中的泰国银行的呆坏账比例还不到 17%，而在 1997 年底金融危机蔓延到韩国，其国内的银行呆坏账也不过达到 20%而已。而股票市场，现在主要有深圳、上海，上市公司的收入大概有 1 200 万元左右。但遇到的问题也很多，其中包括坐庄、操纵问题。在北京曾经有这样的说法："炒股炒长期。"所谓"长期投资"，是指把股票放在手里三个月。在所有的问题中，我个人认为体制上的问题对企业的发展、中国的经济发展更为严重，也就是金融的结构问题。金融结构指直接融资制度（即证券市场）、间接融资制度（即银行体系），以及大银行和中小银行的构成。中国目前的金融结构是以四大国有银行和股票市场为主，中小银行极端缺乏，其他非银行金融机构仍然相当脆弱。金融的结构问题总的来说是指直接融资、间接融资、股票市场和银行的比例问题。在这些融资以外还有大银行和小银行之间的比例问题。我们现在的金融结构基本上是以间接融资为主。而在间接融资之中，又以四大专业银行为主，同时也包括1979年以后建立的股份制银行。这样的结构对企业发展产生消极影响。

资金配置是金融结构的关键

针对我国的金融体制改革问题，金融体系的真正功能在于动员资金、配置资金和规范风险。在同样的金融体系中，我们比较关注功能的完善和有效。而在这三种基本功能中最重要的是配置资金。因为资金动员的能力其实决定于配置的效率，而合理的配置同时也会减少风险。相对而言，金融资金总是固定的、有限的，如果把金融资金配置到有效率的部门、最有效率的企业，那么资金的回报率就会最大，有效的资金配置能够产生更大的资本回报和更高的储蓄激励，所以动员的功能其实也是配置的功能。从分散风险的角度分析，如果把资金作最有效地使用，给有效的企业，该企业也就最有竞争力，抵御金融风险的能力也就最大。从这个意义上讲，一个金融体系的有效结构决定于其有效的资金配置。而所谓有效的配置是将动员起来的资金配置给资金回报率最高的产业中最有效率的企业。

应以中小银行和金融机构为核心

发展阶段不同，要素禀赋结构不一样，最有效率的产业、最有效率的企业的特性也不同，因此，对直接融资和间接融资的要求会随着发展阶段而不一样。例如对我国、对发展中国家来说，目前资金回报率最高的部门就是资金密集程度最高、资本密集程度最高的产业。而资金密集的企业通常需要的资金比较大，只有大型的银行能为它提供贷款服务。因为企业的发展、经济的发展到一定程度需要这样的金融机构。就我国而言，资金最密集、最有竞争力、资金回报率最高的产业主要是第三产业等劳动密集部门，包括劳动密集型产业以及资本密集和资源密集产业中的劳动密集区段，是目前中国经济发展中最具比较优势，最有竞争力的部门，劳动密集型部门的绝大多数企业是中小型的。实际情况是大银行以及股票市场等大金融机构一般很少信赖中小企业，因此，中小企业难以得到大银行的资金支持。即使想用直接融资，也因为规模小，承担不起股票、债券的发行费用，因此中小企业一般不依赖直接融资。中小银行因为资金规模小，无力经营大的项目，只好以中小企业为主要服务对象。而政府对中小企业的态度也很暧昧。中小银行和农村信用社的呆坏账问题也不少。现阶段的中国，最佳的金融体系是以中小银行和金融机构为核心，辅助以大银行、股票市场和其他非银行金融机构，只有这样才能最好地为企业和中国的经济发展作贡献。

国有企业发展与金融体系息息相关

从企业发展的角度来看，我们光知道这些问题还是不够，还得想出用什么方法来解决，所以我们必须找出这些问题的根源。但是，我们现在银行70%的资金还是用来支持国有企业的生存，如果企业不把自己生存问题解决了的话，那么它靠银行的贷款来维持经营，那问题就无法解决。国企的问题不改，即使目标再清楚，决心再大，到最后还是会出现问题，会失业。所以说到银行的问题，其实也就是国企的问题。曾经有这种做法，把一些零效率的企业推到股票市场上去认为就会变好，所以就把一些不好的企业包装上市。股票市场的投资者手头握有这些股票，投资者可以分散企业的风险，但没有办法改变企业的效率，其实许多上市的国有企业是无效的，而传统的金融结构不能按照市场要求优化，政府过多地干预企业。而现在就要给我们的企业，特别是最有竞争力的中小企业提供良好的金融环境。

政府不能通过私有化来解决国有企业问题。国有企业的问题主要是政策性，与政府有关，因为所有权属于国家。政府明明知道应该让好的企业上市，应该发展中小银行支持中小企业这些最有竞争力的企业，加快发展劳动密集型产业，但是银行为了保证这些资金能留在金融体系上支持国有企业，往往不管中小企业。问题的根源就在于政策性的负担。而解决的唯一办法就是剥离政策性的负担。因为如果不把政策性的负担剥离，实行私有化以后，私有老板会以政策性负担为借口向政府要补贴，这使国有企业更糟。如何剥离？就是要卸除国有企业背负的包括社会保障和执行赶超战略等负担，比如养老保险可以让企业、职工共同承担责任。在实现这种剥离以后，一个企业的经营好坏主要与其自身的能力有关。而培育国有企业的自生能力，是国有企业改革取得成功的关键。

（陈恭、陈敏整理）

金融风暴席卷　全球经济捱冬

本报记者　王婷

（2008 年 10 月 30 日）

1929 年 10 月 29 日，美国道 · 琼斯指数一泻千里，跌幅达 22%，创下单日跌幅最大百分比。本是娱乐行业刊物的《繁华》(Variety)也未置身事外——“华尔街摔了一个大跟头”，这个当天的头条标题为它在新闻史上赢得了不朽的地位。直到当年的 11 月，华尔街持续下跌的势头才最终止住。股灾过后，美国进入长达 4 年的经济衰退，这一次史无前例的衰退，造就了“大萧条”这样一个专有名词。

1929 年，离我们很遥远。在将近 80 年后的今天，全球再次如此清晰地嗅到了那股恐慌的气息。14 个月前，美国引爆的次贷危机蔓延全球，中银国际控股有限公司首席经济学家曹远征点明了当下全球面临的经济局势。

此次金融危机，全球股市齐跌，雷曼兄弟这样的百年老店轰然倒塌，失业率节节上升，冰岛、巴基斯坦面临“国家破产”……面对来势汹汹的金融风暴，9 月 18 日，美联储、加拿大银行、欧洲中央银行、英格兰银行、瑞士国民银行和日本银行，罕见地宣布联手救市；10 月 3 日，美国高达 7 000 亿美元的“大萧条”以来最大救市方案获批；10 月 8 日，全球 11 家央行前所未有地联合大幅降息。但所有的努力未能阻挡住美国、欧洲、日本、中国、中国台湾地区股市下跌的步伐，国际货币基金组织(IMF)10 月 9 日发表半年度《世界经济展望》报告称，美国经济事实上已经陷入衰退，全球经济正面临七十年来最危险的经济危机。

中国中央电视台经济频道自雷曼兄弟宣布申请破产当天开始全天候直播“华尔街风暴”，天津夏季达沃斯论坛上几乎没有经济学家对未来的经济形势表示乐观。这样的紧张情绪尚未扩散到中国普通老百姓的日常生活中，非经济领域的人们对此的关注程度远低于去年同期猪肉价格飙升时所引起的社会反应。然而，当强烈度的金融风暴席卷全球时，身处全球化链条的中国能否独善其身?

近日，在清华大学中国与世界经济研究中心举办的“全球金融风暴与中国”学术论坛上，站在风暴最前沿的国内经济学家对金融风暴的成因、危及程度及对中国经济的影响等展开了多层面的讨论。

——需要多久才能走出危机?

——这个冬天不太冷，但会很长。

尽管金融风暴强风频刮，经济领域却很少有人会说最坏的时刻已经过去。现在对金融风暴前景最乐观的判断，是需要 2 年左右的时间可以走出谷底；而最悲观的看法则认为这是一轮经济周期的大调整，时间可能持续 10—20 年；比较客观的观点是至少在 2 年以上才可能稳定下来。

中银国际控股有限公司首席经济学家曹远征介绍道，之所以会有可能持续 10—20 年的预期，是因为美国等西方国家在 21 世纪金融增长的秘诀在于资产性增长模式。这种增长模式通过一系列的金融产品创新允许用资产抵押来获得收入，进行消费。以美国为首的超高程度的提前透支，同时带动了新兴市场国家的出口性供应。在这样的国际经济格局下，一旦美国的经济维持不下去，全球化产业链上处于出口导向型经济的国家，必然面临经济下滑。

当然，在曹远征看来，目前各国政府的干预会对经济下滑的速度有所控制，但是这场风暴来得太大太猛，即使救援计划把血止住，进一步探查“病因”并治疗恢复也需要很长时间。所以，全球经济下滑的速度不会很快，但持续的时间会比较长。

——是否美国或西方利益集团的阴谋?

——财富转移说 VS 财富蒸发说。

发端于次贷危机的这场金融风暴的罪魁祸首是美国国内过度的消费远远超过收入增长。美国的这次救市是通过发行国债为华尔街的金融机构提供流动性。目前，日本、中国和英国是美国国债的最大持有人，全球各大金融机构还握有大量房地美、房利美、雷曼兄弟等公司债券。可以说，美国通过金融产品将国内危机稀释到全世界，全球都在为美国的经济危机买单。美国这种超额透支的增长模式之前难道没有人看出它的危险性？这是否一场精心设计的大阴谋?

金融畅销书《货币战争》的作者宋鸿兵曾担任房利美和房地美的高级咨询顾问。深谙美国过度消费逻辑的他，明确地提出金融危机是一场早应被察觉的大阴谋。

从全局来看是全球经济结构的问题，由于美元体系的资源错配，导致全球生产和消费之间严重失调。美国在借别国的储蓄来实现自己GDP的发展。美国全国储蓄率从1980年的10.06%逐年下降，到小布什刚上台时变成3%点多，2005年出现负数。既然不存钱，又要花钱，还花这么多钱，钱从哪来？通过金融创新，全球资本一体化，美国向其他国家借储蓄，2007年有5万亿美元流到美国资本市场，这些钱到美国后，抬高了包括房地产在内的资产价格，压低了美国长期贷款利息。再加上美国为老百姓提供各种各样金融创新，老百姓很容易把增值部分套现，拿出来花，这个过程又刺激了GDP。而这其中整个风险机制实际上是建立在美国房地产不断稳定增值的基础上。

在宋鸿兵看来，这么一个不可靠的模型，华尔街的金融机构、美联储不可能看不出将有一天会出大问题，至少在2006年的时候，金融界的很多人就能够预见金融危机肯定会出现。但是，没有人站出来挑明，更没有进行防御。现在，这个严重后果已经产生并进一步恶化：去年2—5月，出现了次贷危机；今年6月以后就是信用危机，“两房”、雷曼兄弟、AIG都由于在金融衍生产品中出了大问题而破产。随着CDS不断冲击，信用违约的问题越来越严重，从按揭贷款扩散到信用卡，再扩散到车贷，再扩散到企业，信用违约问题还在继续恶化，会有更多金融机构撑不住、宣布破产。信用衍生品会成倍放大风险，所以这次美国金融危机对实体经济的影响要高于2001年的衰退。

之所以说这是一场阴谋，宋鸿兵认为，按照常理，金融市场是有输必有赢，谁赢谁输一目了然。但在整个次贷危机中，日本、东南亚一些国家，欧洲、美国现在都在赔钱，没有赢家，这是不正常的。因此，国际金融市场上存在着潜规则，市场一定有黑洞。如果有这么一块地方是处于金融监管查不到的范围，如离岸对冲基金，很可能钱就藏在那里。如果说早已看到危险而并不去防范，再把财富转移到监管不到的地方，当经济出现了问题又让全世界为其买单，这样的阴谋存在的话，为美国经济买单的国家应作何感想？

针对阴谋论、黑洞说，不少人持否定态度。香港科技大学经济学教授雷鼎鸣表示了高度怀疑。他认为，把财富转移到某一个地方去并不容易。其实财富还在，我们要把两种财富分开来看，一种是实际经济财富，美国、欧洲还有同样的人才、信息、厂房、土地，这些东西基本上是没有变化的，蒸发掉是名义财富。名义财富之所以容易挥发，是因为市场上预计它将来会赚多少钱，但现在发生了新情况，它赚不了这么多钱。财富并没有被转移，在经济放缓、泡沫破灭的情况下，财富必然会蒸发，这是最简单往往也是最合理的解释。

——催生新的国际货币体系？

——中国要参与到国际货币体系游戏规则的制定过程中。

现在经济学界的一个共识是：布雷顿森林体系解体后，全球的主要货币事实上均与美元挂钩，而美国政府滥发货币，导致全球金融业与实体经济不相匹配，这是全球资产泡沫的根本原因。要结束这种状况，是应该催生一个新的国际货币框架，还是各自为政，靠市场影响力来决定货币的币值？

10 月 15 日，一贯主张强势欧元的欧洲央行行长特里谢公开呼吁重建布雷顿森林体系。特里谢表示，在全球金融危机之下，重回布雷顿森林体系之中，增加市场的有序性，加强对宏观经济政策、货币政策及市场监管政策的监管，才是维持金融稳定最好的方法。

而曾任职国际货币基金组织（IMF）多年的中金公司研究部董事

总经理黄海洲则表示：“布雷顿森林体系之所以能够建立，凯恩斯起了决定作用。但在目前的国际经济体系中，很难找到和凯恩斯相匹敌的人物。”因此，目前没有任何一个货币能完全替代美元，而欧元的表现要远远好于预期，它在欧元区内的区域化影响会越来越大。同时在亚洲地区内，一些亚洲货币也有机会在区域化货币中脱颖而出。从某种意义来说，金融危机之后，国际货币体系将进入“战国时代”。

曹远征也表示，人民币也会在区域市场中发挥很大的作用，这是一个国际化的机遇。“全球货币体系的游戏规则必然会发生变化，中国要重视国际货币体系的游戏规则变化，应该及时、积极地加入新规则的制订”，宋鸿兵给出了中国积极参与规则制定的建议。

但是，在中国银行全球金融部高级分析师谭雅玲看来，目前美国股市虽然暴跌，但美元汇率仍保持上扬，这是因为美国的经济有很稳固和持续发展的基础，主要体现在科技服务业、军事、医药等高端经济。同时，美国的机制相对全世界还是比较优质的，在全球都在讨论美国流动性不足时，它的机构并没有匆匆出手，而是在进行投资的选择和投资方向的把握。从美元汇率的基本状况就可以看出，在市场的价格、机构和政策上，美国并没有失控，华尔街刮的是金融风暴而不是危机。因此，谭雅玲断言：未来10—20年内，美元仍是不可替代的，美元短期价格的波动不代表长期美元的价格趋势。

——中国怎么办？

——“从国债投资转变成股权投资。”

中国目前持有大量美国国债，是美国短期国库券的最大债权人。此前有传言称中国将出资 2 000 亿美元购买美国国债参与美国救市，虽然被否认，但根据新公布的美国财政部国际资本流动报告(TIC)显示，8 月末中国持有美国国债 5 410 亿美元，比 7 月增加 223 亿美元，创今年以来月度增量之最。在金融风暴前景不明的状况下，大量持有美国国债，对我国而言是“危”还是“机”？

对此，谭雅玲认为应当持观望态度。鉴于全球未来的经济前景难料，用我国现有的储备和自身的金融力量来加紧内部的改革，比急于购买美国国债更有保障。这样对我们自身实力的提高和应对未来的风险都是最好的补充和完善。

但北京师范大学珠海校区校长华生认为，我国 1 900 万亿美元的外汇储备中大部分是美元资产，已形成美元为主体的配置。在这种情况下，仍寄希望以不变应万变是非常危险的。此次金融风暴虽然不会从根本上冲击美国的中心地位，但风暴的烈度非常大，美国财政赤字已经创近年新高，将来美元贬值是不可避免的。如果我们不采取任何行动对外汇资产做大规模的结构调整，中国就会成为美国经济危机的买单者。对此，华生提出的策略是：大规模或相当规模地把我国的外汇资产从国债投资转变成股权投资。

然而，在目前的情况下对美国做股权投资，我国还会面临很多困难，有学者指出，金融机构关键在于管理，如果购买了股权而难以管理就非常棘手，我国的金融机构在管理经验上是比较落后的，如果贸然去趟这塘很深的水，容易出问题。当务之急是加速自己的人才培养，管理跟进了，才好谈投资购买国外金融资产。

当前，我国在这场来势汹汹的金融风暴中，被公认为是受冲击最小的，但这并不代表没有危险的暗流涌动。出口导向型的经济增长模式及较为单一的外汇储备结构，均需要进行审慎的调整。而在经济增速面临放缓的国内外压力下，社会制度的改革尤其需要跟进，以保证社会的稳定。

经济危机中国之应对1：如何应对美国的成本转移

社会科学报

（2008年10月30日）

记者（泽羽）：美国爆发的金融危机正从各个层面向世界范围传导和转嫁。这种转嫁的方式主要通过货币增发、美元贬值、大宗商品涨价、全球通货膨胀以及其他各国通货再膨胀等，最后引发世界性的金融危机。对此，中国应该如何应对？

严海波（中央编译局）：美国金融危机的本质源于一种不劳而获的发展方式，这就决定了美国需要把这个依靠过度负债、过度消费、过度货币发行的循环走下去，还需要把不劳而获的成本转移出去。这同时也就决定了美国首先必然要保持美元强势和弱势的有节奏的变换，既要通过弱势美元政策降低利率，发行超额的货币，进行货币贬值，又要通过强势美元政策保证增发的美元有人接受，继而回流美国，投资于美国的债务工具。其次，美国必然要维持现有货币的特权地位，以保持其对全球货币金融的核心控制，继续操纵虚拟资本的流动、实物资本的交易和价格，将自身成本向外转嫁。这种成本转嫁最终的过程是：美元过度发行，引起世界实际产品的全面涨价，引起各国成本推动的物价上涨，各国积累的财富在自身货币贬值中，全世界消化美元通货膨胀的成本，美国拿世界的资金补贴国内经济运行成本。

目前，中国作为美国不劳而获循环中的一个重要环节，承担了美国经济发展及美国金融危机的诸多成本。首先，对外依赖超过一定程度的经济体，容易受美国缓慢或激烈的成本转嫁。中国从2001年到2007年，外贸依存度一直处于增加趋势，2007年达到60%；同时，美国又是中国的第一大贸易伙伴。其次，一方面中国的廉价出口商品没有计入生态环境、土地价值、劳动保护和保障等成本；另一方面出口商品换回的美元又处于不断贬值的状态，进而导致外汇储备缩水严重，以美元计价的金融资产遭受损失。第三，与世界市场的高度关联，使中国必然承担由于世界大宗商品价格上涨传导过来的成本，奇特地表现为人民币对外升值、对内贬值。第四，中国规模巨大的外汇资产，不仅面对美元贬值的汇率风险，还会因美国国债、机构债产品市值下跌而蒙受损失。第五，在中国缺乏战略应对思想的情况下，进入中国的热钱洗劫了财富，扰乱了经济金融的稳定。

针对这个局面，我们应采取的措施：第一，中国现阶段亟须在金融、外贸政策等大面落实科学发展观，改变经济、金融的发展方式，使对外开放服从于国内发展，使经济发展的成果为国内人民共享。第二，中国需要重点实现初次分配的公平合理，从而扩大内部需求，尤其是内部消费需求，增加最终产品服务于国内经济的比重，这样既可以替代过多的贸易顺差，又可以实现经济社会均衡发展。第三，中国需要扩大主权信贷，替代过度地引进外资和外债，在制定国内宏观调控政策和金融政策中保持独立性，体现主权性。第四，中国需要认识到，当前通货膨胀的主要根源是外部成本的输入，是美国转嫁自身危机的一部分，因此，宏观调控政策制定要增加针对性、定向性，避免伤害到外贸相关度低的国内经济部门的生产发展，避免出现通货膨胀和经济低增长并存的局面。第五，中国现阶段更要务实地看待对外经济关系，以国家利益为前提加强与世界各国的经济金融交往，注意维护国家金融安全。第六，面对世界经济的不确定性，中国要加强风险控制，防止发生金融危机；由于金融衍生品已经在西方国家引起极大的混乱，要谨慎地发展金融衍生品市场。第七，既要与不合理的国际货币金融体系，尤其是与美元保持适当的距离，又要积极、务实地推动改变收益和责任极不对称的国际货币体系，例如逐步切断商品的美元标价和交易机制、建立区域货币联盟等，逐步改变中国受制于人的状态。

（记者　泽　羽）

经济危机中国之应对 2：金融风暴下反思中国改革路径

社会科学报

（2008 年 11 月 6 日）

记者（王婷）：在正转变为经济危机的全球金融风暴的背景下，梳理好改革开放 30 年来经济运行的逻辑，掐准经济增长过程中的利弊，重启改革之路，无疑对我国避免金融风暴的杀伤性破坏具有现实意义。而在金融风暴的威胁下，探讨当前金融风暴背景下中国面临的机遇和挑战，对下一阶段社会经济发展的前景进行分析和预测。其中，有关坚持渐进的市场化道路和政府在市场经济轨道中的作用是如何体现的？

高尚全（中国经济体制改革研究会主席）：回顾我国渐进的改革道路的历史，计划经济与市场经济的意识形态争论曾掀起过好几波浪潮。全球金融风暴发生后，有观点再次认为市场配置资源是错误的，还是要回到计划经济。我认为，市场化的改革作为我国重点，不能随便改变，不管遇到什么事情都需要坚持。美国金融危机不能说明搞市场化是错的，只能说明市场化过程当中必须要加强对市场的监管。政府进行必要的宏观调控，市场就可以健康发展，但是干预不是必要的常态。在金融危机中，发现货币金融体系不健全，就要通过改革的办法来解决，但不能说我们搞市场化改革就是错的。

林毅夫（世界银行副行长）：再次提及中国30年高速增长之谜，我认为市场机制非常重要。工业化的结构与禀赋结构本身是一致的，一个国家要选择走哪条路，首先要了解到底有什么样的工业结构。而这就必须去比较市场才会产生一些相对的价格信号。有一个可以反映一国丰富性的相对结构后，公司、企业家才清楚应该进入哪个行业，充分利用现有的资源，采取创新新技术去实现增长。

茅于轼（天则经济研究所理事长）：过去三十年的经验告诉我们，政府不会总把一切都比市场做得更好。价格指导资源分配是上百万消费者和生产者作的决策，这是非常有效的。因此，我们希望更加倾向于市场的决策。

克劳斯·盖尔豪瑟（Klaus Gerhaeusser）（亚洲开发银行东亚局局长）：作为一场政府主导的改革，中国政府在市场经济发展过程中发挥的作用犹如走钢丝。人们既怕政府过度的干预束缚了市场，又怕政府不作为放任了市场。在这样的两难中，把握改革过程中政府作为的度，成了一个永恒的命题。我对中国政府在未来的全球经济局势和国内自身的改革过程中所要发挥的作用充满了期待。在全球金融风暴中独善其身、保持警惕，是中国政府必须做的。中国是非常重要的一支力量，中国应该继续融入区域和全球的经济发展中。而要保持经济的持续增长，中国政府必须要应对经济增长和发展为环境带来的一些负面效应，如不断恶化的水土资源和空气污染，这些都需要中国政府的投资和改革。同时，城乡之间收入不平等成为较为普遍的现象，政府要重视农村地区投资到位，帮助促进这一区域的经济增长，创造更公平的政策和竞争环境，使全体民众都能够参与和贡献，受益于经济增长带来的作用。

林毅夫：我们在强调市场机制对改革开放的重要作用时，同时也应强调政府机制的重要性。我不否认政府有失灵的地方，而最好的政府应该是做得恰到好处的政府。政府在市场经济发展过程中，对市场各方主体要有激励措施；当发现价格上出现扭曲时去及时进行调整；同时还要把一些市场进入的障碍壁垒取消。只有政府有这个能力去对市场采取一些积极措施。现在，政府还需要充当一个更为重要的角色，就是搜集信息，对信息进行处理，了解信息的含义，把信息纳入到工业化政策里来与公司分享。

杜赞奇(Prasenjit Duara)(新加坡国立大学人文社会科学研究主任)：中国今后的社会肯定会朝着一个以消费为基础的社会发展，国内市场将会变得越来越重要。政府应该建立更多的灵活反应机制，更大地满足老百姓和社会社区之间的需求。

陈平(北京大学中国经济研究中心教授)：中国政府的智慧在于稳定增长优先，制度改革随后。改革进程取决于市场趋势。如果市场趋势朝上走，盈利比较大，改革空间就比较大，就有条件做更多领域的实验。如果趋势往下走的话，资本外逃，人民失业，改革就寸步难行。

（记者　王　婷）

经济危机中国之应对3：实施“重实体、重金融”大发展

社会科学报

（2008年11月13日）

记者（泽羽）：前不久，东海证券研究所和中国人民大学经济研究所共同完成了《全球利益调整中的中国宏观金融风险》研究报告。报告称，当下全球新一轮利益调整是在金融资本主义、工业资本主义与发展中国家这样一个三层全球经济结构背景下出现的，金融渠道成为当前和未来全球利益调整的主渠道。而此轮调整具有中长期特征，受其调整负面冲击影响最大的是外贸依存度高、出口制造加工品并进口大宗产品、有大量外汇储备的国家。作为报告的主要执笔人，请谈谈中国经济如何应对此轮调整？

王晋斌、朱戎、阎衍：应对此轮调整的冲击，我们必须抛弃传统的“重实体、轻金融”的发展思路，采用“重实体、重金融”的双重发展战略，实施金融大发展战略。

金融大发展战略包括两个基本方面：一是利用香港的国际金融中心地位，实施金融局部“大推进”发展战略；二是要明确在未来相当长的一段时期内，加工制造业仍是促进中国经济与就业增长的重要部门，必须进一步加大金融资本与产业资本的结合，促进加工

制造业的产业升级和“梯度”转移，扩大内部需求。

传统的按照产品渠道开放的金融“渐进”开放模式，无法形成全局性的资产定价机制，反而会扭曲资金价格。要形成市场化的资金价格，必须实行局部金融“大推进”发展战略，在一个区域内实行“港深”金融一体化发展战略。允许人民币和港币在香港与深圳之间自由兑换，一方面可以解决国际资本的流入流出问题，另一方面可以形成人民币和美元之间市场化的汇率水平，为内地的市场利率和汇率水平提供一个有用的参照系。

为了扩大“港深”一体化对内地金融市场与经济的辐射作用，应在内地发展“金融特区”，如天津的“滨海金融特区”。

目前，以“硬堵”的方式割断国内外资本市场的思路已经不能解决问题，这意味着一些额度管制方法（如 QFII 额度限制）已经失效。在发达国家，金融开放更多的是对金融市场微观行为的一种事后认可。

中国金融自由化改革的重点也应该是在对现有各种资本流动渠道进行调查和梳理的基础上，从法律和制度层面对经常项与资本项下的各种资本流动渠道进行有选择的事后认可、调整和再管制。通过一些措施，提高名义金融开放度，缩小二者之间的差异，提高跨境资金流动的可观察性和可控性，避免跨境资本流动对国内金融深化的冲击。

在加强审慎监管的同时，必须推进金融创新，使企业利用金融工具防范价格风险。在目前国内不可能大规模实施金融衍生品工具创新的背景下，要有效利用明年即将运营的香港商品期货交易所，开发人民币计价的大宗产品期货，使中国产品的消费量和定价权逐步匹配，以降低大宗产品价格上涨对国内企业的冲击。

进一步使用国家主权资金来参与和稳定国际金融市场，并通过区域性的货币合作增加中国经济对美元货币体系冲击的弹性。

宏观政策要关注资产价格的大幅度变化，对于股票市场，要通过机构投资者结构优化、再融资政策限制和“大小非”政策限制等措施恢复投资者的信心，防止股票价格进一步下跌带来的基金流动性风险、散户投资者的“民生”风险和国际资本“抄底”到来的价格波动风险。房地产吸收了约20%的银行信贷资金，企业财务杠杆比率高达70%。因此，关注房地产价格变化对防范金融体系的系统性风险至关重要。

外部需求下降是挑战更是机遇。要通过金融资本与产业资本的进一步融合，整合产业结构，加快产业结构的升级，减小外部需求给中国经济增长带来的压力。

在基础资源密集型行业形成更大规模经济以加强基础产品的“定价权”并降低成本。目前，中国钢铁行业的密集度要远低于国际水平，因此，国内的资源密集型大企业存在进一步整合的空间。

继续推行价格体制改革与产能限制等措施，以降低对大宗产品的国际需求，减缓由于需求因素对大宗产品价格上涨的拉力。限制产能，主要是需限制出口(生产能力过剩的领域有钢材、铝业等)，可以通过征收出口税等办法来降低对这些基础产品的外部需求。

（记者　泽　羽）

经济危机中国之应对4：说西方文明衰落有些一厢情愿

王达三

（2008年11月20日）

起源于美国而波及全球的金融危机无疑再次暴露了西方文明的一些痼疾，比如科学主义、进化主义、消费主义、个人主义以及扩张主义等。职是之故，功利主义色彩稍浓的人认为，此次危机是中国加速赶超美国的难得机遇；而关注文明发展模式的人则认为，此次危机是验证中国传统价值观和现有发展模式的最佳时机。但是，问题恐怕远没有这么简单。

当今世界上只有美国才有资格犯这样的错误，或者说"美国一感冒，全球打喷嚏"的现象本身就说明了美国无与伦比的强大实力。虽然此次危机还没有见底，但可以肯定的是，此次危机不会对美欧的发展模式和综合实力造成太大的消极影响。目前中国DGP总量还不到世界总量的6%，而美国则占28%左右。至于在科技、教育、军事等领域，中国和欧美也存在很大的差距。是的，中国人正在奋起直追，但欧美人也没有睡大觉。断言中国可以在短时间内赶超美国甚至是主导世界秩序的观点，显然是有些一厢情愿了。

千万不要小看了西方文明的自我修复能力。两次世界大战把欧洲甚至是整个世界都变成了“屠宰场”，直接冲击了“西方中心论”，而1929—1933年的经济大萧条则使资本主义受到普遍质疑。但西方文明并没有就此夭亡，罗斯福新政不仅拯救了资本主义，而且逐渐使美国发展成为西方文明的“守护神”。备受战争煎熬的欧洲各国则学会了互相容忍和彼此谦让，走上了超越狭隘民族国家界限的欧洲一体化进程。冷战时代，美苏强力对抗，其结果也是以苏联帝国的崩溃告终，而西方文明几近全盘胜出。

近代以来西方文明之所以愈挫弥坚，首先得益于强烈的忧患意识和自我批判能力。仅从《西方的没落》（斯宾格勒）、《西方的死亡》（布坎南）、《美国时代的终结》（库普乾）等书名就能看得出西方文明的忧患意识和自警传统。文艺复兴、宗教改革、启蒙运动、自由主义、保守主义、生态主义、后现代主义等五花八门的思潮和运动，本身就是针对西方文明的某些弊端展开的自我批判，可谓是“良药苦口利于病，忠言逆耳利于行”。

更深层的原因在于资本主义是一种“毁灭性创新”的文明。熊彼特认为，资本和资本家具有追求利润的本能，使得经济因激烈竞争而处于不确定的状态之中，并有可能导致经济的失序与崩溃。但是，与其说这种危机与崩溃是灾难，毋宁说是修正和淘汰不合时宜的旧体制的机会，进而发展出新的体制引领经济渡过难关，所以“资本和资本家的精神是对于现行体制的毁灭性创新”。

当然，“毁灭性创新”不是随心所欲的，而是必须以技术的创新为动力和制度的创新为保证。按照道格拉斯·诺思的说法，制度的内涵是“约束人们交往的结构性因素”，其外延很广泛，包括经济的、政治的、社会的乃至文化的制度等。西方文明的种种制度未必是最好的，但自有传统且大体运行有序，并试图不断通过自我改革和完善来适应经济与社会的发展，却是不能否认的。

本来，中国传统价值观可以开出一条不同于西方文明的发展模式。一战之后，先后旅欧的梁启超和泰戈尔看到的是满目疮痍的欧洲，都认为西方文明已经走进了死胡同，并由此力倡复兴东方文明。而先后来华访问的英国哲学家罗素和美国哲学家杜威，也都对东方文明纠正西方文明之偏寄以厚望。但在事实上，不要说早期的日本，即使之后的中国和印度也在不同程度上倾力学习和模仿西方。时至今日，东方文明的特色已消失殆尽，很难说世界上还有一种从发展模式到综合实力可与西方文明堪比的文明类型。

斯宾格勒在《西方的没落》一书中，曾把世界围绕西欧旋转的历史体系亦即“西方中心论”称作“历史的托勒密体系”。如今，全球都在唱衰美国和西方文明，但无论从文明模式还是综合实力来看，中国还远远不是“历史的托勒密体系”。清醒地看到西方文明的自我修复能力，尤其有助于我们认识这个问题。此外，中国的崛起和中华文明的复兴，也不一定非要以美国和西方文明的衰落为前提和代价，这就是费孝通先生说的“各有其美，各美其美；美美与共，天下大同”。

虚拟经济不能离实体经济太远

——次贷危机对金融市场发展的启示

左小蕾

（2008 年 11 月 6 日）

编者按：次贷风波愈演愈烈，全球金融市场剧烈动荡，各国央行被迫出手，金融机构人人自危，投资者信心受挫，深陷恐惧之中。那么，究竟这一风波从何处发端、如何蔓延？全球哪些金融领域正受其肆虐？它所产生的影响和后果是什么？我们能否遏制这场危机的蔓延？本报特邀银河证券首席经济学家左小蕾撰写“次贷危机对金融市场发展的启示”，以引发我国经济学界面临和急待探讨的新议题：对经济全球化模式的反思。

次贷危机不是传统意义上的经济危机。次贷危机是一次资产价格泡沫破灭的危机。所谓资产价格泡沫，就是资产的价值与价格离得太远。这里有一个常识的判断，泡沫是非常脆弱的，泡沫的破灭几乎是不费吹灰之力的。而用泡沫来形容的资产价格，是指资产价格过度上涨，就像用肥皂吹大的泡泡，风吹草动就会破灭。就像建筑在沙滩上的大厦和空中的楼阁，没有强有力的基础的支撑，随时都会轰然倒下。事实上，华尔街金融巨头贝尔斯登，雷曼兄弟，美林证券，已经在虚拟经济的泡沫中灰飞烟灭。这说明，“太虚”是很危险的。

衍生产品在虚拟经济

这次美国华尔街爆发的次贷危机的泡沫，包含很多内容，从信用泡沫—产品泡沫—资金泡沫—价格泡沫—市值泡沫，形成一条长长的泡沫链。

最底层的标的次级贷款是一个巨大的信用泡沫。抵押贷款是一个信用产品，信用产品应该贷给有信用的人。但是，次级贷款把一个信用产品贷给了一些低信用，甚至没有信用的群体。而且附加了许多加大信用风险的优惠条件，比如零首付，比如，延迟本金还款，等等。次级贷款实际上是一个巨大的信用泡沫。

基于这个 1.5 万亿美元的信用泡沫，创造了超过 2 万亿的资产证券化产品（MBS），超万亿的债券抵押凭证的所谓结构化产品（CDO），近万亿的信用违约互换产品（CDS），为了这些证券的高评级，债券保险公司产生 2.4 万亿担保产品，以及各自近万亿的信用卡证券化产品，汽车消费贷款证券化产品。眼花缭乱的产品泡沫以及伴随的价格泡沫，创造了一个巨大的市值泡沫。超过美国 4.3 万亿的国债市值两倍。一旦那些一厢情愿的假设，比如房价不断涨、利率长期低等发生变化，次贷违约率上升，危机就爆发了。

如何认识虚拟财富和泡沫的产生，举一个最简单的例子，一只证券 1 亿份，每份 2 块钱市值 2 亿元。最后一个人用 4 块钱成交 100 份。结果是仅仅用 400 元就把这只证券的市值提高了一倍。最终 400 元创造了 199 999 600 元的虚拟货币，所有持有者的“资产”

上涨一倍。反过来，当一个人因为市场变化，经济下滑，流动性等原因，愿意按照1元钱的价格赎回100份，这只证券市值立即缩水成1亿元，所有人的所谓财富，减少三倍。如果所有持有人都赎回，这只证券可能变得毫无价值。特别是全市场都赎回衍生债券，全部发行人需要拆借资金，全市场流动性危机就爆发了。

价格泡沫和市值泡沫的制造与巨大的杠杆交易放大资金泡沫密切相关。在次贷危机中倒闭的著名的凯雷资本下面的凯雷基金，泡沫高峰期间，6亿多美元的资本金，把管理的资产放大到200多亿美元，杠杆倍数高达32倍。当市场下跌3%，就面对巨大的流动性风险，不得不黯然退出曾几何时还叱咤风云的华尔街的历史舞台。

我们看到这里最关键的部分是，这些也冠名为“产品”的东西，并没有实际意义上的任何价值，并没有创造任何真实的财富。产品链越长，越不知标的为何物。次贷衍生品数万亿上十万亿的市值，是被虚拟货币托起的泡沫，是杠杆交易方式放大的虚拟的财富，使虚拟经济离实体经济到危机四伏的地步。

美国前财长保罗·奥尼尔认为：“通过扰乱世界货币市场获益的人是投机者。在我看来，他们并没有提供多少有用的价值。”奥尼尔对金融市场的观点，及其为金融市场制定规则的重要的职责，可能挑战了金融机构的巨大的利益，可能是其被迫从财长位置上辞职的很重要的原因之一。

资产价格泡沫的结局是危机

最严重的是，巨大的资产价格泡沫最后的结果就是危机。

我们已经看见，次贷泡沫危机最后只可能是两个结果。第一个结果，就是泡沫破灭，瞬息之间，数万亿数十万亿的虚拟财富消失，化为乌有，引发全球金融动荡经济危机。次贷危机几乎摧毁华尔街。次贷危机从新世纪抵押贷款公司的关闭开始，次贷违约，沿着次贷产品的证券化产品，结构化产品，保险互换产品，债券保险公司，乃至整个债券市场，信用卡证券化产品，消费信贷证券化产品，乃至债券保险公司，都深陷危机。贝尔斯登倒闭，把危机的严重程度提高到红色警报，几乎所有金融公司陷入次贷危机的漩涡。政府支持的最大的房地产抵押担保机构，房利美、房地美被国有化，雷曼兄弟已经成为贝尔斯登第二，全球最大的投资银行美林证券公司被美国银行收购，美国国际集团命悬一线。这些百年老店迅速从华尔街消失，宣布华尔街过度虚拟的经济的失败。试想，如果不是在美元本位的国际货币体系下，美联储可以随心所欲发美元，华尔街大大小小的金融公司，完全可能重现 1997 年泰国一天关闭 58 家银行的一幕，华尔街可能一夜之间尸横遍野，血流成河。

次贷危机把另外两大经济主体拖入衰退。受次贷影响英国北岩银行发生了百年不遇的存款人的挤兑行为。如果不是英国政府实施国家收购，国有化北岩银行，完全可能引发成英国甚至整个欧洲的银行危机。因为直接持有大量次贷衍生产品，导致欧洲成为重灾区。虽然欧洲央行通过大规模注资，使欧洲所有金融机构有了喘息的机会，但是由次贷延伸影响，一般滞后美国一年的欧洲经济已经面对衰退。日本经济也重返负增长。

次贷危机引发全球通货膨胀，全球经济危机一触即发。次贷危机爆发，华尔街以及全球金融市场就会没有什么东西可以买，大规模证券投资资本撤出华尔街和其他国际金融市场，进入商品市场，把大规模金融投机活动带进大宗商品市场，以前所未有的速度迅速推高了石油粮食价格，全球通货膨胀急遽恶化，超过 70 个发展中国家通胀超过两位数。美国的通胀已达5.6%，欧洲的通胀也已大大超过警戒线，使美联储和欧洲央行都处于经济放缓与通胀的两难之间。全球通胀是否最终引发全球危机还要拭目以待。

次贷泡沫使华尔街伤筋动骨，使全球经济陷入深重的危机。虚拟经济远离于实体经济连华尔街都难逃劫数，新兴市场国家在经济基础和相应金融体系不足以与金融资本一较高下之前，切不可以身犯险。

新兴市场的发展应该“脚踏实地”

新兴市场多是初级市场，或者是不成熟的市场，夯实金融市场的基础，是初级市场的根本大计。次贷泡沫的危机给新兴市场最大的启示是，新兴市场最应该夯“实”的基础，就是不要远离实体经济，不要过度虚拟，要成为实体经济的晴雨表。

新兴市场要扎扎实实发展与实体经济联系最密切，能有效把资源配置给有成长价值的行业和公司的不同层次的市场，比如创业板、中小企业板、主板、三板、企业债、公司债市场。只有以上市公司的价值增长和发债公司的价值增长为投资目标的市场，才是金融证券市场的基础，也是金融证券市场发展的基础。培育优质上市公司和发债公司，使公司业绩不断增长，做实做强做大基础“标的”的市场，才能分享企业和公司的成长，才能分享经济的成长，而不会被过度虚拟的泡沫经济伤害。

新兴市场的衍生产品市场应该以对冲风险管理风险为目标发展，切忌以投资为目标推出。而多层次衍生产品的市场要审慎渐进。衍生产品是衍生出来的，虚拟的成分随着衍生的层次增加而增加。虚拟经济离实体经济越远，泡沫越大，泡沫破灭后的灾难也越大。

如果像次贷那样，被衍生的基础产品也存在巨大的风险成分，衍生出来的整个衍生品市场就是建立在一个“虚拟资产”标的市场的基础上。这样没有基础的衍生品市场是一个危机四伏的市场。加强基础“标的”的多层次市场的建设，避免虚拟经济引发危机的灾难性影响，坚持伴随实体经济发展而持续发展的方向，是新兴市场用沉重的代价换取的最重要启示。

金融风暴　可能是我们的转折点

清华大学　李稻葵

（2009 年 3 月 12 日）

编者按：今年“两会”在全球金融风暴影响日趋加深的背景下召开，与宏观经济形势和国家发展相关的议题备受关注。近日，全国政协委员、清华大学李稻葵教授在中国政法大学与腾讯网主办的“燕山大讲堂”上谈到，中国的宏观经济正在由局部的回暖走向全局性的恢复。而中国经济要取得全局性的恢复，依赖于我们重新思考市场与政府的关系，加速推进改革。同时，还需要我们朝着大国经济体方向去调整发展政策和战略。

“中国经济基本格局未变”可推出乐观预判

当这场金融风暴冲击到中国经济边界的时候，中国经济事实上有三个基本格局必须看清楚。不看到这三个基本的格局，宏观经济的走势就看不太清楚。

第一个格局是中国经济正处在一个高速发展的长周期之中。中国经济过去十几年以来，至少是到 21 世纪初以来一直是处于工业化超前于城市化的格局。城市化进程缓慢，导致我们消费长期上不去。现在，这样的格局正在改变，城市化进程正在加速。我们正在补“城市化”这堂重要的课。城市化的补课带来了消费的升级，这使中国经济处于长周期发展领域中。

第二个格局是支撑我国过去近30年发展的基本社会政治格局没有变。即中央政府高度关注就业、高度关注社会稳定，高度关注由经济增长放缓带来的种种社会问题，保持一定的增长速度成为我们中央政府执政决策的基本理念。与此相关的是，地方政府以发展经济为首要目标的发展主义的取向。地方是发展主义，中央是保稳定，这两个政策取向合在一起就带来了过去30年长期的快速发展，尤其是过去这十年的发展。中央政府一宣布4万亿元的财政刺激方案，各个地方政府都积极地把财政刺激方案推动下去。当然，从长期来看，必须以科学发展的理念调整这样的发展格局，但现在发展的、扩张性的格局并没有变。

第三个格局是财政和金融体系非常稳定。中央财政的资产负债表非常稳健，我们的资产充足、负债有限。因而，我反复建议在稳定的财政状态下，我国可以多发国债，短期内可以调整GDP结构，刺激拉动内需、改善民生、构建和谐社会。更重要的是，一个健全、健康的资本市场的基础是国债，我们的资本市场要发展，买卖金融风险最低的国债不可少。同时，我国的金融体系也很稳定，中国银行的健康情况是60年以来最好的情况，不论是银行的盈利情况还是看银行的呆账率，都处于最好时期。当前银行的情况不可避免地会随着信用扩张出现一定的下滑。但一定情况的银行业绩下滑对于整个宏观经济而言不是坏事。稳定的财政和金融体系，使得我们现在推出各类财政刺激方案、金融刺激方案很容易操作。我们的政策空间、发展潜力、前景都非常好。

这三个基本格局决定了我的一个乐观判断：中国的宏观经济正在由局部的回暖走向全局性的恢复。

局部回暖尚未全面回暖与房地产有很大关系

之所以是局部回暖但还不是全面回暖，原因在于，一是被出口拖累了的制造业尚需要恢复。另一个重要因素是房地产尚未恢复。房地产不恢复，整个经济的恢复就没有根基、就不全面。我所强调的房地产恢复，并不是价格的恢复，房地产恢复的本质应当是交易量。如果没有房地产交易量，装修、家具、建材、家用电器的消费都跟不上，所以房地产必须要上去。

现在我国房地产发展矛盾的症结是非均衡，即市场不工作了。正常的市场是建立在买卖两厢情愿的均衡价格基础上，但房地产现在却缺乏了均衡价格。想买房子的消费者不敢买，开发商为了高额利润也不愿意卖，双方在顶牛僵持，因而出现了交易量大量萎缩的情况。没有交易量是最糟糕的市场格局。这时候就需要政府发挥作用，政府应当帮助市场恢复它的工作和效率。现在降低交易税、降低贷款利率等政策，我个人认为不是最重要的，最重要的是要打消消费者的担忧，帮助开发商克服过去超高利润的怀旧心态。政府可以以交易量为判断来考核、评估各个开发商的业绩。以交易量为导向来决定地方政府是否批地，是否把未来经济适用房的交易交给开发商来做。有交易量之后，开发商的资金可以流转起来，整个社会宏观经济都受益。房地产的交易量不上去，整个的经济不能说是全面地恢复，这方面政府调整大有可为。

市场经济要重新划分政府与市场的关系

当前，我国在加快改革方面主要有两个阻力，一是思想认识的阻力，二是利益格局的阻力。金融风暴对我们在认识层面上应该是促进和刺激，促使我们思考推进改革的方向。

社会各界现在越来越认识到一个基本的道理，即市场经济要有一个重新划分政府与市场关系的过程。市场的作用的确是基础性的，但过去我们可能有一个误区——在一定程度上过大、过多地寄希望于市场经济来解决基础性的社会问题。这在医疗、住房领域特别突出。我们应当不断地加深认识，社会和市场经济要发展，必须要有一个和谐的社会基础。否则，任何制度、任何市场机制都很难长期执行并推进下去，会产生各种各样的社会情绪。和谐社会基础很重要，没有一个基本的收入分配较为合理的公正格局，基本的社会矛盾得不到缓解，改革将很难推进。社会的和谐需要政府发挥一些作用，包括住房和医疗。以新加坡为例，新加坡对一些低收入家庭提供公房，同时政府掌握了一批土地，与开发商形成了对冲机制。这形成了市场和政府的良性互动，是政府利用市场机制来合理运作的结果。因此，在住房、医疗这些领域需要我们重新作出思考，不能拘泥于对市场经济的传统理解之上。我们的研究和理念要不断地突破和前进。这个前进是建立在研究和事实基础上的，而不是对发达国家市场经济基础的虚幻理解。

实施和推进大国发展战略

中国经济已成为世界上第三大经济体，发展政策和战略需要朝着大国经济体方向去调整。这种大国发展战略体现在三个方面：

必须要以扩大内需为核心。日本是我们的前车之鉴。日本经济过去十几年以来没有进行根本的结构性调整，世界经济一放缓日本经济就遭殃。经济结构过分依靠出口，肯定会碰壁。提升内需的最根本的出路是城市化。单靠农村买电器、买汽车短期可以有效，长期不可持续。因为农村人口购买力和消费格局毕竟有限。城市化的文章如果做好了，中国经济保持十年以上的高速增长应当没有问题。

在全球布置资源，包括金融资源。金融危机给我们产生的一个机遇是，我们可以拿一部分外汇储备去购买国外资源和资源型企业储备。国外制造业的生产能力较难投资，但国外品牌和技术是可以投资的。

把握参与制定国际新秩序规则的机遇。金融危机发生后，西方国家自然会邀请我国参与讨论金融秩序新的经济格局。我们不能躲避，而应该积极地把我国的想法表达出来。值得关注的是，新型的贸易保护主义在未来一两年内肯定会抬头。由于WTO规则的存在，现在经济困难的各国不会采取20世纪30年代那种提高关税的方式来搞贸易保护，而是采取非常间接的隐蔽的方式来搞新型的贸易保护主义。西方目前掀起对全球化、市场经济的反思，其中肯定杂夹着各种各样的新型的贸易保护主义。我们需要有准备地应对。

我们不应该被动地认为这场金融风暴对我国来说是不得了的打击，而应该认识到这是一个重大的战略机遇，中国经济不仅可以挺过这两年，五年、十年之后回过头再来看，这场金融风暴对我国很可能是重大的转折点，是让中国经济从重要的经济体上升为全世界最重要的经济体之一的一个战略机遇。

2012年陆家嘴金融论坛达成共识——

构建面向未来的全球金融新框架

社会科学报

（2012年7月19日）

编者按：2011年以来，受困于2008年全球金融危机的深度发酵，世界经济政治格局发生深刻变化，包括中国在内的世界经济复苏不确定性上升。伴随欧美主权债务危机走向结构性深化，全球金融治理亟待深入改革。在这一新时期，世界经济前景可能面临怎样的风险和阻力？全球金融的宏观性治理框架该如何构建？实体经济的进一步发展将如何推进？2012年是“十二五”时期承前启后的重要一年，在原来的全球价值链、产业链断裂之后，中国能否找到新的定位，能否突破传统发展模式的诸多桎梏？伴随金融业的改革与创新，人民币国际化进程面临怎样的发展新形势？2012年6月28日—30日在上海举行的“2012年陆家嘴金融论坛”，以“金融治理改革与实体经济发展”为主题，聚集全球经济金融菁英，问诊上述难题。

危机的恢复首先在实体经济中展开

实体经济是金融业赖以生存和发展的基础。这场全球金融危机充分说明，金融发展脱离实体经济，不仅会导致资源配置的失效，也会放大金融体系自身的脆弱性。上海市副市长屠光绍称，如何把握好实体经济发展同金融改革深化之间的关系，实现金融与实体经济的协调发展，是我们当前面临的重要课题。中国社科院副院长李扬认为，全世界各国在实体经济层面都存在着非常严重的失衡问题。金融体系最主要的扭曲就是它脱离实体经济发展，因此这次危机的恢复首先要在实体经济中展开，归根到底金融要服务实体经济。中国人民银行行长周小川表示，全球理论界和实业界都在深入反思危机的原因，对金融的本质进行深入的思考。

我国金融市场也存在较为严重的结构性问题。最突出的是高度依赖间接投资。社会融资中贷款和票据占80%，只有不足20%来自股票和债券融资。证监会主席郭树清表示，以商业银行为主的金融体系当中，政府相关企业占有的资源比较明显，中小企业获得的服务非常有限。2011年的数据显示，1 000多万家中小企业贡献的税收是50%，创造国内生产总值60%，完成的创新是70%，解决的就业是80%。中小企业占全国企业数量的99%。仅中关村符合创业板上市的企业就有1 000多家，它们参与资本市场的渠道却非常狭窄。

目前是小型、微型企业融资难，小微型企业往往需要的是本金，或者是时间稍长的债务融资，而这种服务只能由基础的直接融资来提供。银监会主席尚福林表示，银行业作为我国实体经济主要的融资来源，应当把发展转型的出发点和落脚点，放在如何更好地满足实体经济需求上，努力提升金融服务的普及性、多样性和有效性。小银行应努力发展成为“立足于本地发展、立足于特色经营、立足于实体经济、立足于小微企业”的社区性金融机构，真正服务于地方经济。同时，继续培育发展村镇银行等新型农村金融机构，增强持续支农能力，不断提升农村地区金融服务覆盖面。

即使银行更加注重面向小微企业，也不能完全代替资本市场的作用。真正的新兴产业往往是孕育于中小企业当中，不确定性和轻资产的特点决定了其常常难以获得银行信贷资金的支持，而资本市场包括股权、债券、风险投资、私募、股权资金等，提供了一套融资方和投资方风险共担、利润共享的机制。事实上每一轮全球新兴产业的焦点都在各国资源配置的效率方面。美国之所以在20世纪80年代高科技浪潮中独占鳌头，源于其资本的对接机制。美国的苹果、脸谱公司取得了非常好的市场份额，都得益于其资本市场在危机后敏锐捕捉到这些产业，并快速增长。中国保险监督管理委员会主席项俊波认为，金融业要顺应经济发展方式的转变，更好地为技术创新服务。通过推进金融要素价格的市场化，建设多支柱、多层次、多元化的金融体系，发展更多结构合理、对利润和风险敏感的金融机构，满足自主创新对金融服务的需要。另外，金融业要顺应人口老龄化的趋势，更好地为社会保险保障体系服务，更好地为社会财富管理服务，使居民在金融利益的分配上占据更加有利的位置。

加强金融国际监管成为共识

2008年开始的全球金融危机给全球金融市场带来了剧烈震荡，也引致了全球经济的衰退，欧元区的危机至今仍然牵动着全球金融市场的神经。现在5年已经过去，“魔鬼”仍然在肆虐，我们却眼看着危机逐步深化而束手无策。在这种情况下，如何构建面向未来的全球金融新框架成为必然的话题。

危机中，一些主要经济体未能采取相应的政策和框架来解决问题，危机既是市场失灵，又是政策失灵。即使是一体化程度很高的欧元区也面临同样的问题。中国银行监督委员会银行监管三部副主任张宵岭表示，欧元区的许多救助方法，头疼医头，脚疼医脚。其背后是欧元区国家的利益太不一致，决策机制特别分散。对此，经济学家们共同提到的一个词就是“监督”。监督和监管相比，是一种更高层面的政治压力，更强调理性的战略和行为。要让监督有效，必须要有一个非常好的监督管理委员会，或者说具体的执行机构。张宵岭建议，欧元区首先要进行银行业的整合。其次是建立某种程度的财政联盟，比如把一部分的预算审批权和税收上交给欧盟。最后争取政治、经济、财政联盟。

国际范围内则可以看到，在应对危机的过程中，一些机构相对衰落了，而另一些机构的作用则更加突出。澳大利亚审慎监管委员会主席约翰·莱克认为，G20(20国集团)的作用显著增加，在领导全球改革。在2009年4月的G20峰会之后，作为全球协调机构的“金融稳定委员会”在实现G20议程方面起到很重要的作用，金融改革得到了政治上，甚至立法上的一些支持。新加坡金融管理局局长孟文能认为，不同国家之间监管差异会带来监管套利现象，所以必须要进行协调，确保不同国家至少满足最基本的标准。对全球金融机构的监管，光有规则和监管是不够的，还要进行(政治层面的)监督和协调，确保规则得到执行。

探讨新的全球架构时，最难以解决也是最不能回避的问题，就是新兴市场国家和发达国家之间的利益冲突。对此，要通过对全球金融架构的管理，实现一种全球平衡，其中必须考虑新兴经济体地位的提升。李扬表示，现行的国际金融制度是发达经济体所造出来的，发达国家也希望改变它，确定新的规则，但是很多新规则直接针对的是新兴经济体。韩国银行副行长 KIM Jong Hwa 认为，新兴经济促进了全球经济的增长，要进一步扩大其作为全球经济引擎的作用。国际货币体系应该改变成一种多储备货币体系，可能包括新兴国家的货币。

人民币国际化和上海国际金融中心建设

在讨论如何重塑国际金融新秩序时，多储备货币体系被反复提及，而中国作为世界第二大经济体应该有所作为。人民币国际化是否能在此次危机中实现“纵身一跃”，不仅取决于国际经济格局的变化，也与国内的金融制度改革和完善息息相关。作为国内金融改革先行先试排头兵的上海自然重任在肩。

2009 年开始央行推出人民币跨境业务，一开始只有 4 个城市可以开展跨境贸易的人民币结算，只批准了 300 多家企业用人民币对外支付或者做贸易收汇。短短 3 年过去，全国所有地区、所有从事进出口贸易的企业已都可以用人民币来支付、收付贸易进出口货款。中国人民银行副行长胡晓炼表示，在一些国家官方外汇储备中，人民币也被列入储备货币。这些国家分布很广，既有我们周边的国家、地区，也有像北美、欧洲的发达国家和中东地区，它们乐意把人民币作为价值储藏、投资。伦敦金融城政府政策与资源委员会主席包墨凯表示，越来越多地使用人民币现在已经成为一种趋势，对国际贸易造成非常大的影响。

人民币国际化可以让中国减少对外依赖，并在全球事务中发挥更加重要的作用。但是人民币要成为一种国际货币，需要有一些前提条件，包括资本的完全可兑换、流动性的货币和流动性的资本市场，等等。纽约泛欧交易所集团首席运营官拉里·雷波维奇表示，人民币的资本项目可兑换非常复杂，也是一个循序渐进的过程。这需要开放对存款和汇率的利率管理，让市场更加机制化，也需要外资的参与。当然，人民币国际化以及资本的自由化，肯定会带来一些不稳定的因素。

彼得森国际经济研究所高级研究员尼古拉斯·拉迪认为，如果国内金融市场没有全面理顺，人民币进行资本项目下开放是很困难的，也很难成为一个真正的国际储备货币，因此金融体制改革是人民币国际化重要的前提。负利率可能将成为人民币资本项目下开放的主要障碍，也没有办法让世界各国中央银行使用人民币作为储备货币。如果国内利率体制和国际上按照市场进行的利率体制完全不同，大量不稳定的现金流流动是必然的。利率非市场化的扭曲，造成了一些机构大量获利。利率放开，确实是一个非常困难、非常痛苦的过程，却是人民币国际化必须经过的步骤。

2009年4月国务院明确提出，到2020年上海基本建成与国家经济实力以及人民币国际地位相适应的国际金融中心，“十二五”上海金融中心建设提出，到2015年要基本确立上海的全球性人民币产品创新交易定价和清算中心地位。中国农业银行行长张云说，当前中国金融业正处于资本项目逐步可兑换、利率市场化、人民币国际化的重要关口。上海也必将在这些领域先行先试，探索出更加稳妥可行的发展模式。

郭树清认为，上海有着得天独厚的优势，上海是一座非常开放和国际化的城市，大量外商合资机构落户上海，上海的基础设施和人力资本也日益接近国际先进城市，所处的长三角地区经济发达，企业和社会对金融服务的需求非常旺盛。还有更加重要的一点，上海金融生态很好，诚信水平比较高，上海成为国际金融中心值得期待。欧洲大学学院经济史教授尤塞夫·凯西斯（Youssef Cassis）表示，上海和香港、新加坡不同，它们更针对外向型的、纯粹的国际金融活动。对上海来说，要成为一个国际金融中心，需要很强的国内金融活动基础作为支持，这是中国经济实体的体量所决定的。另外，人民币国际化、国际开放性吸引人才、金融创新和有效的政策扶持等都非常关键。

拉里·雷波维奇表示，全世界的金融市场都要减少对单一货币的过度依赖，要建立多方面、多样化的联系，没有什么力量能阻止上海成为真正的国际金融中心。

养老保障体系也有“三驾马车”

我国是世界上唯一一个老年人口超过1亿的国家，而且老年人口的抚养比到去年末已经上升到122.23%，近十年来基本养老保险的财政补贴已经超过了1万亿元，养老金缺口非常大，属于典型的“未富先老”。我国基本养老金到去年底结余1.9万亿元，加上企业年金3 500亿元，包括全国社保理事会的8 000亿元，总共大概只有3万多亿元的养老金积累。即便加上商业养老4.5万亿元，也不过只有7万亿左右人民币的积累。而同期，美国养老金积累的数字是18万亿美元，差距非常大。若考虑到人均，差距更大。

中国保监会副主席陈文辉表示，我国养老制度存在不少问题。基本养老保险的公平性不足，包括覆盖面不全。制度的碎片化，几个不同的制度在运行。缴费比例比较高，基本养老企业缴费率20%，个人8%，远远超出了10%的世界平均水平，这对企业的竞争力产生了比较大的制约。

过去10年，国家在基本养老保障体系建设上，重点放在保基本和广覆盖，下一阶段应该把重点放到可持续和多层次上，养老保障体系也有政府、企业、个人“三驾马车”。中美联泰大都会保险有限公司首席执行官贝克俊认为，中国不是政府做得太多，重点是企业跟个人做得太少。中国平安养老保险公司的董事长兼首席执行官杜永茂表示，从养老金储备结构来看，经合组织34个成员国养老金储备平均在每人1.7万美元，其中第二支柱、第三支柱占80%，第一支柱占20%。美国现在实际储备已达20万亿美元，但是第一支柱只有2万亿美元，占10%；第二支柱63%，第三支柱占27%。而我国正好相反，第一支柱占90%，第二支柱占10%，第三支柱基本没有。长江养老保险股份有限公司总裁李春平认为，养老问题不能完全依赖于政府，应该加大第二支柱（企业年金）和第三支柱（商业保险）制度的建设和养老金的积累；加快个人储蓄型的养老保险积累；延迟退休年龄，包括加快补充全国社保基金。

与会专家普遍认为，要加快养老金市场化运营。过去10年，全国社保理事会运作养老金，平均每年有8.41%的收益率。而1.9万亿元基本养老金都存在银行，每年只有2%左右的回报。美国市场养老金的积累，40%—45%是靠投资收益带来的。可以看到，投资对于养老金的保值增值贡献非常大。杜永茂表示，养老金储备不能光靠缴费缴出来，而要靠投资滚动利用福利的原则长出来。另外，企业也要做得更多，逐步将年金建立起来，年金由企业要扩大到事业单位，甚至公务员队伍都要建立年金。

友邦中国区首席执行官蔡强认为，养老保障制度体制的完善，除了钱以外，基础配套设施同样重要，而这是企业和个人很难做到的。比如，医疗医院的提供，长期护理的提供，以及将来的社区医院和社区的配套设备等，要靠政府提早准备。

二、中国股市需注入强心剂

现在流行的对股市批评的各大理论，无非都是说股市多乱，市盈率多高，庄家多黑，多么缺乏诚信，等等。因而所谓规范，就是一手抓提高，一手抓监管，提高上市公司质量，严惩违规违法者。这样的认识肯定是没有把握中国股市的整体脉络和深层原因。中国股市在制度构造上的不规范在市场规范化的讨论中被普遍忽略，很大程度上解释了我们规范化的付出和进展不相对应的原因。当前，在政策间轮回的中国股市是到了必须注入强心剂的时候了。

本章内容含盖1988年《股份制：所有权与经营权分离的一种好形式》、1997年《当前股票市场的两个问题》、2002年《股票期权激励是公司治理机制的重要组成部分——访经济学家吴敬琏》等等。中国股市行情既反映经济运行数据，又反映体制改革进程，籍由本报横跨三十年的观察洞悉，以期对未来中国股市发展趋势做出务实的展望与启示。

股份制：所有权与经营权分离的一种好形式

社会科学报

（1988 年 3 月 3 日）

肖灼基：54 岁，北京大学经济学院教授、博士研究生导师、《中国经济科学年鉴》副主编、全国马克思主义经济学说史学会副会长。著有《恩格斯传》、《我国经济建设与经济体制改革》等书，曾获 1984 年孙冶方经济学奖、全国企业改革与发展优秀论文奖等。

日前，肖灼基就股份制问题与记者进行了对话。

记者：记得去年此时，关于股份制问题曾在理论界引起一场激烈争论。有的认为股份制就是私有制，发展股份制经济，其结果必然导致发展资本主义私有制。请谈谈您的看法。

肖灼基：关于股份制，去年确有这种看法，近来没人提了，但不等于看法已经完全改变，孰是孰非尚有待实践检验，犹如过去对农村承包责任制。我认为，有时有些经济现象不能简单用姓“资”还是姓“社”来概括，有些经济现象，既可在资本主义制度下存在，也可在社会主义制度下存在。股份制是随着商品经济发展、随着社会化大生产的发展而发展起来的。社会化大生产商品经济，既可在资本主义制度下存在，也可在社会主义制度下存在，既可为资本主义服务，也可为社会主义服务。马克思讲过，股份制经济是可以使财产摆脱私人所有的一种过渡形式。股份制经济本身的发展，是对私有制的一种扬弃。

记者：那么您以为发展股份制经济的积极意义是什么？

肖灼基：我认为积极意义有五点：一、可较好地处理所有权和经营权分离的问题，使产权归属比较明确，使一批善于经营的企业家，能在经济活动的舞台上，更好地发挥作用。现在全民所有制企业中，产权归属不很明确，而且找不出人格化的代表，实行股份制，产权归属明确，可以增强所有者对企业财产的关心。二、能较好地克服企业的短期行为。股东投资后，要与企业共担风险，股票可以买卖，但不能退股，只有企业不断发展，股票才能不断增值。经理是在股东授权下开展工作的，决策权在股东大会或董事会，股东和董事不仅要考虑企业的短期效益，而且要考虑企业的长远发展。三、有利于利用社会资金。目前社会上的资金或是存入银行，或是从事个体经营。除此之外，社会上的资金就不能充分利用。有人说，实行股份制，发行股票，还不是把银行的钱挖出来，投资到企业去嘛。有人说，国家要利用这种资金，银行存款不一样可以利用吗？他们不懂得储蓄与投资的区别。钱存在银行里，不管是长期的还是短期的，随时都可能取出来，变为储蓄者手中的购买力。所以，国家要利用时，只能利用储蓄存款的余额。股份经济则不是这样，股东的钱买了股票后，钱就拿不出来了，股份公司就把它用作生产资金。目前全国城乡储蓄约 2 800 亿元，群众手里现款约 1 000 亿元，相加近 4 000 亿元，是一笔不小的数字，如能把其中 30%转为企业投资，数额相当可观，对于缓解当前建设资金不足的问题，有重要作用。四、可使群众共担企业风险，增强他们的主人翁责任感。五、是资金流动的较好形式。随着供求结构的变化，资金还是要在各个部门流动的。过去资金流动主要靠国家投资，股份制通过股票买卖实现资金流动，能较迅速灵活地适应市场变化的情况；并通过资金在各部门的流动，促进产业结构的调整，协调社会供给结构与需求结构的关系。

记者：股份制经济是否也有它的消极作用？

肖灼基：是的。任何事物都不是十全十美的。有了股份制经济，必然出现股票市场；有了股票市场，可能出现股票投机，可能使金融市场产生混乱，甚至造成生产混乱。所以，在实行股份制时，应有一整套较为完善的股票市场、股票交易所管理办法和活动准则，正如打球总要有规则一样。

目前在发展过程中，也出现一些假股票：一、规定固定股息，股票持有者不承担风险。二、不能流通。三、限制购买数量。这实际是一种变相债券，而非股票。

记者：请展望一下我国股份制经济的前景。

肖灼基：对股份制经济前途，有两种不同看法：一种认为我国应实现股份化；一种认为应适当发展，但不一定搞股份化。我个人倾向于后者。因为我们是个大国，不同地区、不同部门、不同企业的情况各不相同，经营规模、经营方式、经营条件也各有差异。我主张现在股份制经济可先在以下五方面发展：一、新办的国营企业；二、老企业扩大生产规模部分，如国家不可能投资，可采用发股票集资，企业的原有财产可折成股金，企业变成股份企业；三、不同所有制进行横向联合的企业，根据各方参股数额，采取股份制形式；四、乡镇企业；五、中外合资、中外合营企业。至于现有大、中企业，步子还是稳一点为好。

记者：听说对股份制经济您打算作进一步深入研究?

肖灼基：是的。目前我正承担一个国家重点科研项目“股份制经济研究”，拟分下列专题：一、分别对马克思主义创始人及其理论家、资产阶级理论家以及社会主义国家关于股份制经济理论进行研究和评价。二、股份制经济发展史。其历史背景、条件、经历阶段以及它在各个阶段的共同点和不同点。三、股份制经济本身问题，其特点、运行、在实践中的作用；股票市场、国家对股份制经济的管理和干预；股东大会、董事会、经理、职工相互间的关系。四、社会主义股份制经济的性质、特点，我国经济体制改革中股份制经济的发展和对策，等等。

（记者　李　岭）

抓住人民币汇率调整契机

——90年代世界经济与深圳特区经济研讨会综述

蔡普华

（1990年4月26日）

1990年3月19日至29日，由全国美国经济学会、国际贸易学会、深圳思想经济学会合办的“90年代世界经济与深圳特区经济”研讨会在深圳召开。现将主要观点综述如下：

一、关于世界经济与国际总态势。对于今后世界经济与贸易总格局，与会者认为：20世纪90年代国际经济一体化、政治中心多极化、区域经济集团化将继续80年代的进程。国际贸易量和贸易额仍将有较快的增长。90年代是世界格局剧变的时代，将出现新的四边形格局——以美国为中心的北美经济圈、日本中心的亚太崛起圈、欧共体中心的欧洲复兴圈及苏联与一些东欧国家以不同以往的组合方式出现，各构成一边。

谈到中国发展外向型经济，登上国际经济舞台的前景，与会者认为，太平洋时代到来将促成“西太平洋共同体”或“南中经济圈”形成，中国将早于印度或巴西等国由区域性经济大国跨入世界性经济大国行列。

二、关于对90年代世界经济波动的估价。与会者认为，尽管金融或贸易领域的局部动荡，但今明两年发生衰退的可能不大。90年代中期即使有衰弱，其程度也将是轻微的。与会者还就战后40余年资本主义经济周期问题分析后认为，除70年代两次特殊的“石油危机”外，战后资本主义世界性经济周期呈现出延长的趋势，危机深度也趋于缓和。

三、关于深圳特区及沿海地区发展外向型经济面临的国际环境。90年代深圳特区外向型经济发展要进入体制和模式上成形的新阶段，所面临的国际环境可谓挑战与机遇并存。有利条件是：① 近年世经和贸易将不致陷入衰退，今明两年仍将有7%的贸易增长，可组织机电产品、纺织品服装等出口，而买进我方短缺、价格趋疲的货物；② 亚太地区的崛起和区内产业结构调整与转移，为深圳提供了发挥特长的机遇，可接受劳动密集产业，同时盯住高技术的应用发展，为日后产业高级化准备；③ 抓住人民币汇率调整契机，争取最大限度利用其贬值效应，力促产品在国际市场竞争力；④ 政策方面，可利用毗邻港澳，特区特办的优势，让跨国银行与跨国集团联袂作用。不利因素是：① 国际区域性集团引起贸易保护；② 东欧的经济变动可能使发达国家投资、经贸重点转移；③ 亚太地区同水平的印尼、马来西亚等也正在创造良好软、硬投资环境。

国际银行业进入新时代

金　芳

（1990 年 11 月 29 日）

全球性的放松金融管制和银行业务的自动化，标志着国际银行业一个崭新时代的到来。

整个 20 世纪 80 年代，银行业同样置身在席卷全球的企业兼并浪潮中，不仅有国内银行间的兼并，而且跨国兼并也不断增加。兼并使银行的实力大增，能够承担小银行难以承受的大额投资，以实现银行业务自动化。

现代技术对银行控制日益加强是当今国际银行业发展格局中的一大特点。自动出纳机已基本取代了小银行由手工操作的现金的贷款业务，计算机同时可处理抵押贷款、信用卡等业务。银行业务计算机化推动了银行管理的现代化。众多欧美大银行实际已由计算机专家掌管。

银行业务分散化及多样化是当前国际银行业发展格局中的另一大特点，其动因主要是银行业正面临来自银行业以外的巨大竞争。过去 10 年，商业银行损失最重的莫过于失去了工商企业这一大客户。一方面，发行商业票据，股票和债券越来越成为工商企业筹资的手段，而美、日等国商业银行却向来被限制在股票和债券发行业务之外；另一方面，利润上升和用于生产性的投资比例相对减少使众多企业拥有雄厚的现金资产。国际资本证券化使大企业意识到证券投资较之于存款获利更丰厚，所以，大公司纷纷设立金融分支机构，促进资金在遍及海内外的公司内流动，或直接从事国际金融市场上的金融资产的投资活动。

主要发达国家对银行活动的限制促使银行重新调整战略，参与工商企业的经营活动。在欧洲债券市场上，商业银行、投资银行向企业提供利率及汇率走势预测等金融咨询业务；在工商企业跨国交易中，银行既提供融资担保，又直接参与企业的投标、接管或收购等活动，从而保持了与工商企业的紧密联系。

树立以流通为中心的观念

——谈上海流通体制的改革

厉无畏

（1993年2月4日）

为建立社会主义的市场经济体制，“尽快把上海建成国际经济、金融、贸易中心之一”，必须加强上海的流通功能，使之成为上海的主要功能。目前上海流通领域改革明显滞后，越来越不适应市场化和国际化的要求。因此，对当前深化流通领域改革应有紧迫感。

上海改革流通体制的目标是：不断提高市场化与国际化的程度，按照社会主义市场经济的原则，建立起高效的、符合国际经济惯例的大流通体制，建立起完善的市场体系和广泛的流通网络，促成巨额贸易量和要素流转量，充分发挥作为龙头的聚集、创新与辐射功能。为实现上述目标，我们必须将过去在计划经济体制下形成的以生产为中心的观念，转变为在市场经济体制下以流通为中心的观念，通过市场的不断扩张带动整个经济的持续增长。

旧体制的主要弊端是政府主管部门集权，国有企业垄断，商业、物资、外贸三者分离和对外封闭。因此，改革具体可从以下几方面展开：

一、改革国有企业的组织结构，转换经营机制，形成“国有民营”和“多元结构”的竞争局面。对大中型企业可通过股份化和兼并形成新型的集团公司和综合商社，对中小企业可通过拍卖、承包、租赁、股金合作、连锁经营等实现要素的优化组合。

同时，鼓励发展一批私营和股份合作的商业企业，建立若干中外合资、合作的商贸企业。要鼓励竞争力强的企业向市外和境外发展，实行国际化经营。

二、突破商业、物资、外贸分割的局面，实行相互渗透的综合经营。

从市场经济的发展来看，政府分设三个部门管理已无必要，应合并为统一的“贸易管理委员会”。此外，为进一步引入竞争机制，对部分许可证和配额可试行公开拍卖和招标的办法。

三、建立并完善市场体系，重点是培育与发展中介市场。没有十分发达的中介市场，包括各类交易市场和交易所、总代理和总经销，以及形形色色的经纪人等，上海将难以形成国际经贸中心。重点应抓好以下几个方面：

（一）对已有的交易市场要进一步健全交易制度，完善服务功能；再建设若干现代化的、相对集中的综合性与专业性交易市场；（二）要积极发展期货市场，开放期票和期权交易，并要与国际期货市场接轨；（三）鼓励商、物企业，特别是要发挥名特商店的优势和积极性，承担海外客商、三资企业和国内大企业的总代理和总经销；（四）开放市场中介服务机构，允许民办和外商前来合资、合作办中介服务机构；（五）要尽快组建若干经纪人公司以适应中介市场发展的需要。

与此同时，还应建立有效的中观调控，保证流通体制改革的成功和市场的顺利发展。并在中央统一部署的前提下，逐步完善商业信用。

通货膨胀：中观的问题出在哪里

邹玉光　宋利亚　曹省中

（1995 年 9 月 14 日、9 月 21 日）

通货膨胀严重困扰我国国民经济健康发展和改革的顺利进行，特别是 1994 年高位攀升的通货膨胀，更引起人们的普遍关注。对通货膨胀病因全面而正确的判断是有效治理通货膨胀的前提和基础。笔者认为：我国通货膨胀的产生及恶化固然与国民经济活动在宏观和微观中存在的深层次矛盾和严重弊端密不可分，但担负着社会生产具体组织、管理及具体实施宏观经济政策任务，作为宏观与微观结合部和传递带的中观经济层次，即区域经济层次中大量存在并愈演愈烈的不规范行为的“推波助澜”也难辞其咎。笔者通过对湖南省某地区 1984—1994 年国民经济运行的综合分析“窥斑见豹”，深深感到：治理通货膨胀，不规范中观经济运行是难以取得成效的。

众所周知，我国国民经济十多年的高速增长主要是以货币高速膨胀作为支撑的。货币的超经济投放反过来猛烈冲击市场，从而诱发通货膨胀。在我国，各地区普遍存在“争项目、争投资、争规模、争速度”，并逐渐拉动高消费以及滋生腐败行为，结果严重地违背了市场经济规律，使国家资金大量地异化为小集体的“小钱柜”、个人的“钱袋子”，进而迫使国家货币投放不断拧大“开关”。在许多地区，货币超经济增长日甚一日。以某地区为例，自1984年以来，连续11年货币高投放，至1994年累计净投放现金280 469万元，为该区1953—1983年31年现金净投放总量24 657万元的11.37倍。尤其是1992年以来，该区货币投放更是迅猛增长，3年共投放货币187 637万元，占11年净投放现金总量的66.90%。仅1994年现金净投放总量就达67 804万元，相当于31年总和的2.75倍。据测算：至1994年，全区市场货币流通量达到171 300万元，为1983年的19.36倍，人均持币量相应由26.98元增加到506.80元，以致人们不管是有意或无意，总发觉自己手中的钱多了，同时也发现，现在的钱也不值钱了。1984—1994年，该区市场物价除1990年稍有回落外，年年上涨。1994年，全区商品零售物价总指数比上年上涨24.27%，居民消费价格总水平上涨27.54%，为历年物价上涨最高的一年。

货币的投放缘何如此超经济增长呢？考察当地银行货币投放因素及投资、生产、管理环节，得知问题主要出以下方面。

一、分配：权力经济和短期行为，加剧国民收入超分配

工资性支出是银行货币投放的一个重要项目。它既能反映银行货币投向消费的数量，又能显示国民经济成本因素。资料表明：我国国民收入超分配越来越严重。1978年，工资总额仅占全年国民收入18.9%，至1993年，占比高达27%，工资性支出年平均递增速度，超出同期国民收入增长幅度14个百分点。国民收入超分配现象的出现除了我国工资制度改革因素外，还有一个不可忽视的因素在推动工资水平不断上升，加剧了国民收入超分配，这就是中观经济层次中日益滋长的权力经济和日益加剧的短期行为。其主要表现

是目前在各地区普遍存在这样一种趋势，即纯工资在总工资中所占比例日益缩小，而其他部分如奖金、津贴、其他收入却日益扩大的趋势。该地区1984—1994年，国家工资性支出由24 031万元猛增到230 994万元，增长9.61倍，而奖金等支出更是“水涨船高”，总额由1984年的4 414万元扩大到86 055万元，增长19.49倍，其占工资性支出的比重由1984年的18.37%上升到1994年的37.2%，尤其是1992年以来，奖金及对个人其他支出更是乘风而上，继1993年比1992年增长54.8%之后，1994年又增长41.85%。现在社会上乱发钱的现象日趋严重：（1）有权单位抓钱发。一些单位和个人利用手中权力，到处伸手抓收入，有的乱收手续费；有的滥罚款；有的强行摊派；有的截留国家收入；有的办特权公司。这样，大大小小的权力都化成了“财神爷”，权力经济的出现和滋长，使银行货币投放进入消费的比重大大增加。（2）盈利单位尽量发。目前，由于产权关系不明晰，加之约束机制虚无，一些盈利的企事业单位借机大发盈利财。为了多发票子，有的弄虚作假；有的分解收入，层层截留；有的巧立名目。这样，盈利的资金，绝大部分转到了个人手中。（3）亏损单位借钱发。在我国，由于宏观经济管理体制不完善和考虑到安定团结的需要，对亏损的企业必须给予救济，更有一些素质差的企业负责人在自己捞足之后，乘机把包袱甩给国家，有的以改善经营为名，骗取国家贷款发工资；有的拍卖企业财产发工资；有的向国家要救济。这样，企业亏损的包袱国家担，银行则违心发放“安定团结贷款”填窟窿。权力经济滋长和短期行为，极大地增加了社会消费资金，加大了社会再生产成本，迫使银行增加货币投放。据保守测算，由于这两方面因素的作用，至少导致银行工资性支出多投放20%。

二、管理：铺张浪费和腐败滋长导致公款开支超财力

在我国国民收入超分配问题日益突出的同时，公款消费更是连连升级，这在银行现金投放中主要体现为企事业单位行政管理费支出高速增长。有不少地方，其公款消费规模大大超过了当地财力承受能力，“竭泽而渔”、“坐吃山空”是我国财政赤字形成和企业效益不高的重要原因。仍以该地区为例，1984 年行政企事业单位管理费仅 4 787 万元，仅为该区当年财政收入的 38.2%。至 1994 年，行政企事业单位管理费支出猛增到 89 223 万元，竟是该区当年财政收入 39 907 万元的 2.23 倍，11 年间增长 16.89 倍，远远超过物价上涨幅度和财政收入增长幅度。行政管理开支的日益增加导致财政状况不断恶化。1984 年，该区财政尚盈余 3 175 万元，至 1994 年，却出现财政赤字 23 477 万元。公款开支飞速增长的原因，除物价上涨和办公现代化及有些由省直拨经费增加等原因外，与社会上普遍存在的任意挥霍公款现象是密不可分的。当前社会上盛行三股歪风：一是送礼风，送礼者慷公家之慨送顺水人情，利用领导检查、剪彩、送红包、送礼品，金额少则上百，多则逾千；二是吃喝风，一些机关工作人员和企业领导经常利用各种借口大吃大喝，一餐下来，少则数百，多则上万元。据某报载：全国每年公款吃喝花去 1 000 多亿元人民币，大量高档豪华大酒店终日杯觥交斛，门庭若市；三是公车消费，一些单位公车数量不断增加，花样不断翻新，档次不断升级，一些领导居家旅行，公事私事，出则公车相送，入则公车相迎，有的甚至用公车耀威风，摆阔气。可以想象，银行投放的货币资金，有多少被日益升级的公款消费吃掉了、花掉了、玩掉了和“转”掉了。

三、建设：消费、娱乐设施上档次导致“投资饥渴症”年甚一年

在谈到通货膨胀时，人们总把责任归咎于日益膨胀的基本建设投资和年甚一年的“投资饥渴症”，但还有一个原因没有引起足够重视，就是在基本建设中其比重日益扩大的非生产性投资更是引起基本建设投资膨胀的“罪魁祸首”，在区域经济层次中，这些非生产性投资大多是用来建立高档、豪华消费设施如宾馆、舞厅、高级办公楼、卡拉OK厅。近几年来，挪用基建投资搞消费性设施更是成风。“工厂不行歌厅行，机器不转餐桌转”，这是现实的真实写照。仍以某地区为例。1994年，固定资产投资总额达198 263万元，比1984年增长12.88倍，11年平均递增29.12%，在历年固定资产投资中，非生产性投资比重日益增加，特别是1992年下半年，“公司热”、“股票热”等热浪兴起时，非生产性投资更是迅猛增长，1993年与1992年对比，非生产性投资扩大1.86倍，非生产性投资在固定资产投资中所占比例由49.90%扩大到70.89%，1994年由于国家宏观调控加强，固定资产投资增长幅度有所降低，但非生产性投资所占比例仍高达52%，与1984年比较，其所占比例提高了26.45个百分点，固定资产投资逐渐向非生产性偏倚，生产性基建投资留下的硬缺口迫使银行不断去弥补，从而又给货币投放增加了负担。

四、生产：行政命令、长官意志导致有效供给不足

我国国民经济通过改革开放，取得了举世瞩目的成就。但由于改革不到位，不深入，经济工作中许多弊端已成为搞活国有企业的巨大障碍。在中观经济环境里，行政命令、“长官意志”仍很严

重。其主要表现有：一是盲目立项，盲目投资。如1985年，某地区某些行政领导为引进外国设备，在市场未摸清、项目未评估的情况下，便头脑发热，仓促草签了多项协议，引进卡乐B、舒美绒、黑陶瓷、大理石生产线等设备，结果投产后或因对方违约，或因产品没市场，投产不久便被迫停产或宣告倒闭，银行几千万元信贷资金立成呆账，还有一些企业因不顾市场条件，仓促立项上马，结果造成先天性发育不良，长期处于半死不活状态。二是生产下指令，硬性分任务。一些行政领导，为求政绩，往往年初便定下奋斗目标，将产量、产值、速度等指标硬性层层分到企业，并按月抓进度、抓速度。造成企业只重生产，不重销售，只重数量，不讲质量，只重产值，不重效益。结果形成生成—滞销—积压—亏损的恶性循环。据对该区预算内企业产品市场情况调查，滞销的占38.1%，平销的占43.5%，只有18.4%的产品销路好。三是滥用权力，逼银行贷款。据对该区81家预算内工业企业调查，1994年末三项资金占用高达43 065万元，比1984年增加16.38倍，企业亏损面也相应由15.57%扩大到35.80%，其中1993年高达73%，有相当数量的企业因产品压在库里、占在路上，或被别人长期拖欠而陷入内外交困的境地。

五、资金：体外循环，呆滞沉淀导致周转速度越来越慢

在我国深化经济体制改革中，一些潜在的深层次矛盾不断涌现，给社会资金周转带来了愈来愈大的阻力，导致整个社会资金周转速度越来越慢。据统计：1978—1992年，我国货币流通速度下降了63.1%。在中观经济层次货币运行中，普遍存在下列趋势并越来越严重：一是信贷资金体外循环愈演愈烈。1992—1993年兴起的

“公司热”、“集资风”大量地分流了银行信贷资金。据某地区1993年4月摸底分析，信贷资金分流在6亿元以上，其中仅投入沿海、沿边地区办窗口、炒地皮、炒股票的资金就达4.5亿元，占同期整个信贷资金18%左右。二是资金沉淀，呆滞量日多。由于许多贷款企业经营不善，亏损严重，企业资金周转缓慢，造成大部分企业贷款处于收不回、盘不活、转不动状态。相当比例企业只能靠新增银行贷款过日子，银行贷款占企业流动资金的比例高达85%，1994年企业全部流动资金周转达216天，比1984年减慢65天，企业资金周转缓慢，导致流通中货币需要量增加，反过来倒逼银行多发票子。

六、物价：放而不管，管而不严，导致物价乱抬搭车涨

为理顺价格关系，国家对大多数商品实行市场价格，并大幅度地提高了一些农副产品收购价格。物价的放开，对推动物价总水平上涨有一定刺激。但在一些地方，物价放开后听之任之，有的管理流于形式，有的甚至完全不管。一种商品涨价，往往导致其他商品搭车涨，这样，不断把物价抬高到一个新水平。

从中观经济层次来观察和判断我国通货膨胀问题，可以看出既有工资性上升所带来的成本推动和投资膨胀所带来的需求膨胀，也有企业经济效益差、产品大量积压的结构失调因素，以及财政赤字的积累和金融运作失控，还有居民通胀预期心理影响和公款消费愈演愈烈等因素。从通货膨胀程度看：既有隐性，比较缓和的通货膨胀，又有显性的比较剧烈的通货膨胀，从经济发展角度看：既有新旧两种体制过渡期深层次矛盾冲突而冲击国民经济秩序，不可避免的产生通货膨胀，也有不尊重客观经济规律甚至违背经济规律所付出的代价。

当前股票市场的两个问题

田广研

（1997年5月1日）

股票市场近一年来，一直表现出异常的活跃。股价水平连续上升，场外资金源源不断地涌入股市，股票市场的投机气氛日渐浓厚。当前的股票市场有两个问题应特别引起注意。

一、机构坐庄轮番炒作严重。不但在新股发行中存在着严重的机构控制行为，操纵市场，而且在股票交易的二级市场上，存在着更为严重的庄家炒作操纵行为。机构凭借各自的优势，支配巨额投机资金进出股市，使交易行为更加不规范，助长了股市的投机交易。原来鼓励机构入市，是想培育稳定的长期投资主体。而现今的实际状况是，机构庄家任意拉抬和打压股价，过度地投机炒作成为机构做市交易的主流。这与原来政府意愿的初衷是背道而驰的。应当引起证券监督部门的高度重视。否则，必然会助长和加大股市的震荡和风险，使得股票市场的交易秩序出现混乱。

二、一些企业利用当前利率较低，融资环境相对宽松的条件，借由银行贷款或企业流动资金从事股票交易炒作。这一方面造成银行借贷资金的非正常运作，引发大量的非法拆借或透支；另一方面又诱导企业转向短期金融风险投机经营，一些企业甚至抽逃资金，中断正常的企业生产和经营活动而转向股市交易。一旦股市出现风险或股价大挫，银行贷款势必难以正常收回，从而形成大量的银行呆账和坏账，造成企业资金周转障碍，经营陷入困境。

同时，由于目前股票市场短期投机差价收益丰厚，普通公众大量取走银行存款，并将新增收益和原来准备存入银行的也改投入股市；一些组织、机构、个人利用各种名目融合资金，募集入股；有些成立非法的投资基金；有些公众个人共同开立账户，炒作股票，私下集资现象十分严重，造成社会融资秩序出现混乱。

上述这些问题必须引起管理层及广大社会公众的高度重视，不能使中国股票市场的发展简单地演变成单一的融资和投机的场所，任意放纵股市非正常的自由发展。政府应制定一些既能解决历史遗留下来的问题，又能促进股市长期健康发展的政策。例如，应尽快解决国有股、法人股上市流通的问题；解决股票收益征收所得税问题；建立对机构大户资金定期检查制度；完善银行对企业贷款资金使用及收益的监督；开辟多种投资渠道，以分流社会游资及个人存款过分依赖股市投机的现象；对上市公司制定更为严格的配股制度等。否则，短期投机的盛行，必将损害中国股票市场长期有序的健康发展。

股票期权激励是公司治理机制的重要组成部分

——访经济学家吴敬琏

社会科学报

（2002年1月10日）

记者：现在，我国公司治理机制中的薪酬结构比较单一，不能对董事和高级管理人员起到足够的激励作用。过去认为，薪酬主要是一个工资作为现金收入的概念，而在发达的市场经济国家中，“薪酬”是一个薪酬组合或者称之薪酬包（Compensation Package）的组合概念。您能不能结合国外的一些情况，具体谈一下这一概念？

吴敬琏：说它是一个组合概念，是因为它通常由基本工资、资金、福利计划和股权激励组成。薪酬组合中的每一项都有其针对性，比如，基本工资是保障员工的基本生活；奖金是对员工绩效的直接回报。在公司的治理结构中，长期激励的功能是能解决所有者与经营者的利益一致性，股票期权作为长期激励的主要手段，它对鼓励经理人员在任职期间努力工作可以起很好的作用；福利计划则是解决员工后顾之忧、弥补现金激励的不足。

一般来说，在西方国家的大公司中，不同职位的人，他的薪酬组合的结构是不相同的。比如，蓝领工人的长期激励部分相对较小，而高层经营管理人员的长期激励所占的比重很大。据了解，目前，美国有50％以上的公司制企业使用长期激励计划。规模在100亿美元以上的大公司，其首席执行官的薪酬构成多是：基本年薪占17％，奖金占11％，福利计划占7％，长期激励计划占65％。1999年薪酬最高的50位总裁其平均股票收益占总薪酬的94.92％。反观近二十年来美国企业竞争力的提高，这种长期激励功不可没。

记者：鉴于我国公司治理结构的现状，有人认为，有必要提高公司董事的持股比例，使他们对公司经营决策的质量足以影响他们在公司投资的损益。这样，一方面，可以从经济利益上强化董事对公司事务的关注，另一方面，当董事的决策失误给公司造成重大损失时，其股份也可以作为对公司的赔偿。吴教授，您觉得，目前有必要在我国对高级经理人员实行股票期权激励吗？

吴敬琏：由于高级经理人员的好坏决定了公司的成败，好的经理人员在市场上属于相对稀缺的资源，因此，为了保持高级经理人员的稳定，驱动他们的有效办法，除了一个良好的公司声誉和业绩之外，愿意承担一定的风险，不断地为股东博取更大的价值，利用股权激励，给他们带来可能的高收益，分享股东一部分剩余索取权是行之有效的办法。从经理人员的角度考虑，如果薪酬只是基本工资和对已完成业绩的年度奖励，他势必只追求短期的利益；要想使他为企业的长远发展考虑，就必须有相应的激励手段。股票期权激励就是这样一种手段，因为它着眼于未来，把经理人员的可能收益和他对公司未来成绩的贡献联系起来。从已有的实践看，股票期权激励是协调股东和经理人员根本利益的办法。

在国内的上市公司中，在对经理人员的激励问题上，则表现出两种偏向：一种是继续由国家掌握对国有企业经理的工资总额和等级标准，这种薪酬制度不能恰当地估计和承认经理人员的贡献，引发了消极怠工、“59岁现象”，甚至导致优秀企业家流失；另一种是经营者自定高额薪酬，从而导致一些浪费性的职位消费、腐败现象，等等。上海荣正投资咨询有限公司与《上海证券报》在2001年4月所做的调查显示：接受调查的上市公司有59%的认为，现行的薪酬制度不足以吸引和激励人才，认为公司的薪酬结构和薪酬水平能够吸引和激励人才的仅为6%；另一种则是在“年薪制”、“经理人员持股制”等试验中，在所有者虚位的情况下，经理人员实行自我激励，从而产生一些把“国有资产无偿量化给个人”等损害股东利益的行为。

这两种偏向说明，到现在为止，我们仍然没能解决好对于经理人员的激励问题，这样的结果往往是股东和经理或两败俱伤，或因小失大。因此，我们亟须借鉴和研究国际经验，在完善公司治理的同时，创建对经理人员的高效激励机制。十五届四中全会通过的《中共中央关于国有企业改革和发展若干重大问题的决定》，肯定企业可以试行经理厂长“持有股权”等分配方式。此后，许多企业积极要求实行股票期权制度。

记者：应该说，推行股票期权制度，在我国还刚刚开始，您认为在实行股票期权激励时应注意什么问题？

吴敬琏：我觉得，实行股票期权激励有一个前提，就是要克服“内部人控制下的一股独大”的状况。“内部人控制”产生的根源，主要是董事会与执行层高度重合，或者执行董事在董事会中占优势，将导致内部人(insider)、董事长、CEO都由上级党政机构“一张纸任命”，无法形成制衡。这样会过分突出董事长的地位和作用，与董事会以集体身份起作用的特征也很矛盾。

股票期权是公司所有者用来激励经理人员努力工作，提升股东价值的重要手段。因此，它必须掌握在所有者及其信任托管者——董事会手中。这就是为什么美国十个大公司在介绍自己的激励制度时，都强调了“不能够自己给自己定薪酬”道理之所在。正如我国企业界领导人所指出，在真正的所有者不在位，而是“内部人控制”的情况下，如果不让自己给自己定薪酬，就没有办法实行包括股票期权在内的任何与企业绩效挂钩的薪酬制度，而只能由某个上级行政主管机关规定固定的薪酬表，然后由企业对号入座，照此办理。如果实行与绩效挂钩的薪酬制度，则会在薪酬的决定上出现严重的程序漏洞，某些经理人员还会利用自己手中的这种权力，为自己谋取非分的报酬。反过来，这种腐败行为所激起的一般职工的强烈抗议和政府领导的反应，很有可能否定在我国企业中实行绩效薪酬的适宜性。

记者：您认为，怎样防止这一状况呢?

吴敬琏：第一，要减持国有股，当然，减持的方法还需要探索。第二，要改变层层“授权经营”，所有者的代表不代表所有者的办法，建立更加有效的国有股权的行使制度。第三，要完善董事会，使董事们能够诚信勤勉地履行他们的受托责任（fiduciary duties）。

为了确保上市公司董事会履行其受托责任，中国证监会正在采取措施，改善上市公司的公司治理。2001年8月16日证监会发布的《关于在上市公司建立独立董事制度的指导意见》中提出，“上市公司应当建立独立董事制度”，并建议在上市公司董事会下设的薪酬、审计、提名等委员会中，“独立董事应当在委员会成员中占有二分之一以上的比例”。此外，《上市公司治理结构指引》也将在近期出台。看来有关国有资产管理、国有企业领导人员任命的机关，也应相互协调，采取适宜措施解决国有股权的代理行使问题。

实行股票期权激励还有一个前提，就是多少有效的证券市场。我们知道，股票期权制度之所以能够成为对关系公司整体绩效的人员进行有效激励的薪酬形式，必要的假设是股价在相当程度上反映上市公司的基本面，即未来的盈利能力。在一个多少有效的证券市场中，由于个股价格能够反映该公司未来盈利能力，由此形成了对高层经理人员业绩的度量评价功能。英美公司普遍运用了证券市场的这种度量评价功能，通过经理人员持股计划和股票期权计划对经理人员进行长期激励。

目前在我国证券市场上，上市公司和证券经营者违法违规、严重损害投资者利益的行为广泛存在。股价虚升，经常出现大幅度波动，与上市公司的预期盈利脱离了关系，使得证券市场丧失了对经理人员的评价功能。在这样的情况下，再好的股票期权设计都会在执行中被扭曲。

为了使我国公司中的股票期权制度能够正常运转，必须作出更大的努力以提高我国证券市场的有效性。我们高兴地看到，在广大中小投资者和社会上有识之士的督促和支持下，我国证券市场管理当局，近两年来在规范的基础上发展证券市场的努力终于开始取得了成效。不过，目前我国证券市场仍然处在从极不正常的市场向健康的市场的痛苦转变之中，真正实现这一转变还有大量的工作要去完成。

记者：从以上的分析可以看到，在实行股票期权激励的问题上，我们所遇到的矛盾是：一方面，我国公司化改革的进程迫切要求推行股票期权制度；另一方面，从整体情况看，我国全面实行这一制度的条件又还没有完全具备。在这种情况下，我们应采取什么的对策呢?

吴敬琏: 我们认为，最适宜的方式是采用试点方式逐步地加以推行。由于我国各类上市公司实行股票期权制度必要条件的具备程度不同，所以股票期权制度可以在政府颁布的一般性法规的约束下，根据公司所有者的决定，先由条件大体具备的公司施行，然后逐步推广。这些条件主要是指:(1)产权清晰，股权结构比较合理;(2)公司治理比较健全;(3)上市交易的证券市场多少有效。从这个意义上说，境外上市公司可能更加适宜于进行试点。在引进股票期权制度中，需要多个行为主体的协调配合。包括行政当局提供引入股票期权的法律制度框架;公司股东会和董事会自行决定是否及如何引入股票期权制度;证券监管部门监管公司的市场行为和信息披露情况;中介机构负责提供相关服务，等等。

(特约记者　王君琦)

我们期望银监会什么？

复旦大学　张　军

（2003年6月12日）

引人注目的中国银行业监督管理委员会（简称银监会）在5月29日满月之际首次在北京举行记者见面会，温文尔雅的银监会主席刘明康在见面会上说："家有三件事，先从紧处来。在我的心目中就是抓两头，带中间。"他所说的"抓两头"，被解释为抓中国国有独资商业银行的改革和农村信用社的改革。至于"带中间"，则显然是指其他所有制类型的金融机构的发展。

过去的20年，中国的经济起飞了，强大了，但是我们的银行和金融部门的发展却始终不尽人意。与中国经济高速发展不协调的是银行和金融部门的严重低效率、高额的银行不良资产、固定僵化的管理审批体制、单一和几乎垄断的金融服务、缺乏竞争力的管理体制和组织、落后的技术和人才，等等。这些问题的存在不是短时期内的，而是银行部门在中国的经济发展和管理体制下长期累积的结果。而在一个开放的金融环境和明智的金融政策下，这些已经累积起来的问题必然使中国的银行和金融体制隐藏着巨大的市场风险，解决不好，将直接影响到中国经济的未来发展。尤其是在金融全球化步伐加快的条件下，一国金融和银行部门的健康与否对整个经济的未来发展格外重要。从这个意义上说，化解和防范中国银行部门的风险实际上就是要在体制上重组银行部门。

可以说，没有人怀疑中国金融部门的这些问题都根源于我们的经济管理体制以及在这个体制下内生出来的政府的发展倾向。的确，当经济发展和增长被置于政府工作的首要地位时，银行和金融部门的发展就难以遵循商业原则和市场准则。但同时我们也要认识到，中国银行今天面临的体制性问题并不是中国特有的。实际上，与东亚经济发展的经历相似，中国的银行部门也是在执行政府赶超发展计划和政策的过程中造就出来的，因此，它一开始就缺乏一个银行部门本来应该具有的独立性和商业性，只是受政府命令和管理的类似其他行政部门的一个部门而已。这个“出身”是今天我们银行部门所面临的改革的起点。而因为这个出身，它的转型也就显得格外的艰难，因为改变“出身”涉及整个经济布局和体制结构的诸多方面。但是，在很多年的理论探讨和对可借鉴的经验加以分析之后，改革和重组银行部门的体制、化解金融风险并显著提高银行部门的竞争力已经成为我们的共识。在这个前提下，我们的银行部门现在面临的不是要不要进行体制性变革的问题，而是如何推进和完成改革任务的问题。

银监会的成立表明了中国政府致力于化解和规范银行部门的风险与市场管制的决心。但是，正如我们已经说明的那样，中国银行部门现在隐藏着的风险以及风险的生成机制，来自银行执行政府经济发展政策的依附关系。因此，从根本上化解和防范银行部门的金融风险的根本要领，是要在更开放的金融市场的环境中培育出更加独立的银行和更有效率的企业部门，发展出银行与商界建立在商业信用基础上的“银企”关系来。而对银监会来说，防范和规范银行部门的风险与行为固然是重要的，但鼓励和培育出产权独立和约束严厉的银行与企业部门则更为根本。但后者需要勇气和决心。

不用说，对政府而言，鼓励和培育出产权独立和约束严厉的银行与企业部门需要勇气和决心。但不是不可成功。韩国为我们提供了一个很好的例子。韩国在1998年经受到亚洲金融危机打击之后，政府大刀阔斧地对银行部门进行了体制的改革，终止了大银行财团的垄断地位，并通过大胆破产与重组其企业部门，割断了几十年来业已形成的银企关系。在政府出面清除银行坏账的同时，改革了政府对银行部门的准入管制，鼓励了新兴的和民间银行的进入与竞争，一个健康的银行部门取代了原来低效率、高风险和体制僵硬的银行部门，为韩国这几年的经济健康成长做出了贡献。

基于同样的逻辑和理由，我们希望银监会的成立能在推动中国银行业的体制改革和重组方面有所作为，把防范和化解中国银行业的金融风险与鼓励或引导金融体制变革结合起来，只有推动了体制的创新，实现金融稳定与发展，提升中国银行业的国际竞争力才不是一句空话。

金融改革：中国银行业风险预警

钟　伟

（2004 年 4 月 8 日）

编者按：当前，中国已经开始全面实行金融改革，包括国有商业银行上市、处理不良债权、消除金融犯罪、完善汇率形成制度和控制货币发行量。能否解决堆积如山的金融课题，这关系到中国争取实现的经济稳定增长路线。正如国务院总理温家宝在两会期间会见中外记者时所说："这次改革对我们来讲是'背水一战'，我们必须下大决心来保证改革的成功。"

在我国全部银行业金融机构中，工、农、中、建四家国有独资商业银行(以下简称四家银行)，长期以来在促进经济发展和维护社会稳定方面发挥着重要作用。四家银行资产约占全部银行业资产的60%，在国有重点企业贷款中，四家银行份额约占 80%；在国有重点建设贷款中，四家银行份额约占 70%。

尽管近年来四大国有商业银行的不良贷款率有所下降，但随着中国银行业整体改制上市进程的加快，社会信用水平不高、综合税收负担率较重、利率市场化、中小存款机构改制、金融机构业务交叉、银行准入等问题带来的一系列风险不容回避。

社会信用状况不良的重大风险

□银行业不良资产高等问题，是政府信用、企业信用和居民信用水平欠佳的一个浓缩。

渐进改革进程中，社会信用体制的发展一直迟滞不前，信用关系的扭曲直接导致了银行信贷征信体系无法有效确立，可以说，银行业不良资产高等一系列问题，是政府信用、企业信用和居民信用水平欠佳的一个浓缩。社会信用水准是银行业整体风险的决定性因素。

国有和外资银行在中国不同地域及城市的经营状况直接体现了社会信用水平对银行业风险的重大影响。在浙江杭州等城市，国有银行、城市商业银行等产权结构、治理结构不甚完善的各类银行经营绩效都不错，而在社会信用水平不高的一些城市和地域，即便是产权清晰、治理结构完整、风险管理能力较强的外资银行，也同样面临严重问题。因此，增强政府和企业的信用，降低其违约率和违约损失率，是商业银行独自难以解决的问题，必须借助社会信用系统来实现。

如果说社会征信体系是中国银行业难以独自确立的，那么银行信贷征信体系的匮乏就进一步加大了银行业的风险。国内许多商业银行对贷款的评级普遍采用传统的“打分制”评级方法，这种方法淡化了信贷员的责任。中国目前大部分商业银行的信用分析技术，重贷款企业盈利能力而轻企业关联交易，重资产规模而轻资产质量，重资产或资本的收益而没有进行风险调整，也缺乏对企业现金流和长期偿债能力的分析等。不久前人民银行开始新设社会征信局，展开信用体系建设，商业银行也加速改制并努力完善信贷征信管理，但社会信用水平的提高，尤其是政府和企业违约率的控制，仍然是非常艰难的工作。

结论：中国银行业风险可以视为社会信用程度欠佳的一个浓缩。如果中国银行业不能有效地推进社会信用体系建设，至少可以在信贷征信体系方面完善管理框架，以应对已有的信用风险和新巴塞尔协议推出后带来的新风险。

过度银行化带来的综合风险

□并不雄厚的财政经济基础，引发了政府和国有企业对银行的过度依赖。

在中国，银行业不仅仅和企业关系密切，同时也是推动以企业为微观基础的工业化进程的支撑者。在较低的现代化水平上推进工业化，需要足够的资金支撑。政府层面能够直接影响的，无非是三类，一是财政性资金，二是国有银行体系的资金，三是税外加费形成的苛捐杂费。在财政性资金有限、赤字率趋升、国有企业加速转轨、预算软约束等问题未完全解决的背景下，银行资金，以及杂乱的行政收费和摊派，是各级政府财力的重要补充。

应该看到，财政已经有一定程度的赤字压力。到 2001 年，累计发行国债 5 100 亿元，加上银行配套资金，累计投资超过 25 000 亿元；到 2002 年，上述数字分别为 8 000 亿和 32 000 亿。

中国目前的债务负担率比国外发达国家确实低一些，如美国为 52.0%(1992 年)、日本为 52.7%(1992 年)、德国为 25.8%(1991 年)、英国为 37.2%(1991 年)、法国为 29.6%(1992 年)，而中国约为 18%(2001 年)。但必须注意到，中国和西方发达国家的财政经济基础有相当大的差距。西方发达国家的高债务是建立在雄厚的财政经济基础上的，整个国家对债务的承受能力强。而中国作为一个发展中国家，不仅经济发展与国外比较，有相当大的差距，而且国家财力集中程度也要低得多，从总体来讲，中国财政的综合负债能力要弱一些。因此在这样的背景下，政府集中财力促成现代化就必然导致除对第一类财政性资金的支配外，还必须追求对第二类资金即银行资金，以及第三类资金即杂费的依赖。这引发了政府和国有企业对银行的过度依赖，实际上，这是国家利用“金融剩余”来做自己想做的事。所谓“金融剩余”，就是在体制转轨过程中，非国有部门(包括居民以及民营企业等)在国有银行的存款大于国有银行向其提供的贷款的差额。从企业融资的角度来看，国有商业银行融资占绝对主导地位。这也是由渐进式改革内生出来的，银行成为促进工业化的工具、资金市场化配置的工具。这必然导致中国的“过度银行化”，使风险由企业领域转向银行领域以及相关的金融领域。

结论：过度银行化的风险体现在，银行风险和财政风险、国有经济转轨的风险是“三位一体”的。鉴于在2004—2008年间，中国银行业的改制和上市工作将加速，因此不能不前瞻性地看到，银行业的风险将有可能最终“外溢”到财政上，迫使财政风险显性化。

治理结构不善带来的现实风险

□带有浓厚行政色彩的中国银行机构，导致了所有者缺位和职业银行家缺位的现象。

中国国有银行所面临的困境，脱离产权改革是不能的，但产权改革并非万能，治理结构的改革同样重要。

我国银行业是脱胎于传统体制下政府主导型的银行体制，银行机构都带有浓厚的行政色彩。特别是四家国有商业银行，长期以来扮演着第二财政的角色，政银不分，官本位盛行，基本执行国家事业单位的内部管理制度，导致所有者缺位和职业银行家缺位。

官本位长期困扰治理结构的确立，而官本位和党纪约束却反过来构成了国有银行在缺乏公司治理结构时唯一有效的激励约束机制。这是银行自身长期不能解决的痼疾。目前不少城市商业银行中，国有股已经不处于控股地位，但地方党委或政府照样向自己没有股份或不控股的银行派出整套的干部队伍，这样越俎代庖能产生好结果是偶然的，产生坏结果倒是正常的，因为谁在支使不属于自己的钱的时候都不会太上心。国有银行内部老三会、新三会和党组常委三足鼎立，多头决策、相互掣肘，只能导致股东和董事会形同虚设。

国有银行除了治理结构方面的差距，有的还存在内部人控制问题。中国国有银行所面临的困境，在于银行高管人员往往于银行家、官员、党员三个角色之间飘忽不定。美国曾经有研究人员对1979 年以来出现问题的 163 家银行进行了统计，结果是 81%的问题银行缺乏良好的信贷政策或者即便有好政策也形同虚设，63%的问题银行对关键部门及其高管内部监管不力，59%的问题银行没有对其贷款逐笔进行有效的事先、事中和事后风险管理。中国银行系统中人的问题，以及由此引起的操作风险只会比上述统计情况更糟糕。

结论：治理结构的欠缺显示出用官本位和党纪约束，已经不足以约束现代银行发展进程中决策多头、监督无力、内部人控制难以遏制的恶果。

金融控股渐进中的金融混业风险

□缺乏对金融控股公司进行宏观管理的法规，将埋下新的巨大的金融风险。

目前中国银行业出现的另一种新风险，就是金融控股公司的发展对银行内外部监管带来的一系列冲击。所谓纯粹型金融控股公司，是指母公司和各金融子公司都是独立法人，不同的子公司从事不同种类的金融业务，各种金融业务间建立“防火墙”。所谓银行控股公司，是指母公司为银行控股公司，仅从事商业银行业务，而其他金融业务则通过所控股的金融子公司经营。

金融控股公司在中国的发展处于“有实无名”的阶段。目前我国的法律法规和部门规章都未明确金融控股公司的法律地位，但在现实生活中已经存在像中信、光大、平保公司等金融企业直接控股金融企业的现象。随着我国银行业改革的日益深入和不同金融机构之间错综复杂的业务交叉，各种尚不规范或者“有实无名”的金融控股公司已经成为我国金融业新的组成部分。越来越多的银行，对投资、保险和信托类业务表现出了日益浓厚的兴趣，不断尝试进行业务的渗透、交叉。

以银行为重要主体推进的金融混业势头，给外部监管带来了新风险。从目前的分业监管的分工来看，对金融控股公司的外部监管，需要中国人民银行、银监会、保监会和证监会的密切合作。但目前央行和三会还不能在监管信息上形成有效沟通，也不能在监管制度上达成协同配合，更谈不上为金融控股公司制定统一的监管法规。如果长期缺乏对名义上不为金融控股公司而实为金融控股的公司进行宏观管理的法规，银行、证券、保险三个监管部门又不能在监管信息上形成沟通，在监管制度上达成有效的配合，必将会埋下新的巨大的金融风险。

松弛的内部监管是当前我国金融控股公司的另一风险滋生地。在内部控制松弛、缺乏自律约束能力，同时外部监管能力又不足的情况下，20 世纪 80 年代中期以来，四大国有银行都开办了证券、信托、租赁、房地产、投资（自办公司）等业务，实质上进入了混业经营时代。但是由于银行自身缺乏应有的自律和风险约束机制，导致银行自身业务没有办好，投资设立的其他自办公司等也没有取得成功。目前我国初具雏形的金融控股公司，主要是在获得稀缺性资源——金融经营牌照这一情况下，谋求垄断性利润的行为，离规模经济、范围经济、协同经济的要求还有很大的差距。尤其目前的控股公司大部分从国有金融机构脱胎而来，在法人治理结构上存在着严重弊端，金融控股公司发展的基础性条件尚待改善。

结论：现有的金融控股公司中，由于组织模式、发展战略等原因处于低效运转状态的不在少数，只不过因为我国金融市场化的程度不高，而使诸多弊端隐而未发。金融控股公司的发展，已经使得内外部监管的脱节显得尤为突出。

中国股市需注入强心剂

燕京华侨大学　华　生

（2004 年 10 月 28 日）

现在流行的对股市批评的各大理论，无非都是说股市多乱，市盈率多高，庄家多黑，多么缺乏诚信，等等。因而所谓规范，就是一手抓提高，一手抓监管，提高上市公司质量，严惩违规违法者。这样的认识肯定是没有把握中国股市的整体脉络和深层原因。中国股市在制度构造上的不规范在市场规范化的讨论中被普遍忽略，很大程度上解释了我们规范化的付出和进展不相对应的原因。当前，在政策间轮回的中国股市是到了必须注入强心剂的时候了。

规则欠统一

规则本身欠统一主要表现为立市宗旨的含糊和矛盾，即这个市场究竟为谁设立和为谁服务？中国证券市场最初是在顺应改革开放的大潮流中无碍公有制大局的试点、试验，后来发现了它的融资功能，就被一些人用来为国企筹资和脱困服务。《证券法》公布后，从法律意义上说，证券市场应该为全体投资者服务。但实际上，市场围绕政策走，而政策始终在为政府和国有企业服务与为广大投资者服务之间摇摆。证券市场门口本来挂的是“股市有风险，入市需谨慎”的大牌子，但不管其他投资者是否赔钱，要确保国有资产保值增值、包赚不赔的前提设置，就不能不使公平竞争的游戏规则大打折扣。

近年来，证券市场的监管政策确实已经向公平与公正方向做了很大的努力和偏移，但是由于政出多门和历史惯性，按所有制划线和政策倾斜痕迹仍然明显。在发行上市、股权转让、关联交易的定义、豁免事项等方面，证券市场都存在明显的双重标准。

本来，证券市场的规矩和政策都是人定的，如果政策本身缺乏连续性和稳定性，跳跃太大，使人难以预料，随着政策变化，市场不断出现暴涨暴跌，揣摩政策变动就会胜过一切经济分析。

股权欠流通

证券市场是证券因流通而形成的市场，而市场又通过交易的价格和数量的波动来实现利益分配与资源配置。绝大部分股权欠流通，从而上市公司的控制权也欠流通，使得这个市场一定是高度扭曲的残缺市场。

股权欠流通的首要问题是造成了控股股东与广大中小流通股股东利益的分离。由于股价与控股的非流通股股东并无直接的联系，控股股东不能从股价上升中获益，通常也不会因为股价下跌而受损。这就使上市公司的控制权实际上落到不是流通股股东也不能代表其利益的集团手中，从而在根本上破坏和动摇了上市公司产权控制与公司治理依托的基础。在市场经济环境中，离开公司产权控制的基础，必然会出现一系列违反经济常规的怪现象(典型的如上市公司不惜侵害流通股股东利益在 A 股市场上的高价增发和在海外市场上的低价发行）。在这种情况下，谈提高上市公司的质量，改善公司治理结构，乃至股市的规范化，肯定是无本之木、无源之水，有时甚至适得其反。当然，2/3 以上 A 股市场股权不流通还造成了上市公司控制权的垄断和行政化交易，资本市场配置资源功能的严重残缺和扭曲，股市成为管制经济与市场价格机制畸形的混合物等一系列问题。

应当指出，股权欠流通极大地加剧了上市圈钱的运动升级。上市公司圈钱功能在扭曲市场中的放大，又反过来促成证券市场上的供需失衡，抬高上市公司壳资源的垄断价格，因而造成了监管部门行政干预的必要性，形成了审批上市、圈钱炒作、管制升级的恶性循环。

重组欠等价

中国的资产重组，从一开始就有一个特殊的术语，即“买壳”，买一个上市公司的壳，对壳资源进行重组，用旧瓶装新酒。借壳上市，省去申请上市的麻烦和时间，在西方成熟股市也是有的，但这种壳资源的价值是很有限的。能成为壳资源的上市公司一般要比较干净，没有什么负债和担保，同时股权相对集中，收壳人的权益不会被稀释很多。壳的价格也不会高，只相当于节省下来的上市费用，少则数百万，多则上千万元。这与我们在证券市场上一只千疮百孔的壳市值还有好多亿元的情况是不可同日而语的。

为什么没有价值、只有负值的东西仍然在中国股市上价值连城？这主要源于不等价交换的资产重组，这种不等价的重组又出于行政权力的介入。从“琼民源”到“中关村”，就是其中典型之例。行政管理当局要的是稳定，买壳注入资产的企业要的是圈钱的权利，因此，这笔交易实际上是靠行政管理当局赠送圈钱的权利完成的。这种行为一般都还得到更高层的国家财政部门的批准，并作为其重组和地方政府改革力度大的案例受到各方的喝彩与赞扬。尽管这种剥离和注入，从纯商业的角度看，是绝对的赔本买卖，但地方政府却可以借此保全地方的脸面，免去上市公司垮台的各种麻烦，帮助本地上市公司重新取得在全国市场上圈钱的权利。

在政府不愿意或没有力量进行这种挽救行动的时候，它们的另一个选择就是卖壳。通常由上市无门的本地民营企业或其他类型的外地企业来购买。一般来说，民营企业购买资产质量很差的上市公司主要是为了借壳上市。如果它们有能力通过资产的置换或重组显著提高上市公司的资产质量，它们就取得了日后在这块扭曲市场中融资圈钱的垄断权力。如果事实证明它们并无回天之术，它们至少达到了提高知名度的目标。同时，它们并不必为过去的烂摊子承担什么社会或法律责任。重组不成，再转手也是常见的现象。

欠等价的资产重组，严重扭曲了人们的投资理念，是中国股市投资理性沦丧、投机炒作甚嚣尘上的重要原因。

市场欠透明

市场欠透明首先表现为政策欠透明。公信的法律、法规不是没有，但实行起来却被行政部门各取所需，从而使局内人只能意会，局外人则如坠五里云雾之中。

市场欠透明还表现为信息垄断。在现代电子化交易系统中，证券的结算中心和交易所可以说是汇集了最完整的交易数据信息。包括每日每时在每个营业部乃至每只账户的持仓和交易变化情况。几年前，一家交易所的关联网站突然公布了一部分已经过时的统计数据信息，主要是每只个股在年末的持仓量分布与地区分布资料，结果广大投资者如获至宝，作为指导自己投资的重要依据。但另一家交易所并不公布类似信息，而且自从这一次极为有限的信息公布后，有关信息就再也不公开了。真可谓来也无声，去也无踪。这样，造成一方面是交易所和结算中心的少数人对所有交易资料和交易行为了如指掌，但秘而不宣；另一方面，广大投资者、分析家和媒体仅靠盘面上一鳞半爪的线索，绞尽脑汁地猜测主力动向或庄家手法，人为地造成信息不对称。

市场欠透明还表现为上市公司信息披露的暧昧不清。一方面，上市公司被要求披露的东西越来越多，条目越来越细；另一方面，投资者们翻遍了整个冗长的年报，也找不到他们最想知道的几条关键的信息：如企业的盈利前景如何，在竞争中的市场份额、趋势如何，资产安全性如何等。一方面，上市公司的信息披露有严格的格式要求和新闻检查；另一方面，上有政策，下有对策，上市公司的年报和各类公告几乎成了千篇一律的八股文，在相同的标题下说一些没有实质性内容的空话。这种过度监管与监管不足相补充的结果是，上市公司被要求披露的东西与它所包含的信息量成反比，信息垃圾充斥而信息量太小。

加息更多的是心理影响

——访北京大学金融与证券研究中心主任曹凤岐

社会科学报

（2004年11月18日）

记者（默然）：汇率和利率是两大重要的市场调控手段，央行此次加息，除了应对国内CPI指数持续偏高，抑制投资过热外，是否还有其他的因素呢？人民币本来与美元就有息差，加息进一步加大息差，因此可能会加速游资的投机活动，那么加息是否会让人民币升值的压力更大？

曹凤岐：首先本次加息是一个宏观调控措施，我认为目的主要在抑制部分产业投资过热，尤其是房地产行业，平抑物价。目前生产资料和粮食物价涨幅相对大一些，消费资料和生产资料物价涨得过多，会对经济发展产生不利影响，通过加息的办法抑制一下物价。因此，加息主要从国内的角度考虑的。

如果调整了利率，但汇率没有变化，在这种时候更多的热钱会涌入，因为利率提高，它们所购买的人民币有了更大的升值预期。因此，在这种情况下，加息与汇率应该存在一定的关系。但人民币汇率的调整更加复杂。国际上的人民币升值压力主要是贸易争端问题，尤其是美国的逆差太大。但我认为现在不是人民币升值不升值的问题(因为一国通货膨胀率提高，意味着本国货币对外相对贬值)，而是要改革人民币汇率的形成机制。今年在七国财长会议上，实际上各国财长并没有强烈要求人民币升值，而是要求我们增加人民币汇率的灵活性，改革汇率制度，真正变成浮动汇率制，这是他们所要求的。人民币汇率升值不升值主要根据情况发生变化，我们现在比较慎重。但目前升值的压力确实很大。今年外汇储备增加太快，热钱涌入太多，热钱涌入实际上有一个预期，即人民币升值，一旦升值就可以兑换更多的美元。因此，我们现在应当保持人民币汇率的相对稳定。

目前关键是要增加人民币汇率的灵活性，我们现在波动非常窄，所以要放宽波动，根据情况或者升值百分之几，或者贬值百分之几，这样就不给人们一种固定汇率的感觉。另外，应该根据经济和国际市场的情况随时调整汇率，使人民币汇率的市场化更为突出。因此，现在并不完全是一个升值的问题，而是要根据情况小幅调整汇率，有升有降。至于当前人民币是否升值，要由中央银行去判断和决策。

记者：此次加息后，存款利率提高，并且利率的增长与存款时限呈正比，而我国长期以来一直是鼓励消费，存款利率的提高会不会对消费有一定的抑制？

曹凤岐：存款利率的提高应当说对提高居民的储蓄率是有好处的。但此次加息总体调整幅度不大，并且加息之后我们仍然是负利率，加息可能就是把短期存款转换为长期存款。那么，至于会不会抑制消费，从目前整个情况来看，加息是一种平稳的调息，并且调整幅度不大。加息对目前来说更多的是心理影响，不会有更多的实质影响。因此，不会因为小幅加息大家就不消费了。

记者：您认为此次加息对宏观经济会有哪些影响？

曹凤岐：首先，加息给出了继续加强宏观调控的信号；其次，对宏观经济的一个信号就是我们应该重视通货膨胀。我国自1996年起持续减息，现在可能会进入持续加息的周期，但是从目前来看，如何影响，影响多大还要继续观察，因为中国的利率敏感性不是很强，所以并不是调整0.27%就会解决很多问题。

中国银行业：境外投资≠金融安全危机

中国人民大学　马　昀　中山大学　曹雪峰

（2006 年 8 月 24 日）

编者按：中国银行业改革开放已进入攻坚阶段而且步伐明显加快，对于这种新形势，国内各方面有不同的看法，特别是将关注的焦点集中在银行业改革开放中引进境外战略投资者的问题上，争议颇多、评价不一，有些论者甚至担心此举会危及中国金融安全。究竟何谓金融安全，国有银行改革中为什么要引进境外战略投资者以及如何引进，这一举措究竟对金融安全有何影响，所有这些问题都事关改革开放的方向和前途，值得我们认真研究并准确把握。

境外战略投资者参股与中国金融安全

当前关于外资参股中资商业银行危及金融安全的担忧主要表现在三个方面：一是外资参股支付的价格太低，造成财富外流，即所谓“贱卖”；二是外资可能垄断中国金融控制权；三是外资参股会影响金融体系平稳运行。应当说，这些忧虑是从不同的视角对银行业改革与开放的思考或质疑，其忧国忧民的出发点应该给予肯定。这些问题也正是中国银行业在改革开放中必须予以高度关注的。

1. 高回报或所谓“贱卖”能否作为判断外资参股影响金融安全的标准

有些论者认为外资参股中国银行业是以很低的成本获得了高额的回报，造成了“贱卖”。其实，以利润最大化为目的的境外投资者之所以积极参股中资商业银行，必然要求得到相应的回报。有报道认为交通银行2005年上半年净利润46.05亿元，比2004年同期增长173.5%，以此估算汇丰银行参股交通银行在2005年就可分得20亿元左右。我们应当以发展的眼光来看待这个问题，交通银行在引入战略投资者后增长幅度高达173.5%，恰恰说明了引进战略投资者对盈利状况的改善产生了积极的作用。另外，汇丰银行虽然赚了20亿元，但除了汇丰银行之外的中方股东却赚了80亿元。只有如此，中国银行业的实力才会尽快壮大。我们所要做的和应该认真考虑的是如何制定与完善规则，更好地利用外资、达到引资的目的。

从当前国内关注的焦点来看，集中在境外引资与境外上市的股权价格问题上。对此，需要把握以下几个方面：

股权价格的高低不是判断是否影响金融安全的标准。对金融安全的判断应从整个金融体系的角度来把握，单个银行或一些银行的资产出卖价格无论高或低，都不会对金融安全状况产生决定性的影响。股权价格的高低是市场交易力量均衡的结果。股权价格究竟是高还是低，需要有一个价格参考标准，而这个标准则又是依据某些参照系推断而来，因此，所谓合理的价格标准只能是相对而言。股权价格的高低并非实质性或决定性的问题。实事求是地看，境外引资与境外上市的股权价格高低只是一个表面现象，定价的差异源于制度的差异，如银行业监管制度、会计制度、法律制度，等等。因此，我们应将关注的焦点放在具有实质性或决定性的问题上，即：一方面，银行监管机构如何完善对外资入股中资银行的监管制度以及如何实施有效的监管；另一方面，商业银行如何真正建立和完善公司治理结构，建立并完善有效的内部控制和风险控制机制。

2. 当前外资是否垄断了中国银行业的控制权

从当前境外战略投资者参股中资银行的现状来看，外资垄断中国金融控制权并不容易，这是因为：

第一，外资入股完全在国家的掌控之下进行。中国银监会在颁布的《境外金融机构投资入股中资金融机构管理办法》中，对境外金融机构的资产规模、信用评级、盈利情况、资本充足率、内控制度、注册地监管制度等方面确定了严格的市场准入条件。另外，监管当局还提出了金融机构引进外资的基本原则：长期持股原则、优化治理原则、业务合作原则和竞争回避原则。从引资政策上看，引进境外战略投资者参股中资银行的风险是可控的。

第二，外资股权分散无法控制中国银行业。从单一外资机构来看，参股中国银行业的外资金融机构主要包括美国银行、花旗银行、苏格兰皇家银行、淡马锡、汇丰银行等著名外资金融机构，最高参股比例为19.9%。从外资持股总量来看，福建兴业银行的外资持股比例最高为24.98%。

从国别或地区角度来分析，美国、英国、加拿大、澳大利亚、瑞士、新加坡、香港特区、德国、荷兰的金融机构在中国银行业拥有股权。中国以87.426%(参见表1)的比例处于绝对控制地位。

表 1　中外资股权在中国商业银行机构中的比重

国家或地区	中国	美国	新加坡	英国	德国	香港特区
股权比重(%)	87.426	4.060	3.324	3.263	0.688	0.447
国家或地区	瑞士	国际金融机构	荷兰	澳大利亚	加拿大	
股权比重(%)	0.312	0.253	0.162	0.062	0.003	

从以上数据可以看出，当前单一外资金融机构或单一国家或地区的所有金融机构在中国银行业中所占的份额有限，股权非常分散，根本无法控制中国银行业，还难以危及中国金融安全。

3. 外资参股是否对金融运行产生显著负面影响

当前外资参股中资商业银行是否会对金融运行产生显著负面影响，我们认为答案应当是否定的。

(1) 关于对外资无法实施有效的监管。外资金融机构经营管理经验丰富，善于通过金融创新逃避管制，而中国监管当局的监管理念和技术还不够成熟，对外资进行有效监管方面还存在着一定的差距。然而，由此引起的金融不稳定，不能归咎于外资金融机构。如果监管水平不能尽快并且大幅度提高，随着中资银行的逐渐成熟，此类问题同样会产生。因此，应以外资参股中资银行为契机，提高金融监管当局的监管水平，为应对外资银行全面进入中国带来的严峻挑战作好准备。

(2) 关于弱化宏观调控政策效应。外资金融机构对于政府部门的不正当的行政干预行为会极力阻挠，造成宏观调控手段减少，调控效果弱化，维护金融稳定的能力减弱。然而，行政干预本身就是有悖于经济发展的，不利于经济的长远发展。外资所带来的市场化运作机制有助于市场成熟和完善，政策传导渠道也必然逐步畅通，市场化的宏观调控和金融稳定政策同样可以产生良好的效果。

(3) 关于外资的短期行为影响金融稳定。从国际银行业的经验来看，特别是国外银行股权跨国并购的众多案例都表明，当外资金融机构属于具有强烈投机色彩的短期资本或者投机基金时，它们的短期行为确实容易对一国金融体系造成冲击或产生不良影响。但是，从中国银行监管当局的政策取向和外资参股中资商业银行的实际情况来看，我们认为发生此类影响金融稳定问题的可能性较小。

首先，政策法规的限制。中国银监会在《境外金融机构投资入股中资金融机构管理办法》中规定，入股中资商业银行的境外金融机构最近一年年末总资产原则上不少于 100 亿美元。监管当局也提出在引进境外战略投资者时必须坚持“长期持股原则，战略投资者持股一般在银行上市 2—3 年后才可抛售”。从这些政策取向可以看出，监管当局对外资影响金融稳定的问题有较为清醒的认识。

其次，从目前中国银行业已引进的境外战略投资者的性质来看，纯粹的私人短期投机基金并不多(参见表 2)。外资商业银行或投资银行看重与中资银行机构的长期合作，中国市场发展前景广阔，它们不会为了短期利益影响中国金融稳定，否则，将得不到政府的支持，更不可能分享中国市场高增长的成果；国际金融机构“促进发展中国家私营部门投资的意识形态色彩，要高于一般金融机构的盈利和市场份额扩充需求”，作为多国参股的金融机构，有维护全球金融稳定的义务，而不会主动引发金融危机；政府投资公司虽然与私人机构一样要求高回报，但是，由于政治上的原因，不会随意调整资金流向影响中国金融安全；私人投资公司在中国商业银行中外资股权来源结构中所占比重微乎其微，所以也不应该对其进入中资银行的影响过分担忧。

表 2 中国商业银行中外资股权来源结构

类　型	大型商业银行、投资银行和保险公司	政府背景投资公司	国际金融机构	私人投资公司
比重(%)	70.90	26.40	2.00	0.60

4. 提升竞争力才能真正维护金融安全

将国有商业银行打造成为具有国际竞争力的现代化股份制商业银行，是维护中国金融安全的重要基础。中资银行业在国内外市场上的竞争力是决定能否掌握金融控制权的关键因素。如果没有强大的核心竞争力，即使完全禁止外资参股，在中国加入 WTO 过渡期结束后，银行业市场全面开放、银行竞争日益激烈的情况下，中资银行业对银行业市场的控制权不容乐观。中资银行业通过引进战略投资者与其合作，引进先进的经营理念和管理技术，直面自身的弱点，以提高自身的竞争力。

注：文中数据截至 2005 年 12 月，以所有者权益指标计算。资料来源：根据中国银监会公布的统计数据制作。

动因

引进：打造具有国际竞争力的现代化商业银行

20 世纪 90 年代后期以来，中国银行业改革，特别是国有商业银行改革的力度不断加大。国有商业银行改革频频采用重拳，意在改变国有商业银行的种种弊端，通过产权多元化和上市，建立和完善金融产权结构与公司治理结构，走向良性循环和可持续发展，成为具有国际竞争力的现代化商业银行。而引进境外战略投资者则在一定程度上有助于这一目标的实现：第一，有助于促进国有银行改善公司治理结构和产权结构；第二，有助于引进先进的经营理念和管理技术；第三，有助于促进金融创新。毋庸置疑，引进境外战略投资者是中国银行业改革开放的重要举措。在这里，需要特别注意两个问题：

首先，国有商业银行改革的目标能否实现，即建立和完善金融产权结构与公司治理结构，成为具有国际竞争力的现代化商业银行，关键在内因，主要取决于国有商业银行自身，引进境外战略投资者所起的作用只能是“在一定程度上有助于”，决不可本末倒置。

其次，战略投资者应当包括境外、境内两部分，引进境外战略投资者绝非排斥或忽视境内战略投资者。从中资银行引进战略投资者的现状来看，主要集中于境外战略投资者。之所以出现这种状况，恐怕是出于这样的考虑：境外战略投资者在经营理念、管理技术以及金融创新等方面可能比境内战略投资者略胜一筹。尽管如此，这一问题仍需要高度关注，如果境内战略投资者始终难以涉足银行领域，中国银行业对内对外开放不协调的状况持续不变，将对中国的经济发展和金融稳定产生一系列极为不利的影响。

参股：挖掘中国市场的无限商机

境外战略投资者参股中资银行所用资本仍然属于资本运作的一个组成部分，其投资动机突出表现在以下三个方面：

首先，追求高额利润。实现资本价值增值、追求高额利润是资本的天然属性。追求高额利润，或以追求利润最大化为目标，这是资本运作最根本的决定性动机，无论是战略投资还是财务投资都不例外，只要是投资必然希望获得最高回报。

其次，开拓新兴市场。开辟新市场和保护并扩大已有的国外市场是属于市场导向型投资动机。拥有13亿人口，且经济增长潜力巨大的中国市场蕴藏着无限的商机，理所当然成为资本运作的热点。

第三，实现全球战略。由于跨国公司拥有资金技术优势和遍布全球的分支机构，就可根据自己的需要，在世界范围内组织生产、调拨资金、技术开发、更有效地利用资源和市场，以取得最大的投资收益率。境外战略投资者大多为跨国公司或跨国银行，在中国参股中资银行，毫无疑问是实现其全球战略的一个重要组成部分。

现状

各银行外资参股比例

1996年，亚洲开发银行投资参股中国光大银行，中资商业银行第一次引进外资股权。中国加入世界贸易组织以后，外资金融机构参股中资银行的案例逐渐增多：2002年花旗银行参股上海浦东发展银行，2003年恒生银行参股福建兴业银行，2004年新桥集团参股深圳发展银行、汇丰银行参股交通银行，2005年国有商业银行引进战略投资者更是引起人们的广泛关注。（有关外资金融机构参股中资银行业的情况参见表3）

表3　外资参股中资金融机构情况

金融机构名称	外资机构名称及参股比例	外资在各商业银行中总持股比例
中国建设银行	美洲银行(9%)等	14.10%
中国银行	英格兰皇家银行(10%)等	16.85%
中国工商银行	美国高盛投资公司(7%)等	10%
南充市商业银行	德国投资与开发有限公司(10%)等	13.30%
渤海银行	渣打银行(19.9%)	19.90%

续　表

金融机构名称	外资机构名称及参股比例	外资在各商业银行中总持股比例
北京银行	荷兰国际集团(19.9%)等	24.90%
杭州商业银行	澳大利亚联邦银行(19.9%)	19.90%
福建兴业银行	恒生银行(15.98%)等	24.98%
交通银行	香港上海汇丰银行(19.9%)	19.90%
上海银行	香港上海汇丰银行(8%)等	18%
深圳发展银行	新桥亚洲投资基金(17.89%)	17.89%
南京商业银行	国际金融公司(15%)	15%
济南市商业银行	澳大利亚联邦银行(11%)	11%
中国民生银行	亚洲金融控股私人有限公司(4.55%)等	5.77%
中国光大银行	香港光大控股(21.39%)等	23.29%
天津市商业银行	澳新银行集团(19.9%)	19.9%
华夏银行	德意志银行(9.9%)等	13.98%
上海浦东发展银行	花旗银行(5%)	5%
西安市商业银行	加拿大丰业银行(2.5%)等	5%

注：数据截至2005年12月。
资料来源：根据有关资料计算整理。

结论

银行业改革开放的趋势不可逆转

对于中国银行业改革开放、引进战略投资者，以及维护金融安全等一系列问题，我们必须保持清醒的头脑与高度的警惕，这是加快金融体制改革、推进国有商业银行股份制改革的需要，也是防范系统性金融风险，维护金融稳定和安全的需要。

一是方向、目标、路径已经清晰。解放和发展生产力是中国改革开放的根本目的，而改革开放则是解放和发展生产力的必由之路，时至今日对此已经没有任何异议。同样，改革开放是中国银行业发展的必由之路，不改革开放就只有死路一条。只有坚持改革开放，才能将中国的银行业、特别是国有商业银行改造成为资本充足、内控严密、运营安全、服务和效益良好、具有国际竞争力的现代金融企业。毫无疑问，中国银行业改革开放的方向、目标、路径已经明确清晰，改革开放的趋势不可逆转。

二是正确看待判断形势的不同观点。当前，对于中国银行业改革开放的新形势，国内理论界和银行界有不同的看法。其实，从中我们至少可以得到这样一些有价值的信息：一是举国上下高度关注国有银行或银行业的改革开放，表明“金融是经济的核心”的理念已经深入人心，人们比以往任何时候都关心银行业的改革开放，这是改革开放继续深化的重要基础；二是表明银行业的改革开放已经到了攻坚阶段，涉及的内容都是深层次问题，出现不同的看法是不足为奇的；三是认真分析各种看法，即使有些判断和质疑是错误的也并非毫无益处，至少可以对银行业改革开放的实际操作起到反思、预警与纠错作用，有利于反思中国银行业改革开放的进程，总结经验教训，确保银行业改革开放能够沿着正确的轨道健康发展；四是即便是悲观的观点也是非常有价值的。如果运用得当，这些言论还可以用来增加中资银行与国外战略投资者谈判时的砝码，作为提高参股价格的有力武器。

三是防止陷入全行业对外资的过度依赖。我们需要辩正地看待外资参股中资银行对中国金融安全的影响。一方面，前面已指出，金融安全既包括金融体系的安全，也包括金融运行和金融发展的安全。实际上，金融安全是一个宏观的概念，而引进境外战略投资者是银行作为微观主体的经营活动，因此将单个银行的风险问题完全等同于金融安全问题是不科学的。中外资银行之间在股权或业务领域的合作，都以实现自身的战略目标为出发点。另一方面，如果从银行全行业的角度来看，必须高度关注金融安全问题，特别需要警惕防止陷入全行业对外资的过度依赖。值得注意的是，一些境外的战略投资者所表现出来的短期投机行为，也提醒我们必须关注其是否真正发挥了战略投资者应当发挥的积极作用，或者说，需要建立对战略投资者所发挥的作用进行及时、动态的评估机制。

这里需要指出的是，银行监管当局明文规定，设立股份制商业银行法人机构，发起人股东中应当包括合格的境外战略投资者的做法值得商榷。引进境外战略投资者不是目的，仅仅是中国银行业改革过程中采用的措施之一，我们不可能把希望完全寄托于国外金融机构。银行体制改革是一个艰难而长期的过程，在制定具有全局性方针政策时更需持认真而慎重的态度，我们必须保持清醒的头脑，采取稳健的操作，一个最基本原则就是：必须有利于中国经济金融的发展，维护中国经济金融安全。要防止为迎合境外投资者要求，忽视中国的主权利益要求和现实的倾向。

四是坚持国家绝对控股原则。中国银行业在改革开放的全过程中，需要始终坚持的基本原则应当是：积极、稳妥、高效。

所谓积极，就是指紧紧抓住改革管理体制、完善治理结构、转换经营机制、改善经营绩效这几个中心环节，通过扩大对外开放，提高参与金融全球化的程度，尽可能抓住一切有利的机会，充分利用国际资本和国际金融市场来加快中国银行业的发展。

所谓稳妥，就是指银行业对外开放的进程与步骤要与中国经济社会承受力、宏观调控能力和金融监管水平相适应，减少社会成本，避免出现失误。正如温家宝总理指出的：我们要继续推进改革，同时注意随时总结经验，避免损失，特别是大的损失。实际上，稳妥的核心就是注意随时总结经验、避免损失。不可否认，在引进战略投资者的过程中，由于对外资的战略意图缺乏足够和清醒的认识，的确也出现了一些与引资初衷相悖的情况。另外，国内某些机构热衷于追求引资的规模和“作秀”，对于外资试图利用我国银行业急于引资的心理，从股权和业务上以较低成本谋求对我国金融的控制权缺乏警惕。对此必须给予足够的重视，决不可掉以轻心。

所谓高效，就是指银行业对外开放要有利于提高中国银行业的收益水平和风险管理水平，使之真正成为参与国际国内金融市场竞争的现代股份制商业银行，增强长期国际竞争力和可持续发展的能力，而并非单纯追求规模和短期效益。

总之，正如温家宝总理指出的：在把握商业银行改革的过程中，必须坚持国家绝对控股，从而保持国家对经济命脉的控制权，防范金融风险；必须坚持加强对改革全过程的管理，完善内控机制和监管体系，防止国有资产流失。显然，强调国家绝对控股意味着，在继续坚定不移地推进国有商业银行股份制改革、坚持对外开放的同时，必须高度关注国家金融安全。

中国的汇率走向何方?

沈明高　左小蕾

（2007 年 5 月 31 日）

编者按：中国经济是否过热？外贸依存度过高的问题如何解决？设立外汇管理公司对于超过万亿美元的外汇储备，是治标还是治本？这些经济问题缠绕在一起，让人感到有些棘手。

本报刊发花旗银行中国首席经济学家沈明高与银河证券首席经济学家左小蕾的对话，对我国当前宏观经济问题给予关注并展开探讨。

中国经济的两个问题

沈明高：在讨论其他金融改革问题之前，我们先介绍对中国经济的担心：一、投资拉动增长的可持续性问题。数据显示，中国投资占 GDP 的比重，2006 年达到 45%，到 2010 年可能达到 50%，这个比重是否还有可能继续增高？参考马来西亚、泰国的经验，可以发现这些国家经济投资占 GDP 的比重达到 40%之后就达到顶峰，中国与众不同，投资拉动作用更强，资本扭曲更加严重，比重有可能达到 50%，估计到 2010—2015 年，中国投资占 GDP 的比重达到顶峰，也就是投资速度增长大幅度放缓。当投资增长速度低于名义 GDP 增长速度，就意味着投资增长见顶。如果投资增长真的放缓 10 个百分点，中国经济增长才有可能放缓。二、出口依赖问题。出口占 GDP 的比重达到 35%，这个比重还会往上涨，而日本在发展最快的时候比重没有超过 15%。中国何时见顶，其中一个反映是外汇储备。中国现在外汇储备超过 1 万亿美元，世界银行一份报告预测，2012 年将高达 2.9 万亿美元。那么就存在一个风险，外汇储备增长到了一定层面，中国政府很难驾驭，可能结果是人民币被迫一次性升值，或者采取其他形式变通，而这样一个巨大的变动对于中国经济影响深远，对于企业是非常不利的。最糟糕的是，如果这两个调整发生在同一个时段，中国经济的调整将会比较沉重。

事实上，以上两个问题的根源都是由于消费不足。如果消费水平在这段时间能够逐步增上去，社会商品零售额从 14%达到18%—20%，这些对经济上的支持作用在很大程度上可以抵消或者减弱资本和出口调整带来的影响。

对中国经济充满信心

左小蕾：对中国经济成长和发展的长期趋势我们充满信心，但是在经济成长的过程中我们应该不犯或者少犯错误，让经济沿着我们给定的目标发展。

高增长低通胀是经济学非常理想的增长状况，我们也感到非常的欣慰。但是看看去年调控后的数据，GDP 增长 10.7%，投资增长超过 26%。可见，两倍多的投资才能够导致一个单位的经济增长，如果用前半年的数据就更高，这在经济学上叫作规模效益递减阶段。如果在这个阶段还想保持高增长，那就可能是3—4倍的投入才能支持。如果说我国的资源无限那也不必操心。经济学上讲究“经济均衡”，即在完全就业下，投资等于储蓄。现在的储蓄率是40%以上，如果就达到了顶点，除非像美国那样向国外大量欠债可以达到60%。但是中国还没有达到像美国那样可以向国外大量欠债同时保持经济稳定增长的实力，所以要保持长期快速的增长就要用投入去推动，这种增长不具有持久性。此外，高顺差带来的国际摩擦又引出更大的麻烦。

再看低通胀。我们的低通胀在某种情况下和价格的扭曲有关系，例如成品油、煤、电等。其中关键是结构问题。我们经济中存在大量结构性的矛盾，外贸顺差、储蓄和存款的差异、直接和间接融资，等等。现在因为其他的因素发生了变化，结构调整跟不上去就成了比较严重的问题，它很可能会迅速地改变宏观指标，也就是说宏观经济增长趋势会改变，从而影响投机资本、证券资本的快速离开而导致经济危机。

至于流动性过剩问题，其中2/3是从外汇进来的，最原始的来源是2001年美国的连续降息和日本的零利率，加上我们的对冲基金。在这种情况下，中国进入一个中心漩涡。虽然根据现在的情况看，今后10—20年内不会有问题，但是如果在这段时间内犯了错，那可能就非常严重了。

中国的外汇如何“炒”

沈明高：经济的实力决定了人民币升值的趋势很难逆转。如果出现了很大的意外，不排除出现人民币贬值的情形，当然这种几率非常小。如果中国的资本账户开放，大量资金都要出去，然后就会导致人民币贬值。但是这些资金出去干什么，在国外能够找到比中国更好的投资机会吗？或者是中国本身失去了吸引力？

左小蕾：如果把中国的隐性财政赤字全部公布，人民币马上就会贬值。如果把财政赤字、地方政府的债务、社保基金的缺口等加在一起，绝对超过 GDP 的 100%。中国政府可以采取限令调整的办法，把这部分吸收掉，比如银行坏账，这个存在是事实。现在说人民币升值和汇率，完全是一种单方面的外部性的估计，忽略了均衡价格应该是一个内外均衡的事实，所以这个问题比较危险。据世界银行估计，社保基金账户达到 7 万亿元，向金融机构注资，都是债务。

如果科学地估计人民币升值压力就应该考虑这些因素，毕竟存量问题是问题，否则会变成一边倒的说法。

沈明高：现在人民币升值压力比较大，流动性比较高，其中一个办法是鼓励海外投资。从政府的角度，成立外汇管理公司。很多人认为这是一个很重要的措施，我们也非常认同，如果管理公司成立，会在一定程度上缓解流动性过剩和外汇储备过高的问题，但是量仍然很有限。尽管外汇管理公司有 2 000 亿美元的资金，相当于花旗银行总资产，但它不到今年一年增加的外汇储备，到年底，外汇储备仍然在 1 万亿美元以上。对流动性的影响，相当于短期内减少了与 2 000 亿美元等值的人民币，如果资本市场不发展的话，仅仅解决了资本的一点增量问题，长期而言，影响极为有限。更多的问题是，这些资金出去做什么？

目前关于外汇管理公司的信息很不充分，我们不清楚外汇管理公司的目标是什么。外汇管理公司应更注重商业目标，而不是安全性目标。如果注重安全性，很大程度上影响商业性，如果两者兼顾，则是最没有效率的策略。以商业为主，在一定程度上也是为安全服务。在市场经济里，投资与回报是对等的，过分强调安全性则要接受较低的回报甚至亏损。至于投资到什么地方，我们判断有三个方向：第一，投资或者并购重要的战略性资源，包括能源矿产资源等。如果投资周期比较长的话，投资回报率可能比较高。第二，对二级市场的投资。包括美国的股市、债券市场、不动产，等等。二级市场专业性很强，我们赞同采取招标的办法，而不是自己来做，否则投资成本很高。举例说明，去年华尔街一位华人为一家金融投资服务，投资一家阿根廷公司，收益 4 亿美元，奖金 7 000 万美元。这样的激励机制在国内的公司里是很难适应的，通过招标解决我们专业人员不足的问题，同时克服管理体制的缺陷。对于这个问题，韩国也主要采取招标的办法。第三，巩固中国和一些战略利益相关国家的中长期投资，比如在非洲以更为商业化的方式参与非洲建设。回报不见得就直接体现在账面上，但有助于建立长期的合作关系。这需要国家的配合，风险如何衡量，出现亏损谁来承担等问题需要仔细考虑。在国内投资可以不用承担国家风险，但在国外则要在发债成本、人民币升值成本基础上加上国家风险成本。对海外投资，我们需要仔细衡量国家风险溢价，包括政治风险、经济风险、汇率风险，这些风险一旦出现，投资不可避免会受到影响。所以说，投资 2 000 亿美元是不容易的事情，这也是一个长期的工作。

左小蕾：对于投资公司虽然讨论的很多，但还没有讨论到实质问题。应该回答的关键问题，从短期来说可能有外汇安全问题、外汇积累、人民币升值压力、外汇风险，从长期来说有国民资产从外汇积累账户上变成资产的问题。外汇资产的思路非常重要。公司一定不能按照传统的国有企业的概念或是行政部门的概念去组织。其出路一个是代理资产，另一个就是下决心组建、培养自己的投资队伍。

编后记

2015 年是我们报纸的而立之年。去年岁末，现任社长兼总编辑段钢就跟大家商量，一直见证和参与我们国家伟大的改革进程的《社会科学报》，能否出一套问题性强的丛书，既能静默地纪念一下三十岁生日，又能展示报纸几十年如一日的人文关怀以及对思想理论界的引领作用。之后不久，恰遇上海科技文献出版社的梅社长在段总编简净的办公室里小坐，谈起这个话题，久经“书场”的梅社长大为认可，当即表示愿意支持合作。

于是，便有了接下来近一年充满细节和章回的编书工作。编辑部年轻的编辑记者全部积极地参与进来。策划选题，精心选文，增删几稿，最终，以“复兴之路 · 智库建设丛书”为总思路，下含《文明复兴的政治之维》《见证：从计划到市场》《三农问题：从历史、现状到未来》《道德的困境》《大学怎么了》五个集子。所有文章，来源于《社会科学报》三十年来所刊发的旧文。文虽旧，意常新。作为曾经国内首家亦二十余年唯一一份人文社科类综合性报纸，社科报“不畏浮云遮望眼”，不少 20 世纪八九十年代刊发的文章，至今仍掷地有声。

有思想有价值的丛书，自然得到了多方的支持，我们何其感谢。上海社科院的领导不仅给予资金扶持，王战院长甚至亲自挂帅，担任丛书主编，于信汇书记欣然为丛书作序；上海科技文献出版社抱着热心文化公益的热肠，贴钱出版。聪慧的王卓娅是出版社最初负责丛书的编辑，虽然之后她因工作调动，不再负责这项工作，但是对前期工作的种种敬业和热心，我们仍持深深的谢意。也要谢谢美丽的王倍倍编辑，她接手了之后的编辑工作，细致认真，顺利让我们看到杂乱的稿件变成整洁的清样。借这编后一隅，我们还想对徐侗老师道一声谢谢。徐侗老师躬耕出版领域三十年，临退休在报社短暂驻足，虽然只有半年，却对我们这个集体充满情感。

以上所述，难免挂一漏万，但真心感谢每一位对这套丛书作出贡献的老师和朋友！

今天，这套丛书即将付梓出版，我们非常欣慰。因为，它记录了我们报社三十年来所有的光荣与梦想，记录我们在岁月的长河中默默耕耘的收获。我们期待未来的日子里，《社会科学报》可以一如既往地得到专家学者们的支持和关注。编纂者囿于水平，疏漏之处在所难免，恳请专家、学者及同行们指正。

选编者

2015年11月